JN315915

植民地朝鮮と日本仏教

中西直樹 著
Nakanishi Naoki

三人社

目次

序章　9

本論文執筆に至る経緯　9　本書の概要　11

アジア布教史研究の意義　14

第一章　明治前期・真宗大谷派の海外進出とその背景　17

――北海道開拓・欧州視察・アジア布教――

はじめに　17

一　日本仏教の海外布教への基本姿勢　18

日清戦争後の海外布教の立場　18　万国宗教会議への消極的姿勢　19

二　北海道開拓とその背景　21

『北海道百年』への大谷派関係の対応　21　大谷派関係者の北海道開拓観　22

北海道開拓着手の事情　24　北海道開拓の反響　26

三　宗派内の対立と欧州視察　27

旧家臣団と改革派との抗争 27　江藤新平への接近と現如の渡欧 28
欧州視察に関する先行研究 30　欧州視察の目的 31
本願寺派との認識の相違 33

四　江藤新平「対外策」と中国布教の開始 36
江藤新平「対外策」 36　江藤の渡欧要請の意図 38
伊地知正治と小栗栖香頂の中国渡航 40　大教院分離をめぐる宗派内対立 42
中国布教の本格始動 44　中国布教の目的とその実態 45

五　朝鮮布教開始とその後 47
朝鮮布教の着手と宗派の事情 47　政府側の朝鮮布教への期待 49
大谷派の親日派育成活動 51　大谷派朝鮮布教の挫折 52

おわりに 54

第二章　日蓮宗の初期朝鮮布教 67

――布教開始から僧尼入城解禁直後まで――

はじめに 67

一　日蓮宗の布教開始とその背景　68
朝鮮布教のはじまりと旭日苗　68　朝鮮布教開始の背景　70
日蓮宗教団改革の動向　71　宗内対立の経緯とその後　74
二　日宗海外宣教会と朝鮮布教の進展　77
旭日苗の布教意図　77　加藤文教と朝鮮僧侶教育計画　79
旭日苗の再渡航と海外宣教会の組織　82　日清戦争開戦と日蓮宗の対応　84
朝鮮布教をめぐる議論　85
三　佐野前励による僧侶入城の解禁とその後　89
佐野前励の朝鮮渡航のねらい　89　岡本柳之助の支援　91
佐野前励の活動と僧尼入城解禁　94　佐野前励の帰国後の状況　96
日本留学生・留学僧のその後　98
おわりに　99
第三章　朝鮮植民地化過程と日本仏教の布教活動　107
——日清戦争から初期の朝鮮総督府治政まで——
はじめに　107

一　日清戦争下での各宗派の動向　108
本願寺派・加藤恵証の朝鮮視察　108　慰問使・従軍布教使の派遣　110
従軍布教使の慈善活動　112　日清戦争期の朝鮮開教論　113
本願寺派の暗躍　117　大洲鐵然の朝鮮布教計画　119
二　日清戦争後における各宗派の朝鮮進出　120
在留邦人の増加と日本仏教の朝鮮進出　120　日清戦争直後の各宗の動向　121
反日義兵運動の高まりとその影響　123　反日運動沈静後の各宗の動向　124
浄土宗朝鮮布教の躍進　127　元興寺の創建と浄土宗への圧力　129
三　日露戦争後における朝鮮寺院の末寺化競争　132
日露戦争後の各宗の動向　132　浄土宗の朝鮮仏教支配の目論み　133
朝鮮寺院支配と統監府の対応　136　朝鮮寺院末寺化競争の激化　138
武田範之と円宗併合計画　139
四　朝鮮総督府の宗教行政と日本仏教　141
曹洞宗の「併合」計画と寺刹令　141　総督府の抑圧策と朝鮮人信徒の減少　142
在留邦人対象布教への転換　144　布教規則・神社寺院規則の制定　146
初期総督府の対仏教施策　149

おわりに　152

第四章　文化政治と朝鮮仏教界の動向　165
―朝鮮仏教団の活動を中心に―

はじめに　165
一　文化政治下での宗教政策の転換と朝鮮仏教界　166
三・一独立運動後の朝鮮仏教の動向　166　総督府の仏教施策と朝鮮仏教界の対立　168
中央教務院の設立　170
二　三・一運動後の日本仏教の対応　172
朝鮮人布教に向けた機運の高まり　172　仏教朝鮮協会の設立　175
仏教朝鮮協会の事業展開　176　仏教社会事業の推進　179
三　「内鮮融和」運動の組織化と朝鮮仏教大会　181
中村健太郎の経歴　181　同民会の設立　183
朝鮮仏教大会の設立　186
四　日本政財界の支援と朝鮮仏教団への改組　188

財団法人化に向けた機構整備　188
日本政財界・日本仏教界の支援　190
財団法人朝鮮仏教団への改組　192
朝鮮仏教団の事業実態　194
三浦参玄洞の文化政治批判　196
五　朝鮮仏教大会の開催とその反響　199
朝鮮仏教大会計画の浮上　199
大会の開催意図と朝鮮仏教側の反応　200
朝鮮仏教大会の開催　202
朝鮮仏教大会の反響　204
朝鮮仏教普及会の結成　206
おわりに　208

第五章　一九三〇年代朝鮮総督府の宗教施策と日本仏教　221
――心田開発運動と真宗大谷派の動向を中心に――

はじめに　221
一　朝鮮仏教界の停滞　222
日本仏教・朝鮮仏教の朝鮮人信徒数の推移　222
大谷派と本願寺派の教勢　223
二　大谷派の教勢挽回に向けた施策　226

大谷派法主夫妻の朝鮮巡教　226　朝鮮人布教者の登用と開教団総会　228
朝鮮人布教者の養成　231
三　心田開発運動とその展開　232
宇垣総督と国民精神作興運動　232　心田開発運動の始動　234
心田開発運動の展開と敬神思想　237　心田開発運動への批判　239
四　国民総動員体制と大谷派の動向　242
心田開発運動と大谷派の対応　242　日中戦争下での皇民化施策と宗教対策　244
弥陀教の集団帰属　247　『朝鮮の類似宗教』刊行とその影響　248
弥陀教集団帰属の背景　251
おわりに　253

第六章　巖常圓と大聖教会　261

はじめに　261
一　巖常圓の経歴と朝鮮渡航の経緯　263

巖常圓の修学状況　263　武田篤初の朝鮮布教計画　265
朝鮮渡航とその後の常圓　268
二　大聖教会の設立とその布教活動　270
巖常圓の慶尚南北道での事業　270　本願寺派の朝鮮進出　273
大聖教会の設立とその活動　276　大聖教会の発展　278
三　韓国併合後の状況の変化と巖常圓の対応　280
巖常圓の引退と韓国併合の影響　280　本願寺派の方針転換と大聖教会の衰退　282
教誨師としての巖常圓　286
おわりに　289
あとがき　295
索引

序章

日本仏教による朝鮮への組織的布教は、一八七七（明治一〇）年にはじまり、一九四五（昭和二〇）年の終戦に至るまで実施された。この約七十年間に日本と朝鮮を取り巻く状況が複雑に推移するなかで、その布教対象や布教方針・事業内容も少なからず変化してきた。しかし、先行研究は、特定の宗派や時期の活動を対象としたものにとどまり、その実態の全体的解明に関する研究はあまり進展していないのが実情である。本書は、日本仏教による朝鮮布教の全体像の解明を試みたものである。

本論文執筆に至る経緯

まず、本書を執筆するに至った経緯を説明しておきたい。そもそも、日本仏教の海外布教の調査・研究に筆者が関わったのは、二〇〇七年に『仏教海外開教史資料集成』ハワイ編（不二出版）を編集したのが最初であった。この資料集の復刻事業は、「仏教海外開教史の研究」という課題名で二〇〇七年度から三年間、日本学術振興会の科学研究費助成事業に採択され、その後二〇〇九年までに、ハワイ編に続いて北米編と南米編を刊行し、ひとまずアメリカ方面の海外布教の資料集の刊行事業を終えた。また別に、その収録資料一覧と解題を収めた『仏教海外開教史の研究』（不二出版、二〇一二年）も刊行した。引き続き、二〇一一年から三年間同じ課題名で、科学研究費助成事業に採択され、アジア方面の海外布教の資料集の編纂事業に着手することとなった。

ところが、アジア方面に関する資料の散佚は、アメリカ方面にもまして著しく、日本仏教各宗派の側も、戦前のアジア布教の事実をいわば封印し、そのあり方を積極的に検証する作業をしてこなかった。常光浩然は、『仏教大年鑑　昭和四十四年版』(仏教タイムス社)のなかで、アジア布教の関係資料の収集が困難な理由として、戦災による焼失、戦争責任の追求を恐れた宗門当局による焼却、終戦時の混乱による散佚などの他に、「宗門当局が戦前の資料をまとめる意欲がなく、放置していること」を挙げている。

こうした事情を踏まえて『仏教植民地布教史資料集成(朝鮮編)』(三人社)では、閲覧することが困難な資料をできる限り蒐集して収録することとした。この資料集に収録した資料の一覧は本書巻末に掲載しておいた。しかし、朝鮮布教に関しては、その布教事業の変遷をまとめた文献資料が少ないため、布教実態の全体像が十分に読み取りにくいという問題点が残った。その空白を埋めるためには、新聞・雑誌の記事を丹念に拾い出し読み込んでいく作業が不可欠になると考えられた。関係する新聞・雑誌のなかには、『明教新誌』『中外日報』など通仏教系で長年にわたって刊行されたものがあり、各宗派の関係機関の刊行による『浄土教報』『日宗新報』『京都新報』『教海一瀾』『真宗』などにも多数の関係記事を見出すことができる。また『朝鮮仏教』『覚醒』のように現地朝鮮で刊行されていた雑誌や、仏教関係以外の新聞・雑誌に収められた記事も含めると膨大な分量となる。

朝鮮布教の実態解明に関する研究が進展しないのも、こうした事情に原因の一端があると考えられた。そこで、これらの新聞・雑誌の朝鮮布教に関する記事を可能な限り読み込んで布教実態の把握に努め、本書を執筆することとした。

本書の概要

次に本書各章の内容について簡単に整理しておきたい。本書では、日本仏教による朝鮮布教史の全体像を把握するため五期に分けて叙述することとした。

第一期は、一八七七年に真宗大谷派が奥村圓心らを派遣して朝鮮布教に着手してから、一八八四年の甲申政変に至るまでの時期である。この時期の朝鮮布教は大谷派の独擅場の様相を呈していた。大谷派は、日本人居留民を対象とする布教・教育・社会事業を行うことで領事館機能を補完する役割を担うとともに、朝鮮僧侶との交流を通じて独立党と密接な関係をもち、日本政府と親日派の「パイプ」役としての役割を果たすようになった。しかし、一八八四年の甲申政変で金玉均らのクーデターが失敗に終わると、大谷派が築いた朝鮮政府内の人脈は失われ、財政破綻もあって大谷派の布教は一時的に停滞を余儀なくされた。本書第一章では、大谷派が他宗派に先駆けて朝鮮に進出した経緯を大谷派の内部事情に着目しつつ検証した。

続く第二期は、甲申政変から日清戦争に至るまでの時期である。この約十年間に朝鮮の在留邦人は約四千人から九千人ほどに増加しており、その布教のため大谷派に続いて朝鮮に進出したのが日蓮宗であった。日蓮宗は当初、在留邦人のみを布教対象として釜山・元山・仁川の居留地に布教拠点を築いたが、次第に朝鮮僧侶を再教育して朝鮮仏教の復興を図ることに使命を見出していった。こうして日清戦争中に日蓮宗管長の命を受け現地入りした佐野前励らは、朝鮮政府に働きかけて僧尼入城の解禁を実現させた。佐野は、このことを通じて朝鮮僧侶への影響力を強め、朝鮮仏教全体を日蓮宗の傘下に収めることを目論んだようである。しかし、日清戦争直後に親露政権が誕生したことで計画は頓挫し、さらに閔妃殺害事件を経て反日義兵運動が活発化すると、佐野の目論みは水泡に帰していった。このように日蓮宗の事業は失敗に終わったが、日蓮宗の活動は後に各宗派によって活発化する朝鮮寺院の争奪戦の先鞭をつけることになった。第二章では、この日蓮宗の布教活動を取り上げたが、便宜上、日清戦争後の時期までを対象とした。

第三期は、日清戦争から一九一九年の三・一運動前までの約一五年間である。この時期に日本政府は、日清・日露戦争での勝利を経て朝鮮を保護国とし、さらに韓国併合を強行して朝鮮総督府による植民地支配を進めたが、韓国併合の以前と以後では、日本仏教に対する日本政府側の方針も大きく変化した。日清戦争に際して日本仏教各宗派は、従軍布教使（師）を派遣して従軍慰問を積極的に行い、戦後はこの従軍布教を起点として、占領地布教・植民地布教へと布教活動を展開させていった。戦後の反日義兵運動がやや沈静化した一八九七年頃からは、浄土宗・浄土真宗本願寺派などが布教活動を本格化させ、日露戦争後に日本の朝鮮支配が決定的になると、各宗派は朝鮮寺院の末寺化に向けた競争を繰り広げた。統監府は、当初これを容認する姿勢を示したが、韓国併合後に設置された総督府は、寺刹令を発布して、朝鮮寺院の末寺化の抑制策を明確に打ち出した。総督府にとって、朝鮮仏教に対する主導権争いを繰り広げ、日本の国威を背景に形式的な朝鮮人信者を増やすだけの日本仏教の布教は、もはや迷惑な存在でしかなかった。むしろ、朝鮮仏教を日本仏教から切り離して直接一元的に統制管理し、朝鮮民衆に浸透させていった方が、植民地支配の安定に有効であると判断されたのであろう。こうして日本仏教の布教活動は、在留邦人主体へと布教方針を転換していったのである。この時期の日本仏教各宗派の動向については第三章で論じた。

第四期は、三・一運動から一九三一年の満州事変までの時期である。三・一運動は日本政府側に大きな衝撃を与え、新たに就任した斎藤實総督により、「文化政治」への転換が図られ、朝鮮民族主義運動の分裂・解体を目指した施策が実施された。この時期には、大谷派や浄土宗が朝鮮人対象の社会事業に着手し、朝鮮人の慰撫に努めた。しかし、大きな成果をあげるまでには至らず、日本仏教各宗派よりも、総督府の意向を受けた通仏教系の民間団体の運動が目立つ結果となった。斎藤総督が宗教政策のなかで特に重視したのは、朝鮮仏教の御用化・日本化であり、日本仏教各宗派のこれへの直接的関与が逆効果となることは、それまでの経験から明らかであった。こうして朝鮮仏教の御用化・日本化の推進役として新たに組織されたのが朝鮮仏教団であった。第四章では、この朝鮮仏教団の事業を中心として、文化政治下の「内鮮融和」運動について論じた。

第五期は、一九三一年九月の満州事変以降、日本敗戦に至るまでの時期である。満州事変後、総督府は、朝鮮半島を大陸での軍事行動の重要拠点と見る立場から各種産業の振興を図るとともに、朝鮮民衆を戦争遂行に動員していくための国民精神作興運動や心田開発運動などの教化活動を推進した。さらに日中戦争の長期化にともなって、三八年に国民精神総動員朝鮮連盟（後に国民総力朝鮮連盟に改組）が組織され、総力戦に向けた体制が整備されていった。諸宗教への介入も強化され、皇民化政策が性急かつ画一的に強要されていったのである。こうしたなか、かつてのように朝鮮側の反発を意識して、日本仏教に宗教的侵略行動の自粛が求められた状況は変化し、天皇制イデオロギーの分担者を自認する日本仏教各宗派の布教活動は活発化していった。なかでも真宗大谷派は、積極的な朝鮮人布教を推進するとともに、総督府の支援を受けて朝鮮在来の宗教団体を傘下に収め教勢を拡大した。第五章では、満州事変以降、十五年戦争下における総督府の宗教施策と大谷派の動向を中心に検証した。

以上、第五章までは、総督府の対仏教施策と日本仏教各宗派の教団としての布教活動を主たる研究対象とし、その変遷を時系列的に概説した。もちろん、総督府の施策や教団の基本方針から大きく逸脱するような活動が存立し得たとは考えにくいが、それと異質な志向性を有する活動が皆無であったとも言えないであろう。そこで第六章では、そうした布教活動の一端として、浄土真宗本願寺派の巖常圓と大聖教会の布教活動を取り上げた。その活動は、実質的に日露戦争後の数年間に過ぎず、韓国併合とこれに連動する教団の布教方針の転換によって衰退していった。

と考えられる。

しかし、朝鮮人の固有の精神的文化を尊重しつつ、新たな布教のあり方を模索した点で、その活動は注目に値する

アジア布教史研究の意義

最後に朝鮮を含めたアジア布教史のあり方を、アメリカ方面の布教と比較しつつ、その研究の意義について説明しよう。日本仏教各宗派の組織的海外布教は、アジア方面とアメリカ方面との事業に大別することができるが、両事業はいささか異なる様相を呈して展開してきた。その差異は、布教を取り巻く状況の相違に起因するところが大きいのであるが、まず挙げるべき相違点は、現地における既存の仏教勢力の有無であろう。

アメリカ方面には、日本仏教各宗派の布教以前に仏教が伝播していなかったのに対し、アジア方面のほとんどの地域には、すでに仏教が独自の展開を遂げていた。すでに仏教が伝来しているアジアにおいて、日本仏教各宗派が行う布教を「開教」と呼ぶことは適切ではないだろう。「開教」を自宗の教義が伝わっていない地域への布教を意味する用語と考えるならば、日本仏教各宗派にとって、アジア布教も「開教」ということになるのかもしれない。しかし、日本仏教各宗派がアジアの布教についても、「開教」という用語を無批判に使用してきた背景には、閉鎖的な宗派の体質と、アジア各地の精神文化とそこでの仏教を劣ったものとみなす優越的意識があったからに他ならない。

これに関して、木場明志も「「開教」は、開教史観ともいうべき教団的発展が教線拡張によってなされることを踏まえた用語であり、その意味で学術用語としては問題ありと考える。」と述べている（「近代における日本仏教のアジア伝道」、日本仏教研究会編『日本の仏教』第二号、法藏館、一九九五年）。また木場は、「アジア伝道」という用語の使用を提唱しているが、「伝道」とは「布教」より包括的弘布形態と普遍的意味を含む用語である。確かに戦前期の仏教者の活動は、

キリスト教の伝道形態を模倣し、教育事業など広範囲にわたる側面はあったが、その伝達の姿勢と内容に著しく普遍性を欠いており、ほとんどアジア各地に真の信者を獲得できなかった点で、「伝道」と呼ぶことは相応しくないと考えられる。

仏教の長い伝播の歩みを振り返るならば、多様性と自由思索を尊重し、他宗教・異端にも寛容な思想性を有する仏教が、その土地の習俗や精神文化との土着・融合を繰り返しながらアジア各地に根づいてきた事実が浮かび上がってくる。しかし、近代以降の日本仏教は、この点を考慮に入れて、アジア各地の精神文化とそこに根づいた仏教の立場を正しく理解し、対等な対話と交流を重ねるなかで布教活動を試みてきたとは言いがたい。

その布教事業が、アジア諸国を日本が植民地化していくなかで推進された状況も、アメリカ方面と大きく布教のあり方を相違させることとなった。そして、こうした状況は、日本仏教がアジア諸国の民衆やそこでの仏教に対等に向き合うことを一層困難なものとした。アジア布教は、現地の宣撫工作のために日本政府や軍部によって利用・動員され、宗派・布教使(師)たちも、これに率先して協力してきた側面の強いものであった。

もちろん、アメリカ方面にあっても、現地の人々を対象とする布教はあまり活発に行われず、当初から現地との社会的・文化的交流を想定していたわけではなかった。日本仏教のアメリカ方面の布教は、移民や在留日系人コミュニティの精神的結びつきの中核として機能してきたのであったが、このため日本仏教は、隔絶した日系コミュニティの象徴的存在として、現地アメリカ社会から厳しい批判にさらされた。対日感情の悪化を危惧する日本政府からも、表面的な支援を得られない状況下で、日本仏教は、仏教思想が多元性・普遍性をそなえ、決してアメリカ社会のあり方と矛盾・対立するものではないことをアピールするとともに、布教方法や信者組織などを現地社会に順応したものへと改編する努力が重ねられた。

朝鮮半島や中国から海をこえて日本に渡ってきた渡来人たちの仏教信仰が真に日本人に理解されるまでに数百年を要したように、日系人の仏教信仰がアメリカ人に広く理解されるまでにも、なお多く時間を必要とするのかもしれない。しかし、この意味において、近代以降の日本仏教各宗派の事業を「仏教のアメリカ化」の起点と位置づけ、その布教活動を「開教」と呼ぶことに不都合はないと考えられる。

このように、アジア方面とアメリカ方面の事業は、同じように在留邦人を主たる布教対象としながらも、その直面した状況によって、仏教思想の普遍性に対する自覚、現地社会との対話・同化への指向性の差異を生み、大きくあり方を相違させる結果となった。アメリカ方面では、充分と言えないまでも、現在に至るまで「仏教のアメリカ化」に向けた事業が継続されてきたのに対し、アジア布教は日本の敗戦後に途絶して、戦後も再開の気運が生じてこなかった。その原因には、敗戦による布教拠点の喪失や在留邦人の引き揚げ、アジア諸国との関係や現地の排日感情などもあろうが、それだけで説明がつく問題とも言えない。何よりも、日本仏教各宗派が、仏教思想の普遍性を根本から問いなおし、アジア諸国との対話・交流を重ねる努力を怠ってきた点に求められるべきであろう。

今後、こうした日本仏教のあり方を見直して行くためにも、一層の日本仏教のアジア布教事業の実態解明と検証とが必要となるであろうが、本書がいささかでも、これに寄与することを願ってやまない。

第一章　明治前期・真宗大谷派の海外進出とその背景
――北海道開拓・欧州視察・アジア布教――

はじめに

日本仏教各宗派は、日清戦争によって日本が海外侵略の足がかりを得たことに刺激を受けて、組織的海外布教への本格的取り組みを始めた。そのなかにあって、日清戦争以前にいち早く中国・朝鮮に進出したのが真宗大谷派である。

大谷派は、一八七三（明治六）年、中国に渡った小栗栖香頂（大分妙正寺）を「支那国布教掛」に任じて中国布教に着手し、七六年には上海別院を創立している。さらに翌七七年には、朝鮮に奥村圓心（佐賀唐津高徳寺）・平野恵粋（富山専念寺）を派遣して釜山に布教所を設置し、朝鮮布教にも着手した(1)。他宗派の海外布教への対応は鈍く、日清戦争後に漸く本格的に開始されたのに比べると、大谷派の対応は極めて異例のことであった。また、日清戦争以後の海外布教が、海外に進出する日本人を対象として開始されたのに対し、この時期の大谷派の布教は、現地の中国人や朝鮮人を主たる対象としていた。この頃の大谷派の対外的活動は活発なものがあり、アジア布教に着手する以前にも、六九年に北海道開拓に乗り出し、七二年から翌年にかけては、法嗣である大谷光瑩（現如、東本願寺二二世）らによる欧州視察も行われた。
それでは、日本仏教各宗派が国内での対応に追われるなかで、どうして大谷派だけが、こうした活発な対外活動を行い、海外進出を果たすことができたのであろうか。本章では、この点を検証するために、一八六九年の北海道開拓着手から、八三年に中国布教が一時中止されるまでの間の大谷派の動向を取り上げる。その際、大谷派の対外活動が政府の動向とも密接に結びついていたことを踏まえ、大谷派の内部事情と政府有力者との関係にも着目して、その動向を明らかにしていきたい。

一　日本仏教の海外布教への基本姿勢

日清戦争後の海外布教の立場

大谷派の対外活動の動向を検証する前に、日本仏教の海外布教に対する基本的姿勢を大まかに整理しておこう。日本仏教各宗派は、日清戦争の勝利を教勢拡大の絶好のチャンスと受け止め、組織的海外布教に着手したのであるが、その意識は、一八九五（明治二八）年五月、仏教系新聞『明教新誌』に掲載された論説の次の一文によく現れている。

大日本帝国は一大飛躍をなして宇内の強国となれり、大日本帝国の精神を鼓舞し、士気を作励せる大日本仏教何ぞ夫れ一大飛躍をなさゞる。大日本帝国の領域は拡張せり、大日本仏教も亦た其の領域を拡張せざるべからず、飛躍は此の時にあり、此の時を過らば仏教の隆盛永遠望むべからじ(2)

また同年二月の同紙論説は、戦後占領地における日本仏教の布教が必要となるであろうことを次のように述べている。

占領地布教の機は熟せり、当路の諸師何の躊躇する所ぞ、知らずや、従軍僧は占領地布教の先駆なり、彼等は先づ日本仏教の栄光を異城に輝さんとて身を挺んでたるなり、各宗は既に従軍僧を出せり、これ既に其の先駆を出せるもの、何ぞまたこれが殿をなして最後の勝利を画する占領地布教師を出さゞる、干戈に勝て談笑に破るゝは古今の通弊、勝後に要すべき戦争は貿易の競争なり、貿易の競争に打ち勝つと共に注意すべきは精神の一致なり、精神の一致を企図し占領地人民をして我皇の稜威に浴せしむるは宗教の力なり、戦線日に拡がりて、占領の区域ますく大、此の大なる占領地を化して軍隊後顧の憂なからしむるは教家の任務なり(3)

ここでは、戦後の占領地布教を戦時の従軍布教の延長ととらえるとともに、軍事行動に続く経済的・精神的侵略行動の一環として位置づけ、さらなる軍事行動を支援していくべきことが主張されている。こうして、日本仏教各宗派は、日本統治下に置かれた台湾を皮切りに、朝鮮・中国などのアジア諸国に進出する体制を整備し、その後、ハワイ・北米にも教勢を広げていった。このように日本仏教各宗派は、海外に進出していくにあたって布教理念を十分に検討することなく、国家戦略に便乗しようとする意識が先行して海外布教に着手していったのである。

万国宗教会議への消極的姿勢

ところで、日清戦争以前に日本仏教各派が海外への進出に消極的であったことは、日清戦争の開戦の前年にアメリカシカゴで開催された万国宗教会議への対応を見れば明白である。(4) この会議は、コロンブスのアメリカ到着四百年を記念して開かれた万国博覧会の一環として、世界各国の宗教の代表者を招待して開催されたものであったが、その目的はキリスト教の諸宗教に対する優位性を誇示することにあったとされる。

これに対して日本の仏教系世論は、仏教の真価を敢えて世界に示すために参加すべきだという意見が大勢を占めた。しかし、各宗派で組織する各宗協会は、日本仏教の代表者を派遣しないことを早々に決定し、宗派としての代表者が会議に送られることもなかった。その理由はすでに別稿で指摘したように、派遣に関する費用の問題と、会議の参加が日本仏教と宗派の体面を損なう事態となることを危惧してのことであった。

明治初年の廃仏状況で大きな打撃を受けた日本仏教各宗派にとって、その当局者の関心事は、あくまで封建期以来の国内の教団勢力の維持・回復にあった。確かに日本仏教各宗派は、教団組織の近代化、近代的僧侶養成機関の整備、教化システムの刷新など山積する諸課題に直面しており、そのために多額の経費を必要としていたことは否めない。しかし、各宗派当局者の対応は、封建期以来の既得権の維持・回復に向けて、国家・社会に対して仏教の有用性をアピールし得る事業を展開することに終始した。このため、内なる信仰から新たな布教伝道事業に着手しようとする志向性は乏しく、特に莫大な費用を要する割に失敗の危険性が伴う海外進出に関しては、消極的であったと言うことができる。結局、万国宗教会議へは、蘆津實全（天台宗）・釈宗演（臨済宗）・土宜法龍（真言宗）・八淵蟠龍（浄土真宗本願寺派）の四名の僧侶が個人として参加したにとどまった。

ところが、日清戦争後に日本人の海外進出が本格化すると、在外邦人を布教対象とすることで、布教者養成や経費面で大きな負担を要せず海外拠点を築くことが可能となった。さらに海外に布教拠点を築くことは、国内的に仏教教団の存在意義をアピールする上でも有効に働くと認識されるに至った。こうして各宗派の当局者は、それまでの消極的姿勢から一転して、海外布教に積極的に取り組むようになったのである。大谷派に関しては、個人として万国宗教会議に参加したものもおらず、日本仏教各宗派のなかで突出して布教伝道への意欲が強かったとは言えない。また初期には、現地の人々を対象としていた大谷派の布教も、日清戦争後は他宗派と同じく在留邦人対象の布教へと変化している。

このような点を考えると、大谷派も他宗派と同じく国内の教団勢力の保持を優先事とする意識を共有していたと考えられる。にもかかわらず、軍事行動・経済的侵略行動に先行して、海外への進出を試みた背景には、大谷派の直面する固有の事情があったと見るべきであろう。

二　北海道開拓とその背景

『北海道百年』への大谷派関係の対応

大谷派の朝鮮布教は、一八七七（明治一〇）年に始まるが、大谷派は朝鮮だけでなく、これ以前にも他宗派に先がけて北海道・中国への進出を果たしている。まず、大谷派が北海道開拓に着手した事情とその背景から検討しよう。

一八六九年六月大谷派は北海道開拓を政府に出願したが、その願書の冒頭には「今般蝦夷地御開拓の御主意御下問有之候由奉拝承候」[5]とあることから、政府の要請が起点となったことが分かる。北海道新聞社編の『北海道百年』は、大谷派が北海道開拓に着手した事情を次のように説明している。

むしろ、政府から押しつけて、開拓の出願をさせたとみられるフシがある。このへんのいきさつを、ちょうどそのころ京都西本願寺に留学していた河合善順（のち札幌別院輪番となった）がこう語っている。

『維新の後、薩長政権をにぎるやまず東本願寺を排除するの形勢あり。東本願寺はもっぱらその救解につとめたりしに、新政府は幕府加担の補償のためとて、本道開拓の先鋒となり、移民を奨励し、道路を開くべきの内命を下して事局を結びたりき』（札幌区史）」（中略）慶応四年（一八六八年）三月の神仏分離令。そして全国に吹き荒れた廃仏毀釈のあらし――（中略）

こうしたなかから〝仏教国益論〟が頭をもたげる。世のためになる仏教――いわば仏教側の巻き返しPRだが、ハラを割れば国策への密着によって、なんとか浮かぶ瀬を求めようとする苦しいあがき。東本願寺の北海道開拓は、そのテストケースでもあったのだ。[6]

この『北海道百年』の見解に対しては、大谷大学教授であった藤島達朗・柏原祐泉ら大谷派関係者が盛んに反論している。藤島は、「『北海道百年』という書物に、或人の聞書として、新政府は懲罰として開拓を命じたと書いているが、断じてそのようなことはない。好意的に下問したと考えられる」[7]といい、柏原も「東本願寺の北海道開拓について、東本願寺が親幕派であったための一種の賠償として要求されたとの説があるが、史料的には全く根拠がない」[8]と主張している。真宗大谷派北海道教区編の『東本願寺北海道開教百年史』に至っては、東本願寺が維新の際に朝廷に反抗した事実も、朝廷から処罰を受けた事実も全くないとし、「責任を以って断言する」とまで書いている。[9]

大谷派関係者の北海道開拓観

大谷派の関係者にとって、政府から強要されて開拓事業に着手したということでは、教団の体面に関わるのかもしれない。しかし、大谷派の便宜を配慮して政府が要請したとは考えにくい。大谷派の北海道での中心的事業が莫大な費用と労力を要する新道切開であったことを考慮するならば、戊辰戦争の戦費調達などで厳しい財政状況にあった政府の側に、大谷派を利用しようとする意図があったことは明白である。懲罰的意図の有無を史料的に裏づけられないとしても、国家権力が一定の強制力を伴う要求を宗教教団に差し向けることは当然想定されるべきである。この場合、幕府との関係が深く本願寺派に比べ新政府への貢献度の低い大谷派に対し、引き受け手のない北海道開拓を強要する意図を政府が有していたとしても何ら不思議ではない。それにもかかわらず、政府の要求を好意的な対応と受け止める姿勢からは、国家権力と宗教信仰との鋭い緊張関係に対する認識をみることはできず、国家権力に追従するなかで教団勢力の維持に奔走してきた近代仏教のあり方の問題性を見失う結果にもなりかねない。

この点に関して、すでに戦前に大谷大学の教授であった徳重浅吉は、維新期の廃仏状況と大谷派の置かれた厳しい状況を詳細に指摘した上で次のように述べている。

それ故に神仏判然では損する所ない真宗には、特に献金献穀といふ形になつて当つたし、城砦築造は一層ひどい。が東にはそれにも増して迷惑と考へたであらうものに北海道開拓の御用命がある。(中略)かたぐ種々の事情より眺めて、どうもこの事は、政府者から東本願寺を特に名ざして半ば命令したことであるやうに思はれる。彼の閑叟が議定をやめて此事に当つたのも、後に仙台・斗南等の諸藩が地を分ちて開拓に鞅掌したのも、矢張り一脈通ずる懲罰的意味があつたことを見遁し難いやうである。(10)

前述の『北海道百年』の記述も、この徳重浅吉の指摘を参考にして書かれた可能性も考えられるが、大谷派関係は徳重の論文を引き合いに出さず、『北海道百年』のみを批判の対象として取り上げている。このように考えると、大谷派関係者の『北海道百年』への過剰とも言える反応の根底には、北海道開拓を明治政府との良好な関係のもとで行われた「近代初頭の大偉業」と位置づけてきた教団の公式見解があるようにも考えられる。(11)

北海道開拓着手の事情

ところで、こうした教団関係者の意識も一九八〇年代末以降には変化があらわれはじめ、国家権力を背景とする同派の北海道開拓事業をアイヌ民族の立場から問い直す試みがなされるようになった。(12) また、従来見落とされていた史料を積極的に活用した服部みち子の一連の労作が発表され、(13) 開拓事業の実態解明に関する研究も大きく進展した。服部は、北海道開拓の動向を詳細に検証した結果、大谷派は政府の要請に対して一方的な受け身の姿勢で取り組んだのではなく、明治政府と対等に交渉しつつ教勢拡大に努めたとの見方を示した。こうした理解は、北陸門徒の移住民を再編する意味で北海道開拓は大谷派にとってもメリットがあったとする柏原祐泉の見解を引き継ぐものといえようが、果たして、大谷派は北海道の開拓事業自体にそれほど大きな意義を見出していたのであろうか。

長期的には、宗派の教勢拡大を図る上で北海道が有望な地であったことは確かであろう。しかし、服部みち子自身も指摘するように、短期的に見れば、政府が大藩に分領出願を強制しなければならないほど、対価効果が期待できない土地と目されていた。(14) 幕末には本願寺派が濁川の開拓事業に失敗しており、一八六九年以降、仏光寺と増上寺が土地分領を受けたが、開拓事業に着手することはなかった。分領を受けた各藩のなかには返上を願い出る藩があり、積極的に開拓事業を実施した藩は少なかったようである。まして、多額の借財を抱え両堂再建という課題に直面する大谷派にとって、開拓事業は当面のメリットが見込めない難事業であったはずである。それにもかかわらず、服部みち子が指摘するように、大谷派は必ずしも消極的に開拓事業に着手したわけではなかった。とすれば、大谷派が北海道開拓を引き受けざるを得なかった背景には、事業による直接的なメリットと別の要因が作用したと考えるべきあろう。その要因として、まず考えられることは、明治政府に忠誠心を示す必要に迫られていたことであろうが、それと同時に宗派内の改革派の批判を封じ込める意図があったのではないかと推察される。

同じ真宗でも、本願寺派が一八六八年、早々に島地黙雷・赤松連城ら防長末寺僧の建議を受け入れ、比較的スムーズに教団機構の改革に着手したのに比べると[15]、大谷派においては、封建期以来の坊官などの家臣団が宗政への強い影響力を保持し続けた。六九年四月には、護法場からの宗務機構の改革要求を受けて僧俗の衆議を採用すべく衆議所が開設されたが、護法場の本山弊政の改革を求める要求は収まらず、同月末に改革の首謀者の処分が下された。それから一カ月ほど経った六月五日に大谷派は北海道開拓の願書を提出し、二三日には宗派の旧弊を洗除すべき直命と趣意書を布告している[16]。いわば外には政府の圧力、内からは改革派の突き上げという「内患外憂」を抱えた宗務当局者は、北海道開拓へ着手することで、政府との良好な関係のもとで新規事業に取り組む改革路線を内外に印象づけ、執行部への批判をかわそうとする意図があったと考えられる。

そのために、開拓事業実施にあたって、具体的内容そのものよりも、その成果を華々しくアピールすることに主眼を置かれることとなったと考えられる。当初において実効性の薄い壮大な開拓計画が立案されていたこと、開拓の実施過程で開拓使への要求内容が変化していったこと、綛泉・浦河など当時和人が定住していない地域に道場建設地の獲得を目指したことなどを見ても[17]、一貫したプランと方針のもとで北海道開拓事業が実施されたとは考えられない。本来重視されるべき布教活動についても、明確なビジョンが示されることなく、政府の要請に応え道路敷設事業を行う代償に道場建設地を得ることに対応が終始していった。このように大谷派は、政府からの圧力と宗派内部の深刻な対立を抱えていたからこそ、むしろ対外的成果を必要としたのであり、こうした方向性は、後のアジア方面での布教にも継承されることとなったのである。

北海道開拓の反響

北海道開拓は、新門大谷光瑩（現如）自らが指揮を執ることとなり、一八七〇年二月に総勢百名を超える大行列が京都を出発した。約七カ月をかけて東京に到着し、その後、山形で約八千人、新潟で一万人以上の帰敬式を執行している。宗派が団結して難事業に取り組む姿勢を内外に示すとともに、資金の募財を行うためであったと考えられる。直接的に開拓事業を担当したのは、坊官などの家臣団と東京・新潟の末寺僧であり、彼らは従来から幕府に近い関係にあったため、政府の要請を受け開拓事業に取り組まざるを得ない事情もあったと考えられる。そして、この開拓事業の様子は錦絵に描かれるなどして宗派の内外に広く宣伝された[18]。

宗派を挙げた北海道開拓事業への取り組みは、宗務機構の変革を求める勢力の要求を一時的に停滞させる効果があったと考えられる。このとき小栗栖香頂は、

> 此事業ハ国家千歳ノ美挙ニシテ。我宗門再興ノ大機会ナリ。人皆ナ資金多額ヲ要スルヲ憂フ。香頂案ズルニ。法嗣自ラ青鞋竹杖以テ東北諸国ノ壇超ニ巡化セバ。天朝ノ為メナリ。宗門ノ為メナリ。誰カ奮発興起セザランヤ[19]

と述べ、大谷光瑩に陣頭指揮を進言し、自らも随行している。

一方、勤王家として知られた平松理準（号「南園」、東京正徳寺住職）は、その日誌のなかで、護法場の若手の一部に東京和融講と協議して北海道開拓に従事しようとする動きのあることを指摘した上で、次のように記し、開拓事業の成り行きを憂慮している。

彼此の奸愚相計りて此事を企つ、其切意開拓にあらず、彼地の産物を目的として、直に産物会所を起立し、立ち処に利を得ん事を計る。然るに下間松濤齋奸物たりと雖も、流石老練の者にて、開拓は天下の大業なる門主より海内の御門末へ御願ありて事を計るべき事なり、僅に二十人余の命ぜらるべき事に非ずと、断然云ひ放ちて上京せり(20)

しかし、護法場関係者全てから開拓事業に対する支持を得るまでには至らず、その改革要求を完全に封じ込めることもできなかったようである。翌一八七一年から七二年にかけて、坊官ら家臣団と改革派の末寺僧とは、宗政の主導権をめぐって激しい対立を繰り広げることとなった。

三　宗派内の対立と欧州視察

旧家臣団と改革派との抗争

一八七一（明治四）年五月政府は、「家士三代以上之輩、地方官属無禄士族卒へ御差加相成、二代以下之者は総而復籍可為致事。但、従前之通召遣候儀者不苦候条、地方可へ拝借可願出事」と通達した。これにより両本願寺の坊官らは原則として京都府貫族となり、寺務執行への関与が不可能となった。これを受けて西本願寺（本願寺派）は、本願寺俗務を担当してきた世襲的家臣団四百名近くが本願寺を離れ坊官制は解消した。[21] ところが、東本願寺（大谷派）の場合は、なお坊官勢力が宗政に大きな影響力を及ぼし続けた。

同年八月から仮寺務所の新体制が順次整備され、一〇月一日に本山寺務所が開局。渥美契縁（石川本覚寺）・石川舜台（石川永順寺）らが議事に、阿部慧行（京都等観寺）・鈴木慧淳（京都圓重寺）らが幹事兼納戸に就任するなど、護法場出身者が役職者の多くを占めた。しかし、同月三日に護法場を統括する立場にあり寺務所開設に尽くした金松空覚（闡彰院）が暗殺され、その後、坊官ら旧家臣団勢力の妨害により渥美・石川らは役職を退かざるを得なくなった。

そこで、渥美・石川らは、京都府の槇村正道参事を訪問し本山の弊政を陳述して保護を依頼。以後、京都府の介入によって旧家臣団勢力の排除が行われることとなった。翌七二年二月に京都府は、旧坊官七名に対し寺務への関与差し止めを命じ、三月一一日には渥美契縁、石川舜台、篠原順明（京都円覚寺）、小早川大船（京都願隆寺）、白川慈孝（慈辯、岐阜高山願生寺）の五名が法主から改正掛に任命された。それにもかかわらず、なお旧家臣団勢力の宗政への介入は続いたようである。四月五日、府令により堂僧四名の寺務関与を堅く差し止める旨が指令され、七月八日に改正掛総長・改正掛が府令によって改めて任命された。その際に「已来官員同様に候間不心得無之様相達候也」と通達されており、このことは行政に依存することなしに大谷派役員人事が機能し得なかったことを示していると考えられる。そして、八月二二日に至って、本山五六名の堂僧が廃され、改めて二八名が登用されたのである。[22]

江藤新平への接近と現如の渡欧

先述のように、宗政の指導権を握るために行政の強力な後ろ盾を必要とした新執行部は、宗派内の対立の火種を抱えるなかで、政府との緊密な関係を維持することを重要視したようである。北海道開拓の際には、三条実美より直接の内談があったとされ、実美と大谷派とは、後に三条の四女章子が大谷光演（彰如、東本願寺二三世）に嫁すなど密接な関係があったが[23]、さらに政府中枢に位置する人物との接触を求めて、江藤新平との関係を深めていったようである。当時江藤は、左院副議長として諸制度の創設整備に関わり宗教政策にも強い影響力を有していた。

大谷派と江藤との結びつきには、松本白華（石川本誓寺）が重要な役割を果したようである[24]。松本は、大坂広瀬旭荘の門に入って漢学を修め、一八五六年に石川県本誓寺住職を継職した後、樋口龍温（香山院）に宗学を学んだ。樋口龍温は幕末に耶蘇教防御懸に就任し、大谷派のキリスト教研究の中心的役割を担い、金松空覚（闡彰院）とともに改革派の拠点となった護法場の設立に尽くした人物である。樋口龍温門下からは、石川舜台、小栗栖香頂、小栗憲一、関信三（安藤劉太郎）など[25]、教団改革派のメンバーや海外布教で活躍した人物を輩出しており、松本白華は石川と近い関係にあった。六九年に明治政府より命を受けて加賀に配流された浦上教徒の改宗に当たった際には、石川とともに教誨活動を行っている[26]。七一年に上京して宗名恢復運動に従事した松本は、翌七二年四月一二日教部省に出仕することになったが、当時江藤新平が教部省御用掛を兼務していた。江藤は同月二五日に司法卿に任じられ、三〇日には欧州各国への派遣の命を受けている[27]。そして、この渡欧に北海道開拓を指揮した新門大谷光瑩らが同行する計画が浮上したのである。

『松本白華航海録』[28]によれば、この計画は伏見宮の説得と三条実美の勧誘があり、最終的に江藤からの強力な指導があり、これに松本白華が仲介して推進されたようである。また、出発に際して石川舜台の著した書には、「槇村参事公モ曾テ御憑有之候事」[29]と記されており、新宗務体制の樹立を直接的に支援を行してきた槇村正道の支持もあった。つまり、渡欧計画は、石川ら改革派による旧家臣団勢力の排除が大詰めを迎えるなかで推進され、改革派を支援する政府関係者の強力な勧誘もあり、大谷派としては実行せざるを得ない状況にあった。

江藤新平の欧州視察は、司法省内事務の関係から九月に延期され、結局中止となったが、九月に江藤に随行する予定であった司法省職員が先発することとなり、大谷光瑩（現如）も石川舜台、松本白華、成島柳北、関信三の四名を伴い欧州に向けて横浜港を出航した。光瑩自身が出発に際して門徒に宛てた書には「其方共エモ一応ハ申聞候上発途可致筈ナレトモ非常ノ旅行彼是異議申出候輩モ可有」[30]と記されており、光瑩らの渡欧に否定的な考えを持つものが宗派内に少なくなかったようである。当時の大谷派は、北海道開拓での多額の出費もあり、宗政から排除されつつあった旧家臣団とこれに加担する勢力からの批判も想定されたと考えられる。このため、大谷光勝（厳如）ら大谷派の関係者に対して書置きを残し、光瑩の独断という形で実行された。

欧州視察に関する先行研究

大谷光瑩ら一行は、いかなる目的から欧州視察を断行したのであろうか。従来の大谷派関係者による著述では、この点は簡単に説明されているに過ぎない。光瑩自身は、先述の門徒宛の書で「朝廷ノ御趣意ヲ奉戴シ、大法主ニ代リテ宗教興隆ノ為ニ洋行致候」と述べているだけであり、一九一二年刊の『先帝と東本願寺』では、「海外政教の状を視察し、兼て布教報国の上に一層の刷新を加へんと欲し」[31]と短く記すのみである。

戦後刊行された奈良本辰也・百瀬明治著『明治維新の東本願寺』は、明治初年における一種の洋行ブームと本願寺派の島地黙雷らの影響を渡欧に至った原因に挙げている。[32] 本願寺派では、木戸孝允の勧めにより、一八七一年一一月からの岩倉具視らの遣欧使節団に新門大谷光尊（明如、西本願寺二一世）と島地黙雷らが同行する予定であったが、同年八月に法主（広如）が死去したことで中止となり、遅れて翌七二年一月に島地らが欧州に向けて出発していた。

大谷派と江藤新平の双方に、本願寺派と木戸孝允（長州）への対抗意識があったことは間違いないであろうが、光瑩らの側に主体的かつ具体的な目的意識はなかったのであろうか。

近年の研究では、大谷派の関係者以外にも、多様な研究領域と問題関心から大谷光瑩らの洋行の意義について論ずるものが出はじめている。例えば、大谷派の漢文学研究の系譜を論じた川邉雄大(33)は、「江藤の派遣の意図も欧州における宗教行政の調査にあったと考えるのが自然」としつつも、光瑩らが「西本願寺と比べて洋行の意義をどこまで見出していたかははなはだ疑問」と評している。さらに、江藤の失脚や光瑩と松本白華の確執もあり、「彼らの洋行は不十分なまま終わってしまった感がある」といい、本願寺派が政教問題という政治的調査を中心に行ったのに対し、大谷派の関心は仏教学などの学術的方面にあったと指摘している。

渡欧随行員の一人で、後に日本初の幼稚園の創設に尽くした関信三の生涯を綿密に考証した国吉栄の研究も、渡欧の意義には否定的であり、次のように記している。

> 黙雷らの洋行に比べると、東本願寺の洋行は精彩を欠くと言わざるを得ない。理由はいくつか考えられようが、最大の理由は、この洋行の企図が、東本願寺自身の危機感や将来を見据えた展望からではなく、政権担当者からの否応のない要請を端緒としていたことであろう。北海道開拓を終えたばかりで大きな借財を抱える東本願寺にとってむしろ迷惑な話で、洋行が見るべき成果を残さなかったのも、そこに遠因があったといえよう(34)。

欧州視察の目的

確かに、先に指摘したように政府要人からの勧誘が渡欧計画に大きく影響したことは否定できない。しかし、費用の不足を補うために大蔵省や文部省などから資金を借り入れ[35]、秘密裡に計画された渡欧には、それなりの意気込みがあったと考えられ、当初から学問的関心が主たる目的であって、宗派として取り組むべき展望や課題についての目的意識を持ち合わせていなかったとは考えられない。

国吉栄は、先述の指摘に続いて次のようにも述べている。

> 本山中枢の大勢がこの洋行を受け身でとらえていた一方で、これらキリスト教阻止をめざして最前線で働いてきた人びとにとっては、洋行は千載一遇のチャンスであった。彼らはこれをキリスト教阻止のための最後の賭けととらえたのである[36]。

国吉がいう「キリスト教阻止の最前線で働いてきた人びと」とは、第一に関信三のことを念頭に置いているのであろう。関信三こと猶龍は、三河国幡豆郡一色村（現西尾市）の真宗大谷派安休寺の出身で、幕末に師である樋口龍温（香山院）の推挙により、本山からキリスト教の研究と実情探索のため長崎に派遣された。一八七〇年九月には、新政府の監察機関として設置された弾正台所属の諜者となり[37]、安藤劉太郎と名乗り身分を隠してキリスト教会に潜入し、その実情の探索活動に従事した。翌七一年七月に弾正台・刑部省が廃止されると、弾正台の事務は司法省に引き継がれ、キリスト教の諜者は太政官直属となった。その際に関は上級諜者に任命され、渡欧の前に関信三と名前を改名している。その活動は大谷派とも密接な連絡をとりつつ行われてきたが、これを宗派内で支持してきたのは、石川舜台ら護法場出身の改革派、特に樋口龍温（香山院）門下の人々であったと考えられる。しかも、彼らは渡欧の直前に旧家臣団勢力を排除し宗政を掌握したのである。

渡欧に同行した石川舜台、松本白華、関信三はいずれも樋口龍温（香山院）門下であり、石川の推薦によるものであった。また計画には同門の小栗憲一も参画していた。小栗は弾正巡察の職にあり、関の上司でもあった。石川らにより内密に渡欧計画は進められたが、出立後、篠原順明や小早川大船ら本山重役は渡欧の賛助を決定し[38]、会計の担当であった阿部慧行も視察の資金を集めるために奔走している[39]。こうして宗派の機関紙『配紙』では、一〇月に光瑩の門徒宛書置きとともに、これを追認する法主の直書と寺務所の添書が掲載された[40]。

キリスト教の調査研究を行い、政府とも協力してその防御策を展開することを基本路線としてきた新執行部にとって、欧州のキリスト教の実情を把握することは、何よりも重要な課題であったと考えられる。多少の認識の相違はあったとしても、本山の中枢の大勢も、こうした路線を一層強力に推進していくことで意見の一致を見ていたに違いない。大谷光瑩自身も、護法場の講義を受講し、七一年には東京御坊（浅草本願寺）に海外の知識を取り入れるため学問所を開設しており、彼らの方向性に理解を示していたと推察される[41]。その意味において、大谷派当局は必ずしも、この欧州視察に「受け身」で取り組んだとは考えられない。またキリスト教阻止のための「最後の賭け」などではなく、その後に一層強力なキリスト教の阻止活動を行うための前提とするはずであったと考えられる。

本願寺派との認識の相違

以上のように、大谷派の欧州視察の主たる目的は、キリスト教の実情把握にあったと考えられるが、それはキリスト教の禁制が国内で継続されることを前提とする意識が強かったと考えられる。これに対し、本願寺派は少し違う認識を持っていたようである。一八七一年一二月、梅上沢融に代理として渡航するように求めた大谷光尊（明如）の書簡には、「陳者方今之形勢日に文明開化に及び、随而異教之大患実に預（予歟）防苦辛」[42]とあり、キリスト教の解禁が不可避であるという状況認識が示されている。そして、そのことを踏まえ解禁後の政教関係のあり方を探るのが、欧州視察の大きな課題となっていた。結局、両派の欧州視察中の七三年二月二四日にキリシタン禁制の高札が撤去されたが、これは本願寺派にとってある程度、織り込み済みのことであったのに対し、大谷派にとってはショックな出来事であったと考えられる。

両派では、教部省行政に対する認識でも相違していたようである。本願寺派の出発（七二年一月）と大谷派の出発（同年九月）の間には、教部省の設置（同年三月）、教導職の設置・三条教則の通達（同年四月）、大教院の開講（同年八月）などがあり、仏教抑圧・神道重視の教部省行政の傾向が明らかになりつつあった。しかし、その教部省政策を推進してきた江藤新平に依存する大谷派の場合は、これへの批判的認識も希薄であったようである。例えば、七二年三月に安藤劉太郎（関信三）が太政官に提出した報告書には、次のように記されている。

竊ニ聞ク近来三道一致ノ御主意ヲ以テ専ラ宣教ヲ更張在ラセラルヘキ条臣等深ク感戴シ奉ル処ナリ乍去防邪ノ綱規弛廃ニ至ルトキハ自然宣教ノ大挙ヲ妨クヘシ此ニ於テ規律ヲ厳ニシテ外ヲ制セラレ而ソ其内ヲ守ルニ宣教ヲ更張シ給ハヽ異端何ヲ以テ潜入セン(43)

安藤（関）は、神儒仏による協力布教体制に賛意を表しつつ、外からのキリスト教侵入防止策と相まって、その布教拡張とキリスト教の防禦が有効に機能するのだと主張している。あくまでキリスト教の防禦が主眼であり、これに有効性が認められるなら三教一致の布教も肯定されてしまうのである。キリスト教諜者として、政府のキリスト教防禦活動の一端を担ってきた安藤にとって、キリスト教防禦策を主眼とする教部省行政を批判することは困難であったのかもしれない。しかし、安藤自身がキリスト教禁制の実施が困難になりつつある状況に直面していたはずである。(44)

これに対し、島地黙雷の場合は、同年七月頃に英国で「建言三教合同ニツキ」を著し、「臣曩ニ友人欧州新聞ヲ読ムヲ聞テ曰ク、日本新ニ儒仏神ノ三道ヲ合シテ教ヲ立テ、以テ一ノ宗旨ヲ造リ、民ヲシテ之ニ依ラサルコトナカラシム、何ソ誤ルノ甚シキヤト」と記している。(45)

教部省に出仕していた松本白華も、当然のことながら、教部省に批判的認識を持っていなかったと考えられる。(46)『松本白華航海録』によると、七二年一一月二三日（旧暦）の条に「当日初旬本邦改歴用太陽暦伝信機以報知大使及公使館。我僕之憂更増一層」と記されており、改暦によりキリスト教解禁を予感し憂慮していた様子がうかがえる。新暦に切り替わった七三年一月一日（旧暦では七二年一二月三日）の条には「訪㆓島地・梅上・坂田㆒観㆓旧新改案皮也三吐著・教会真理約翰話論著。島地頗有㆓議論㆒藤君大悦」とあり、フランスに到着以来、交流を重ねてきた島地が松本白華らを前に自説を大いに論じたようであるが、(47)それがどんな議論で、なぜ藤君（光瑩）を喜ばせたかは不明である。同月一五日に、大谷光瑩と松本は揃って江藤新平に宛て、現地でのキリスト教の状況を批判的に報告する手紙を書いているが、(48)これは江藤との欧州視察の共通目的がキリスト教視察であったことを示しており、江藤との関係を断つ意思のないこともうかがえる。しかし、『松本白華航海録』翌月三日の条には「島地来、請余清書建白及京都府建言返破」とあり、島地の建白書の清書を依頼されるほど、(49)両者の関係は緊密になっており、その考えも接近していったと推察される。

視察参加者のそれぞれの認識に関しては、なお検討を要するであろうが、教部省行政に関わった松本やキリスト教諜者の関に、当初教部省への批判的認識はなく、おそらく彼らを登用した石川舜台も同様であったと推察される。また政権内部についての彼らの情報も、江藤新平経由のものに限定される傾向が強かったであろう。(50)しかし、日本を離れ、島地黙雷との接触を通じて新たな情報と視野を広げたことで、大谷派にとってこの欧州視察は大きな意義があり、帰国後の大教院離脱運動にも繋がっていったと考えられる。

四　江藤新平「対外策」と中国布教の開始

江藤新平「対外策」

一方、江藤の側は、大谷派の欧州視察にどのような意義を見出していたのであろうか。一八七三(明治六)年一〇月、江藤は征韓論争に敗れ下野したが、アジア侵略に向けた諜報活動に僧侶を利用しようとする意見を持っており、この考えは、その後の大谷派のアジア進出に強い影響を与えていくこととなったと考えられる。

一八七一年三月五日、江藤新平は岩倉具視の求めに応じて「対外策」を起草して提出している。[51] ここで江藤は、ロシアが中国に進出することの脅威を強調した上で次のように述べている。

> 且つ皇国の患べき所、二つあり。一つは封建論なり。一つは邪宗門なり。魯若し我を図るの時に当りて、封建を以て藩藩を利導し、邪宗門を以て之に奉ぜしめば、外人は、宗門の故を以て曲を我に与へ、内人は封建の利を悦んで、之を奉じ、此勢に立至らば、戦て無勝算は不待智者。何の術を以て之を制服せんや。殆んど足利尊氏に反するに同く、仮令戦は勝とも、勢次第に衰へ、恢復の見留難かるべし。

つまり国内的には、近代諸制度の樹立とキリスト教の防衛策の強化が肝要なのであるが、対外策としては、米・

孛（プロイセン）・魯（ロシア）と友好関係を結んでロシアの中国進出を遅らせつつ、その間に軍備を蓄え、中国への足掛かりを築くことの重要性を進言している。そして、その具体的方策として注目したのが、仏教僧侶の利用論であり、江藤新平は次のようにいう。

四　支那は、其人民百分の二は、儒、及、耶蘇、天主等の宗門を奉ずと雖ども、其他は仏法を奉ず。我人民と宗門相同じ、故に自今仏法弘めの為め、或は修行等に、僧徒を遣し置き、他日民心を安んじ、或は間者を遣す等、軍略を施すの種とすべし。

さらに、仏教を国家的に活用するために教団統制と天皇制イデオロギーへの従属を強化すべきことを指摘した上で、次のように続けている。

八　各宗門より仏法修行として、支那行も、本山本山よりの依願御許可有之、右等御布告の事。
九　門徒其外の僧徒の内、人選を以て、間者として支那へ可差遣事。
十　支那の地理、其他取調の隠密、人選を以て、数人可被遣。是は右僧徒に混ずる歟、又は別段にても都合に可依歟。
十一　右間者を遣し、其事情を得る事も、五年許の内に在るべし。

こうして僧侶の間者から情報を得た後は、

十二　海陸の軍事整り、間者にての事情を得、地利を詳にし、戦略定まり、於是無礼の事ある時は、其曲を正し、是を魯と謀り、力を併せて歟、又は魯を中立せしめて、我のみにて歟、一挙支那を可征なり。

といい、時機をみて軍事行動を起こし、中国を植民地化しようというのである。

江藤の渡欧要請の意図

「対外策」において江藤は、僧侶を中国での情報収集のための間者として利用する方策を提言したが、江藤にとって仏教は、あくまで国策遂行のための道具であり、仏教を真に保護する意図はなかったようである。「対外策」の前年六月にも、江藤は岩倉具視に対して「国の基本法について岩倉公の下問に対する答申書」を提出しているが、ここでは、整備・改革すべき国の法制度の列挙したうえで、対外戦争に勝ち抜くべきことが論じられ、最後に次のように記されている。

戦勝チ然後ニ独立ノ体全クシテ各国ト并立ノ勢ヒ成ルト可謂ナリ此勢成リ然後ニ陰祠ヲ廃シ、仏ヲ廃シ、儒ヲ廃シ、海内之人皆神道一方ニ奉崇スルヿニナス如此政整リ武張リ教方一ツニ帰シ然ルノ後ニ宇内ヲ并呑スルノ策ヲ立ツヘキナリ(52)

このように江藤は、最終的に廃仏の意図を持っていたと考えられるが、「対外策」執筆以降、キリスト教の脅威が高まるなかで、その禁制を継続していく上でも、仏教利用の必要性を一層痛感していったと推察される。

日本政府は、一八七〇年末に英国公使代理アダムスよりの抗議を受け、諸藩に配流された浦上村キリスト教徒の処遇問題への対応に苦慮しつつあったが[53]、七一年に入ると、キリスト教解禁に向けた動きが徐々に顕在化していった。江藤が「対外策」を書いた二日後の三月五日、宮内大丞小河一敏が岩倉具視に宛てた親展書には、「官員の中にも耶蘇も強て拒絶には及はむものと心底におもひなから国禁の御さたを守り口外せぬ迄のものは数多可有之候」と記されている[54]。佐佐木高行の日記によると、同年七月に右院でキリスト教の解禁の是非が議論となったが、その際に、後藤（象二郎）や山縣（有朋）が解禁論を唱え、岩倉も「何時迄モ防キ留メルコトノ見込ニテハ無之」と述べている。これに対し、江藤は「邪蘇ヲイツ迄モ禁止論ニテ、頗ル激烈ナル議論ニテ、仮令日本全国土焼土トナルモ、決シテ解禁不可然トノ事ナリ」という強硬な禁止論を主張したという[55]。

キリスト教の脅威が高まるなか、その抑止のための仏教利用論も活発化したようである。同年九月には、大原重徳が岩倉具視に「異宗防禦ニ付見込」と題する意見書を提出している。そのなかで大原は、キリスト教防禦の方策として、戸籍法により氏子改めを実施し神道の普及徹底を図ること、社司僧侶を宣教司に任じ神儒仏による布教体制を構築すること、破邪を担当する諜者制度の充実の三点を挙げている[56]。同年八月に左院副議長に就任した江藤も、九月二三日には江藤宅で木戸孝允・福羽美静らと「宗派寺院僧侶等の事」を相談し、一〇月四日に左院から「邪宗侵入ノ為メ寺院省ヲ設ケ人民教導等ノ儀建言」を正院に提出した[57]。この建言は実現されることはなかったが、翌月には、岩倉使節団の出発、伊万里県深堀のキリスト教徒の移送に関する英国領事よりの抗議などがあり[58]、一二月一〇日に改めて江藤率いる左院は、教部省の設置を建議するに至った。七二年になると、浦上村キリスト教徒の放免・本籍復帰が決定（二月七日）されるなか、教部省設置の準備が進められ、三月一四日に教部省が設置され、江藤が教部省御用掛を兼務した[59]。

こうした状況のなか、松本白華を通じて大谷派との関係を深めることは、江藤にとっても望むところであり、江藤が大谷派に渡欧を要請した意図は、大きく二つあったと推察される。すなわち、第一は欧州でのキリスト教の状況に対する認識を深め、その防禦のための布教に資する点であり、第二には渡欧により国際的視野を養うことを通じて、アジア侵略に向けた諜報活動に僧侶を動員する条件を整備しようという点である。この二点について、江藤がどの程度まで大谷派にその意図を伝えていたかは不明であるが、少なくとも第一の点は大谷派執部側の意向にも沿うものであったことは間違いない。もちろんそれは、あくまで国内のキリスト教禁制が堅持されることを前提としており、少なくとも江藤自身は、その意向であったと考えられる。

伊地知正治と小栗栖香頂の中国渡航

江藤の仏教利用に関する考えは、左院の幹部（大議官）であり、教部省御用掛（一八七二年四月二三日就任）でもあった伊地知にも引き継がれていたようである。小栗栖の実弟である小栗憲一の著した『小栗栖香頂略伝』には次のような一節がある。

教部省開設已来。排仏ノ気焔ヤヽ屛グト云ヘドモ。動〻モスレバ。敬神ノ教則ヲ誤解シテ。仏教ヲ貶スル者アリ。於レ是。長公屢〻其非ヲ訴ヘ。神仏蚌鷸ノ争ハ。邪教漁者ノ利トナルガ故ニ。本省宜シク厳制スベシト。於レ是。左院副議長伊地知某。当時教部省御用掛ト為リ。大ニ神仏諸士ヲ本省ニ徴集シ。告ゲテ曰。神仏二教共ニコレ本朝ノ国教ナリ。宜シク従来ノ感情ヲ脱シ。神仏ノ名ヲ忘レ。一致外教ニ当リ。一民モ彼教ニ入ラシメザルハ勿論。我ガ国教ヲ海外迄推出スコソ本意ナレ。コレ教部開省ノ朝旨ナリ。努力々々。閲牆ノ嘲リヲ招

ク勿レト。長公ノ宿念。此ニ於テ満足セリ。(60)

この伊地知正治の発言は、教部省設置後、間もない時期のものであったと考えられ、キリスト教解禁以前であるが、仏教を国教であると持ち上げつつ、海外進出まで言及していることが注目される。この場合、神道の海外進出が容易でないことは明らかであるから、仏教に向けて海外進出を要請しているものと考えてよいであろう。しかし、伊地知も江藤と同じく、廃仏の本意を抱きつつ、仏教を利用しようとする立場にあったことは、七一年九月、西郷隆盛に提出した「時務建言書」の次の一節を見ても明らかである。

夫れ外国の教旨は胡神を真視して君父を仮想し、人倫を紊り候儀災害同轍、今より是を予防せざれば、後年の大害枚挙すべからざるに至り候は案中にて、仏は所謂邪徒の権与、其の帰する処、遂に同害に陥り候故、先ず朝廷にて、皇子御誕生・冠婚喪祭・年中行事等、仏事に関係致し候分は一切御廃し、さ候て庶人の儀も、生子並びに冠婚喪祭の神典用い申したく、礼式の分は上下軽重を分けて、神祇官にて取り調べ御布告在らせられたき御事に御座候。(61)

ところで、伊地知がいかなる意図で、仏教に海外進出を要請したのかは不明である。しかし、大谷光瑩らの渡欧計画が進行中であったことを考えると、その点を意識していたであろうし、海外での諜報活動とキリスト教防禦の両方に利用しようという意図があったとも考えられる。

伊地知正治は左院の幹部・教部省御用掛として、仏教抑圧・神道重視の教部省行政を主導していったが、小栗栖香頂の側は、これに対して批判的認識を全く持ち合わせていなかった。小栗栖にとって「我ガ国体ハ切支丹ト両立スベカラ」ざるものであり、キリスト教排除に尽くすことは「報国ノ事業」であった。また「神仏一致ハ。本朝古来人心ニ淪泌」しているものであり、決して否定すべきものではなかった。それゆえ、伊地知の発言に我が意を得た小栗栖香頂は、「三条教則釈義」を作成して大谷光瑩に呈し、七二年七月から一一月にかけて九州に赴き、百カ寺以上を回り教部省行政に対する疑念に答える布教を実施した。[62] しかし、翌七三年二月に切支丹禁制の高札が撤去されると、小栗栖は、居ても立ってもいられなかったと推察される。同年六月に長崎を発し、翌月中国に上陸し、九月に北京に入った。大谷派本山側も、同年九月二〇日付で、小栗栖を中国弘教係に任命している。小栗栖の渡航の目的は、翌九四年正月の新年表白文で示されているように、日本主導により印度と中国との三国同盟を構築して、キリスト教の蔓延を防ぐことにあった。そのため、龍泉寺本然のもとで北京語を、雍和宮でラマ教を学ぶとともに、諸大寺を歴訪して中国高僧との提携を模索した。[63]

大教院分離をめぐる宗派内対立

一方、欧州視察は、江藤の意に反して、大谷派に教部省行政への批判的見解を強める結果となった。また江藤が失脚したことで、大谷派に大教分離運動を推進しやすい状況をもたらしたと考えられる。しかし宗派内では、北海道開拓で坊官勢力に協力した東京・新潟の末寺僧が執行部の前に立ちはだかることとなった。

大谷光瑩らの帰国後の一八七三年一〇月頃から、真宗五派は結束して大教院分離運動を展開したが、このとき関東・新潟県などの大谷派末寺は分離反対を主張し、後に大教院への残留を画策した。その中心人物のひとりに、新潟県了蓮寺の藤原大選がいる。藤原は七〇年三月から約半年間、北海道に滞留して開拓事業に関わったが、[64] 七三年一〇月には、分離反対派の首謀者のひとりとして教部省提出の建白書に名を連ねている。その建白書には、次のようにある。

一体神官七宗ノ協和ヲ破リ候ハ不用意ノ儀殊ニ異教侵入ノ折柄斯ノ如ク鬩牆ノ患ヲ生シ候テハ外ニ異教徒ノ嘲ヲ招キ内ハ信仰者ノ惑ヲ生シ候段深ク歎情ノ至リニ候依テ教導一同篤ト衆議ヲ尽シ候上ヘ其可否得失相決シ申ス可キ儀ニ候(65)

藤原大選らは、大教院分離がキリスト教の蔓延防止策の崩壊に繋がるとして、その可否得失を検討する会議の開催を求めたのであるが、この提言は、政府と協調してキリスト教の防止策を展開するという新執行部（護法場）の基本路線の変更を鋭く批判するものであったともいえよう。

その後、賛同者を増やした大教院分離反対派三七名は、一二月浅草別院に押しかけ、上京中の法主に分離不可を進言し、同月二五日には連印をもって真宗管長の所管を離れて大教院の直属に入りたい旨を教部省に願い出た。結局七五年二月に真宗各派は大教院より離脱を果たし、非分離派の大教院への残留要求も、その可否が真宗管長の権限に属することが認められ実現しなかった(66)。しかし、藤原大選は執行部への批判的態度をゆるめず、同年八月には元老院に対し、管長制度を廃止して旧来の教団組織を解体させ、末寺主体の新たな教団構想を実現すべきことを建言している(67)。

こうした宗派内の反対派の動きに、執行部は何らかの対応を迫られていたと考えられる。特にキリスト教の蔓延防止策を基本路線に掲げてきた彼らにとって、大教院に代わって、キリスト教の蔓延防止に繋がるような新規事業を打ち立てることが求められたであろう。それはまた、旧執行部が行った偉業「北海道開拓」を凌ぐ事業である必要があり、こうした事情のなかで実施されたのがアジア布教であった。

中国布教の本格始動

一八七三年七月に始まる小栗栖香頂の中国での活動に対して、本山は後追いで中国弘教係の辞令を出したが、小栗栖の単独行動という色彩の強いものであった。また伊地知からの示唆を受けたとはいえ、政府側との連絡調整を経たものではなかった。一八七四年七月に小栗栖はいったん帰国している。これは自身の病気の事もあったが、改めてその活動を宗派の組織的布教と位置づけ直し、政府との調整を図るため、欧州より帰国した石川舜台が呼び戻したとも考えられる。

江藤なき後、石川舜台らが頼ったのは、次の回想が示すように大久保利通であった。

> わしが洋行から帰つたのは明治六年じや帰つて見ると暫くの間に世の中はすつかり変つていた。ずいぶん世話になつた三条さんや江藤さんは政変で内閣をやめていた。そこで大久保さんに話こんだのは、これからは日本ばかりに縮まつていると外教がどんどん侵入してくるばかりだから、これはこちらから攻めることをもつて防禦しなければ危い。その手初めは露西亜である。あれは一番気をつけなくてはならぬ国だと、かれこれわしの考えを述べたところ、郷(卿カ)も大に同感のようであつた。[68]

江藤は征韓論政変で失脚したが、いずれ朝鮮・中国への進出を目指すことは政府の基本路線であり、そのために仏教を利用しようとする江藤の構想も、大久保利通をはじめとする薩摩系人脈を中心として政府内に継承されていたと考えられる。

帰国後の小栗栖は、一八七五年六月に本山に設置された編集局の監督に就任し、『真宗大意』・漢文『真宗要旨』・『喇嘛教沿革史』を編纂して中国布教の準備を進め、翌七六年七月に谷了然（石川教恩寺）ら五名と上海に赴いた。これに先立つ五月二六日、大谷派の命を受けて篠原順明とともに、外務卿寺島宗則のもとを訪ね中国布教への援助を依頼している。このとき、寺島は「支那を墳墓の地とする決心を要す」といい、大いに激励したという。(69)

中国布教の目的とその実態

このように小栗栖香頂の再渡航の際には、政府との密接な連携が図られたが、その過程で、渡航の名目も変化していったようである。(70)最初の小栗栖の渡航は、キリスト教の防禦を目的とし、そのため中国仏教との提携を図ることを主たる活動とした。しかし、二回目の渡航に際して、法主大谷光勝（厳如、東本願寺二一世）は、谷・小栗栖らに対し「殊ニ諸宗ニ先チ吾真宗ニ於テ海外布教ノ着手ニ及コト実ニ一宗ノ面目コレニ過キス」(71)と、真宗布教を前面に押し出し活動すべきことを指示している。

翌一八七六年七月一三日に上海に上陸した谷らは、その一週間後には上海領事館の一室に教場を仮設し、同行した岸辺賢証・日野順正に中国語を習得させた。直ちに領事館の一室が借用できたことからも、政府・外務省の強力なバックアップがあったことがうかがえる。そして翌月には、上海別院を開設し、谷了然が初代輪番に就任。その後、江蘇教校（日本人僧侶教育機関）・女校受学所（在留日本婦人対象教育機関）を付設し、翌七七年には、医院・育嬰堂（在留邦人子弟対象の小学教育機関）も設置した。(72)

このように上海別院は、領事館の果たすべき機能を代行する一方で、毎日のように中国語による現地人対象の布教が行われたようであり、この点は、『東本願寺上海開教六十年史』や上海に赴任した岡崎正純の日記『支那在勤襍志』[73]に詳しく記されている。渡航の半年後に発行された仏教系新聞にも次のように報道されている。

支那上海本願寺別院の輪番河崎顕成氏は江州の人にて（中略）去年七月本山の命を受け八十九歳の老母に別れを告けて支刹へ出張せられしより日夜懇ころに支那人に念仏を勧むるの外に他事あることなく追々帰依する者も夥たゞしく此程にては小児わらべに至るまで東洋和尚南無阿弥陀仏と口癖に唱ふるやうになりたる[74]

こうした点から、大谷派の中国布教の目的は、キリスト教防禦策を目指した中国仏教との提携から、自派の教勢拡張のための真宗布教へと進展していったようにも見える。しかし、その変化には政府の意向が影響したとみて間違いないであろう。政府の側が、国内でキリスト教を黙許した状況で、最早キリスト教防禦への効果を仏教に期待したとは考えられない。何よりも急務であるのは、アジア植民地化に向けての下工作・諜報活動であり、そのために単に中国仏教と提携を図ることよりも、積極的な布教活動を通じて現地の情報を広く得ることを仏教側に求め、支援を約束したものと推測される。

一方、大谷派の側も、キリスト教の防禦策を目的に掲げることは、宗派内の合意を取りつけるのに都合のよい理屈ではあったが、アジアを舞台にキリスト教の防禦策を図るというのは、構想としては遠大ではあっても、あまりに現実味がなかった。キリスト教の防禦が必要であるならば、国内での対策を優先すべきであったろう。また、海外に教勢を拡張することは宗派にとってメリットがあったが、アジア布教は、北海道開拓に比べて、さらに大谷派にとって多額の経費を必要とする難事業であった。この点も考慮するならば、宗派執行部側の主眼は、やはり北海道開拓と同様に、政府の密接な関係を維持しつつ、宗派内の不満分子を封じ込めることにあったと考えられる。

五　朝鮮布教開始とその後

朝鮮布教の着手と宗派の事情

一八七六（明治九）年二月、日本政府は朝鮮に「日朝修好条規」の調印を迫り、釜山ほか二港の開港と居留地の設定、領事裁判権などを認めさせた。この年七月に中国布教に着手した大谷派は、翌七七年一〇月に他宗派に先んじて朝鮮布教にも着手した。この間の事情を『先帝と東本願寺』は、「明治十年寺島外務卿、大久保内務卿を介して我が本山に朝鮮の開教を勧誘せらる、仍て本山は往昔の因縁により浄信の後裔奥村圓心、平野恵粋に命じ、同年十一月釜山に開教せしむ」[75]と記している。朝鮮布教の開始も、政府側の要請を受けて始まったのであった。

『先帝と東本願寺』の刊行は一九一二年のことであるが、この時すでに「朝鮮開教要誌草案」という記録がまとめられており、それが後に刊行された『釜山と東本願寺』や『朝鮮開教五十年誌』の底本ともなったと考えられる。これら大谷派の関係資料では、同派が朝鮮布教に着手した理由として、①天正年間に奥村浄信（圓心の祖先）が釜山で布教した先例があったこと、②江戸時代の朝鮮通信使が浅草本願寺を滞在所とする慣行があったことを挙げている。大谷派が過去の因縁を重視し、主体的に布教に着手したことを強調するのであるが、これに対して韓晳曦は、『日本の朝鮮支配と宗教政策』のなかで次のように指摘している。

しかし根本的には、幕末期に本派（西）本願寺とは逆に、勤王派よりは幕府に傾斜しすぎた負い目をもつ大谷派の維新政府に対するひたすらな忠誠と、護国護法論に立つ国家主義とその実践に対する信任であったと思われる。（中略）このように、必死の生き残り策として維新政府の国運進展発揚政策に、随順邁進しようとする大谷派の朝鮮布教を利用して、朝鮮侵入の尖兵にしたてようとした日本政府の宗教政策は、一方で表面上は無力ながら、民間に沈潜して影響力を持ちつづけ、開港期にはとくに開化派に深い歓心を与えながら、一陽来復を切に待望していた朝鮮仏教と僧侶と、他方で親清現体制の変革と新体制樹立の方策を模索中の開化派とを、表面上非政治的な仏教布教活動の寺院、僧侶であることで安心させてだきこむことに成功した。(76)

明治維新から一〇年も経たこの時期にまで、幕府に近い関係であったことが影響したかは疑問であるが、深刻な内部対立を抱える大谷派が、権力中枢との密接な関係を求め、「朝鮮侵入の尖兵」として諜報的活動に従事したとする韓の指摘は妥当といえるであろう。

ところで、この時期に大谷派の内部対立は新たな局面を迎えていた。大谷派執行部は、大教院分離運動の際に反対派を押さえ込むことには成功したが、その後、石川舜台と渥美契縁との派閥抗争が表面化していった。一八七八年一月には石川が渥美の面部を殴打する暴力事件が起こり、この事件について関係者は警察署より厳しい尋問を受け、石川は宗務所の役職を辞し禁獄三〇日の処分を受けた。しかし、その後も両派は激しい派閥抗争を続けた。後年、この時期に宗政に関わった平野履信は、「明治一〇年より一六年頃迄を、本山の紛議時代」と評したという。(77)財政と両堂の再建を重要課題に掲げる渥美に対抗するためにも、石川舜台とその一派は、ますます中国・朝鮮布教で成果をあげることに、自らの存在意義を見出していったと考えられる。(78)

政府側の朝鮮布教への期待

江華島事件により、ようやく日朝修好条規の調印にこぎ着けた政府であったが、当初は思惑どおりに朝鮮への経済的進出は進まなかったようである。政府は、日朝修好条規の調印後に国内の有力商人に朝鮮との通商貿易を勧誘したが、これに応ずるものはなかった。そこで内務卿の大久保利通は、大倉喜八郎（大倉財閥の創始者）を呼び寄せ朝鮮貿易への着手を要請している。大倉は、このときのことを次のように回想している。

茲に初て日韓両国間に通商貿易が開かるゝことゝなつたのである。然るに其実際は、我国に於ては韓国と云へば恰かも虎伏す荒野の如く思はれて居つて、一人として冒険的に進で韓国との通商貿易に当らんとする者なく、実施期間を空しく経過して、折角の修好条約も廃棄同様にならんとする状況であつた。政府に於ても頗る焦慮されて、国内有力なる商人に勧誘を試みたのであるが、依然として之に応ずる者は一人もなかつた。終に大久保内務卿から老生を見込んでの懇談あり、修好条約の手前国家の体面にも関することなれば、奮て其の衝に当らんことを求められたので、老生も実に尤なりと、其の成敗を顧みるの暇もなく、微力を日韓貿易の為めに効さんとしたのである。即ち明治九年八月我が国産並に諸雑貨を満載し、玄界灘の荒浪を越えて初て釜山に渡航した。（中略）又在留の日本人は老幼合せて僅かに九十人に過ぎず而かも其の総ては対州人のみであつた。(79)

このように商人への要請と同時に、大久保利通らが大谷派に朝鮮布教を勧誘したのは、将来の政治的・軍事的進出への足掛りとなることを期待してのことであり、特に僧侶には現地の諜報活動を期待したに違いない。

一八七七年九月二八日に釜山に上陸した奥村圓心と平野恵粋とは、さっそく法主・大谷光勝（厳如）の書簡を日本管理官・近藤真鋤に示して協力を求めた。その書簡には「右之者共朝鮮国滞在御国人民教導之為出張為致候」と記されており、当面の布教対象を日本人居留民としている。また一〇月一日には、近藤真鋤管理官に対し、布教の拠点として西館三区二番地の官舎の借用を願い出て許可されたが、その許可証には「但シ布教ノ義ハ追テ沙汰及候迄見合可申事」と付記されていた。(80)

大久保利通らの朝鮮布教の要請を受けたのにもかかわらず、中国の場合のように、なぜ直ちに現地人の布教に着手しなかったのであろうか。実は、前年の一〇月に釜山港に管理者として赴任した近藤真鋤には、寺島宗則外務卿より次のような指示が出されていた。

彼国ハ法教ヲ禁諱スルノ習俗ナレハ我人民教典ニ関係スル事ヲ彼地ニテ施行スルカ或ハ伝播スルハ両国交際ニ影響ヲ生シ不佳ノ基トナルヲ怕ル宜シク是レヲ禁歇スル処置ニ注意シ止ムヲ得サル時ハ伺ヲ経テ処分スベシ(81)

この場合、最も懸念されたのは日本人キリスト教者による布教であり、朝鮮側は日朝修好条規の交渉の際にキリスト教の禁止条項を明文化するよう日本側に求めた経緯があった。(82) しかし、李朝は仏教に対しても厳しい禁制を加えてきたのであり、仏教の布教もまた、両国間の関係に悪い影響を及ぼす可能性も考えられたはずである。このため、現地での仏教者の活動も慎重にならざるを得なかったのであろう。それにしても、こうしたリスクを冒してまで、大久保利通らが大谷派に朝鮮布教を依頼したことに、その諜報活動への期待の大きさをうかがうことができよう。

大谷派の親日派育成活動

釜山到着早々、近藤管理官より官舎を布教所として使用することを許可されているが、これは大谷派の活動を援助するように政府からの指示があったためと考えられる。一八七八年一二月に布教所は釜山別院に昇格し、翌七九年一月に行われた入仏式では、国務で来釜中であった花房義質公使が金千疋を、近藤管理官も金千疋を仏前に供えている。こうした政府からの支援もあって、奥村圓心らの布教活動は、まず居留民に根をおろし、次第に朝鮮人にも浸透していったようである。

一八八〇年九月発行の仏教系新聞『明教新誌』には、次のような記事があり、数年の内に相当数の朝鮮人信者を獲得していた様子がうかがえる。

> 朝鮮釜山浦に設置せられたる東派本願寺教場は近頃朝鮮人の参聴すこぶる多く何れも自国の礼儀を尽して粛々たる姿なるは誠に感すべき事なるに之に反して我国人の時々同場へ参詣する者は概ね無礼の振舞多く朝鮮人に冷笑はるゝも恬として恥ぢざる風情なるは頗ぶるに国辱なればとて此程前田総領事より居留人一同へ篤く諭達せられたるよし(83)

また一八七九年に女人講が組織され、八〇年には元山にも布教所が設置されるなど、大谷派の布教活動は着実に広がりを見せ、布教基盤も強固なものとなっていった。さらに在留邦人・朝鮮人対象の布教活動に加えて、教育・社会事業などの領域にも活動の幅を広げていった。すなわち、七七年一一月からは居留民の依頼を受けて在留邦人子弟の小学校教育を始め、同年一二月に貧民救助・行路病者を目的とする社会事業団体「釜山教社」を設立。七八年一月には布教所内に鮮語学舎を創設して開教使の養成事業に開始し、日本から谷覚立ら三名を留学生として入学させた。七九年一月からは鮮語学舎で朝鮮人対象の日本語教育事業にも着手している(84)。

このように奥村圓心らの活動は極めて多方面にわたるものであったが、最も注目されるのが、朝鮮僧侶との交流である。その活動に関しては、奥村圓心が記した『朝鮮国布教日誌』(85)に記録されており、先行研究も多く存在する(86)。詳細は、それらに譲るが、奥村らは、李東仁・僧無二など朝鮮僧侶と交流・支援を通じて、朴泳孝・金玉均ら独立党との密接な関係を有し、日本政府と親日派との「パイプ」役として重要な役割を果たしていった。つまり、大谷派の朝鮮布教は、政府とも密接な連絡をとりながら、清国＝儒教、ロシア・欧米＝キリスト教に対抗し、仏教を通じて朝鮮政府内に親日派を育成し、その勢力を拡大させようという意図のもとで始められたものと考えられる。朝鮮布教にあたった個々の僧侶の意識はどうであれ、大谷派の朝鮮布教を官民一体となった「朝鮮侵入の尖兵」とする前述の韓皙曦の評価は、やはり否定できないであろう。

大谷派朝鮮布教の挫折

朝鮮布教の目指した朝鮮政府内での親日派育成工作は、一定の成果を収めつつあったが、その間、大谷派財政は急速に悪化し、執行部内の対立も激しさを増していった。

朝鮮布教開始の翌年の一八七八年一一月に広島寺務出張所が財政難のために閉鎖され、八二年までに金沢・名古屋・函館・仙台・東京の寺務出張所が次々に閉鎖に追い込まれていった。当時、大谷派には四〇万円を超える負債があったとされるが、七九年五月に両堂再建の消息が出され、その再建事業にも着手しつつあった。こうした状況のなかで、負債償還・両堂再建という課題に向けて地方との連携は必要不可欠であったはずであり、中央執行部と地方門末との連携を図る機関が失われたことは深刻な事態であった。一方、執行部内では、八二年二月に篠原順明が執事を退任した後、渥美契縁・長圓立（新潟万徳寺）・小早川大船・鈴木慧淳が執事に就任して四頭体制がとられたが、長が石川舜台・谷了然と手を組んで、鈴木の再建用材の購入の疑惑を追及し、契縁が鈴木を支持したことで両派の抗争が激化した(87)。

このように海外布教の発展と裏腹に、国内では宗派の抱える問題が一挙に表面したのである。そして、この対立もまた、政府の介入によって漸く解決が図られることとなった。すわなち、翌一八八三年六月に岩倉具視・井上馨の立ち会いのもと、新旧寺務役員の和議のための会議が開かれたのである。その際、周旋にあたった井上は、負債整理に関して「外国布教は労多くして効少し、宜しく支那開教の事を中止すべしとの勧告」をなした(88)。その会議の様子は、以下のようなものであったという。

明治十六年六月一三日、枳穀邸における和睦会のとき、井上参議曰く、「本願寺は貧乏の僻に外国布教などに手を出すのはよろしくない」と云はれたので、石川舜台氏はこれに駁し、「政府は不都合である、平生は外国のことは一向無頓着で、いざとなれば本願寺の留学生を借りるではないか」と井上氏へ食つてかゝられたそうであるが、いかにも石川師の云ひそうなことである(89)。

当時外務卿であった井上馨は、鹿鳴館に象徴される極端な欧化政策を推進しつつあった。その一方で、朝鮮では、前年の八二年七月に壬午軍乱が起こり、日本政府の露骨な親日派育成工作への反発が高まり、清国の朝鮮への影響力が強まった。これに対し井上は、清国と軍事対立するだけの経済力・軍事力もなく諸外国への手前もあって、積極的に朝鮮に介入して清国と対立することを一時回避する方が適切と考えていたようである。[90] こうした立場から、大谷派の中国・朝鮮での活動に冷淡な姿勢を示したのかも知れない。また岩倉は、大谷派に財政的負担の重いアジア布教を要請してきた薩摩閥よりも、長州閥の井上の方が適任であると判断して、大谷派の対立の周旋を井上に依頼したとも考えられる。いずれにせよ、政府の依頼を受けて、領事館機能の代役や親日派育成工作を指揮してきた石川にとっては憤怒やるせなく、反論せざるを得なかったのであろう。

結局、大谷派は一八八三年に中国布教の一時中止を決定し、同時に設置したばかりの元山説教所の廃止を余儀なくされるに至った。さらに翌八四年には甲申政変が起こり、金玉均らのクーデターが失敗に帰すると、朝鮮政府に対する日本の影響力はさらに後退し、大谷派も朝鮮政府内の人脈を失った。その後も大谷派の朝鮮での布教活動は継続されたが、新たな親日派育成のための支出も困難となるなかで、その布教活動は、次第に比較的採算を見込むことができる在留邦人の布教へと傾斜していったのである。

おわりに

本章の冒頭で、日本仏教は日清戦争後に日本が植民地を獲得したことに便乗して海外布教に着手したと述べた。しかし、仏教側の思惑とは裏腹に、政府の仏教の海外布教に対する姿勢は極めて冷淡なものがあった。植民地統治下で、日本仏教の布教活動はかえって現地人の反発を招き、植民地経営に悪い影響を与えかねないと判断されたためである。

中国と朝鮮では状況の違いはあるものの、日本が早期に植民地とした朝鮮を例に挙げれば、むしろ現地人に支持されているキリスト教を優遇した方が、諸外国に日本の朝鮮支配の穏当さをアピールでき、朝鮮人の不満を緩和する上でも有効であると考えられたようである。韓国併合の翌年の一九一一（明治四四）年七月に朝鮮を視察に訪れた平松理英（大谷派東京正徳寺）は、次のように述べ、キリスト教と仏教の待遇の相違に対し不満を漏らしている。

朝鮮に於ける仏教各宗は一種の圧迫の下に置かれてある、（中略）併合後我が派の慧日院連枝が行かれた時、李王家へ訪問せられたが、王家の内事に居る日本の役人が之を遮つた為に訪問を見合されたことがあつたそうだ、又た伊藤公爵が亡くなつた時、京城別院で公が国家元勲として又た朝鮮の恩人として其の恩徳に報ふべき追弔会を催したが、其の際総督の参拝を案内に行つた所が、事務官か何んかが会つて、一言の下に本願寺は政治的にやりますな、そう政治的にやられては困ると挨拶した、（中略）日本仏教に対しては恁う云ふ態度であるが一方の基督教に対しては、京城の基督教青年会に毎年二万円宛の補助を与えて居る、之れは伊藤統監の時代に始めたもので政策上止むを得ないからであつたのであらうが、今尚ほ議会の協賛を経て二万円宛補助を与えて居る、基督教に之れ丈けの恩典を施こすならば、仏教には物質の補助をしない迄にも無謀な圧迫と干渉だけは廃したがよいと思ふ(91)

つまり、日本政府は、アジア諸国を植民地化するまでは諜報活動などで仏教を積極的に利用し、いったん植民地化が実現すると、仏教を冷遇する傾向にあったのである。この点で、廃仏の底意を有しながら、天皇制イデオロギーの分担者としての仏教側の意識を巧みに利用した江藤新平や伊地知正治の手法は、その後も一貫して政府に継承されていったといえるであろう。

初期の大谷派のアジア布教を、軍事的侵略と一体となった日清戦争後の布教とは異質なものと評価すべきだとする意見もある。[92]しかし実際には、日清戦争後にも増して、初期の大谷派のアジア布教は政府と密接な関係を有しながら、アジア侵略の「尖兵」となって行動していたのである。そして、仏教各宗のなかで、大谷派がこの役割を一手に引き受けたのは、やはり明治初期には幕府方に荷担したという負い目があったからであろう。そして、以降も内部で激しい対立を抱え、常に国家権力の介入によって解決を図ってきた大谷派は、権力依存の傾向を強め、政府の要請に協力の姿勢を示して海外に進出していったのである。

一八八三年の枳殻邸での会議は、国家権力に利用されることの悲哀を痛感した出来事であったろう。しかし、その教訓が生かされることはなかった。朝鮮では、その後、三・一運動後の文化政治や十五年戦争下の心田開発運動などで、朝鮮総督府から日本仏教に協力が要請されたことがあった。その際にも、最も積極的に協力の姿勢を示したのが大谷派であったのである。[93]

［注］

（1）真宗大谷派の中国布教活動をまとめたものに、高西賢正編『東本願寺上海開教六十年史』（東本願寺上海別院、一九三七年）がある。また朝鮮布教活動に関しては、大谷派本願寺朝鮮開教監督部編・発行『朝鮮開教五十年誌』（一九二七年）、河島研習編『釜山と東本願寺』（大谷派本願寺釜山別院、一九二六年）、大谷派本願寺京城別院南山本願寺編・発行『南山本願寺小史――本堂創建二十五周年記念――』（一九三一年）があり、これら資料は中西直樹編『仏教植民地布教史資料集成（朝鮮編）』第五巻（三人社、二〇一三年、以下『資料集成』と略記）に収録されている。

（2）「大飛躍」（一八九五年五月二日付『明教新誌』）。

（3）「占領地布教の機」（一八九五年二月一六日付『明教新誌』）。

（4）中西直樹編『仏教海外開教史資料集成（北米編）』第六巻所収「解題」（不二出版、二〇〇九年。後に中西直樹著『仏教海外開教史の研究』〈不二出版、二〇一二年〉に再録）を参照されたい。

（5）この願書は、『厳如上人御一代記Ⅱ（真宗学事資料叢書八）』二三～二四頁（大谷派真宗総合研究所、一九九四年）、多屋弘編『東本願寺北海道開教史』一三八頁（真宗大谷派本願寺札幌別院、一九五〇年）などに引用されている。

（6）「宗教道路――東本願寺の新道開削――」（北海道新聞社編・発行『北海道百年』上、一九六七年）。なお、文中に引用の河合善順（会津善龍寺住職）の回想は、札幌区役所編『札幌区史』（一九一一年）三四三頁に掲載されている。

（7）「興亡の歩み・先人の偉業（開教学事関係座談会）」（『真宗』七六八・七六九号、一九六八年一・二月）での発言。

（8）柏原祐泉編『維新期の真宗（真宗史料集成第一一巻）』所収「解説」（同朋舎、一九七四年）。

（9）真宗大谷派北海道教区編『東本願寺北海道開教百年史』（真宗大谷派北海道教務所、一九七五年）。

（10）徳重浅吉「明治初年に於ける東西本願寺の立場と護法の為めの動き」（『大谷学報』一四巻二・三号、一九三三年四・七月。後に『維新政治宗教史研究』〈目黒書店、一九三五年〉に収録）。

（11）大谷派関係のなかでも、真宗教学研究所発行の『教化研究』七三・七四号（一九七五年四月）だけは、「新政府への莫大な献金、累積した借財、両堂焼失したままの東本願寺が、あえて北海道開拓という無謀ともいえる一大事業にとりくんだことについては、当時吹き荒れていた廃仏思想に対し、教団が国益的存在であることの実を上げる必要に迫られていたといわれている。」と記している。

（12）泉恵機著『アイヌ民族と真宗――大谷派近代の検証（東別院ブックレット）――』（真宗大谷派名古屋別院教務部、一九九六年）、北海道教区第一七組・帯広別院同和問題学習会「『北海道開拓・開教』について」（『身同』一九号、一九九九年）など。

（13）服部みち子「本願寺道路その成立背景とその成立過程」（『身同』七号、一九八七年）、服部みち子「北海道開拓と東本願寺――布教権の確立を求めて――」（『身同』八・一〇号、一九八八・一九九〇年）。

（14）前掲の徳重浅吉の論文も「今日北海道は東派繁昌の地であるが、維新の初に当つては猶蝦夷地と称し和人の数約七万、土人一万七千人、それも殆ど松前函館の域内に限られ奥地になると人口寥々、僅かに海辺の漁場が夏分だけ人の行くに過ぎぬ所であった。」と記している。

(15)『明如上人伝』一七二頁（明如上人廿五回忌臨時法要事務所伝記編纂所、一九二七年）に「既に両上人に於て認容せられ居る事なれば、彼此の間に於ける衝突は甚しきに至らず。」とあるように、改革にあたって、島地ら長州末寺僧と坊官・家司との間で大きな対立は見られなかったようである。

(16) 前掲『厳如上人御一代記Ⅱ』一二～一三頁、水谷壽「明治維新以後における大谷派宗政の変遷」（『真宗』二七二～三九〇号、一九三二年一〇月～一九三四年四月）。

(17)(18) これらの点に関しては、前掲の服部みち子論文に詳しい。

(19) 小栗憲一著『小栗栖香頂略伝』一三頁（明治舘、一九〇七年）。なお、同様のエピソードは、大分県教育会編・発行『増補改訂大分県偉人伝』（一九三五年）中の「小栗栖香頂」の項や、常光浩然の『明治の仏教者』上巻（春秋社、一九六八年）の「小栗栖香頂」の項にも記されている。一八九四年刊行の山縣良敬編『厳如上人御伝』は、法主自ら北海道に赴くように政府から指示があったと記している。

(20) 武田統一「宗門護法場管見」（『宗史編修所報』一七号、一九三七年七月）の記述による。原史料は未見である。

(21) 本願寺史料研究所編『本願寺史』第三巻、一四八～一四九頁（浄土真宗本願寺派、一九六九年）。政府からの通達は、前掲『厳如上人御一代記Ⅱ』九〇頁にも掲載されており、また同書には、同月に「坊官・候人等ノ名称ヲ廃シ、蓄髪ノ上都テ地方官貫属士族卒へ被差加候事」の通達が出されたことも記載されている（九三～九四頁）。

(22) この間の事情については、大谷派本山寺務所発行の『配紙』（一九八九年に真宗大谷派宗務所出版部より復刻版が刊行）、前掲の水谷壽論文、奈良本辰也・百瀬明治著『明治維新の東本願寺――日本最大の民衆宗教はいかに激動の時代を生きぬいたか、嵐のなかの法城物語――』（河出書房新社、一九八七年）、柏原祐泉著『近代大谷派の教団――明治以降宗政史――』（真宗大谷派宗務所出版部、一九八六年）を参考とした。

(23) 前掲「興亡の歩み・先人の偉業（開教学事関係座談会）」のなかで、藤島達朗は、確実な資料はないが、三条実美から密かに話があったと聞いていると発言している。藤島が北海道開拓を「好意的に下問した」と考えるのは、三条との密接な関係を想定した上でのことかもしれないが、そうした個人的関係で政教問題を判断すべきでないことは言うまでもない。また後に刊行された、前掲『東本願寺北海道開教百年史』（一〇三頁）や前掲『明治維新の東本願寺』（三三二頁）も三条実美から内々の打診があったと記している。

(24) 川邉雄大・町泉寿郎「松本白華と玉川吟社の人々」（二松學舍大学二一世紀COEプログラム『日本漢文学研究』二号、二〇〇七年）、川邉雄大「明治期における東本願寺の清国布教について――松本白華・北方心泉を中心に――」(Institute for Cultural Interaction Studies, Kansai University, The International Academic Forum for the Next Generation Series, Volume 2, 一五三～二二二頁、二〇一〇年三月)。松本白華の経歴に関しては、近残花房編『加能真宗僧英伝』一五九～一六〇頁（近八書房、一九四二年）、松任本誓寺・松任市中央図書館編修『白華文庫目録』（一九八八年）収録の「松本白華略年譜」を参照。

(25) 織田顕信「大谷派講師香山院龍温社中名簿について」（『同朋大学論叢』三四号、一九七六年、後に『真宗教団史の基礎的研究』〈法藏館、二〇〇八年〉収録）掲載の「入社人名簿仮記」に、松本白華の名前は記されていない。同史料は、「香山院龍温社中原簿」が一八六四（元治元）年の兵火で焼失後に、願楽寺知城の記憶により復元されたものであり、一八五七年入門の松本白華の名前は抜け落ちたものと考えられる。

(26) 教誨の経緯は、大谷大学国史研究会翻刻『白華備忘録』（一九三三年）に詳しく記録されており、その一部が前掲『維新政治宗教史研究』に引用されている。また、このときの石川舜台の回想が、鹿野久恒編『傑僧石川舜台言行録』九七頁（仏教文化協会、一九五一年）に記されている。

(27) 的野半介編『江藤南白』（南白顕彰会、一九一四年）。

(28) 『松本白華航海録』は、徳重浅吉により一九三二年に翻刻されて東林書房より出版。その後、柏原祐泉編『維新期の真宗（真宗史料集成第一一巻）』〈同朋舎、一九七五年〉に収録された。なお、伏見宮とは邦家親王を指すものと考えられ、その第四女和子が当時の法主・大谷光勝（厳如）に嫁しており、光瑩（現如）は邦家親王の孫に当たる。

(29) 前掲『厳如上人御一代記Ⅱ』一一六頁。

(30) この書は、大谷派の機関紙『配紙』や、前掲『厳如上人御一代記Ⅱ』一一五頁に掲載されている。法主（広如）の死去により新門・光尊（明如）の洋行を取り止めた本願寺派の場合も、宗派内に強い反対意見があり、この点は福嶋寛隆の論文「海外教状視察の歴史的意義」（『龍谷大学論集』四一三号、一九七八年一〇月。後に『歴史のなかの真宗――自律から従属へ

――』〈永田文昌堂、二〇〇九年〉に指摘されている。大谷派が、光瑩の独断という形で、突然に渡欧するに至ったのも、この本願寺派の状況が影響した可能性も考えられる。

(31) 内記龍舟・猪飼法量著『先帝と東本願寺』九四頁（法藏館、一九一二年)。

(32) 前掲『明治維新の東本願寺』二四〇頁。なお、本書の序（大谷暢順・本願寺維持財団理事長執筆）には、本書が暢順ら本願寺維持財団の求めに応じて編纂されたことが記されている。

(33) 前掲の川邉雄大論文参照。

(34) 国吉栄著『関信三と近代日本の黎明――日本幼稚園史序説――』一四二～一四三頁（新読書社、二〇〇五年)。

(35) 前掲『厳如上人御一代記Ⅱ』掲載の「成島柳北ノ書」には大蔵省から資金を借り入れたことが記されており（一一七頁)、『松本白華航海録』には、岩倉具視や文部省等からも借入したことが記されている（前掲『維新期の真宗』三七二頁)。また、前掲『傑僧石川舜台言行録』には、大蔵省の口添えで、徳川・有馬・小野組などからも数万円の融資を受けたとある（一〇一頁)。

(36) 前掲『関信三と近代日本の黎明』一四六～一四七頁。

(37) 弾正台の諜者の役割などについては、一八七〇年六月改訂の「弾正台諸規則」中の「諜者規則」に規定されており（『法規分類大全』第一編官職門、官制、弾正台)、小澤三郎著『幕末明治耶蘇教史研究』二二六～二二七頁（日本基督教団出版局、一九七三年）に引用されている。

(38) 前掲『傑僧石川舜台言行録』九八～一一三頁。

(39) 沼法量著『宗門干城慧行』三二～三三頁（等観寺、一九二〇年)。ただし、前掲『厳如上人御一代記Ⅱ』一八七二年九月一〇日の条には、「篠原順明　改正掛ヲ以テ権ヲ専ニシ」「(渥美）契縁・(鈴木）慧淳之ト議合ハス」とあり（一一四～一一五頁)、後年激化する執行部の対立が、すでにこのときに胚胎していたようである。

(40) 前掲『配紙』。寺務所の添書には、「法主様直書ヲ以被為申示候如ク宗教護持ノ志ヨリ知識ヲ拡充被成候趣意一同感佩可有之候此折柄自然訛伝誤説申触候者有之様ニテハ実以歎敷次第ニ候」とあり、これは保守派からの批判を牽制しているものと考えられる。

(41)　前掲『関信三と近代日本の黎明』九一頁。
(42)　前掲『明如上人伝』二三五頁。前掲の福嶋寛隆論文を参照。
(43)　前掲『幕末明治耶蘇教史研究』三一五～三一九頁。原史料は、早稲田大学所蔵の「大隈重信関係文書」に収録されている。
(44)　この点に関しては、前掲『関信三と近代日本の黎明』にも指摘されているが、本章でも一八七一年以降にキリスト教黙許に至る経緯を後述した。
(45)　「建言三教合同ニツキ」（二葉憲香・福嶋寛隆編『島地黙雷全集』第一巻〈本願寺出版協会、一九七三年〉）。
(46)　一八七二年六月一四日付江藤新平宛の松本白華書翰には、「当住義小心之性質、此頃之形勢誠ニ恐怖不少、小子共ヨリ申入候而も未タ安心不在、何卒　殿下ヨリ安心して布教仕候様之　尊命を下賜候様深く御依頼奉申上候」とあり、松本は、大谷派と江藤の間に立って、光勝・光瑩らの教部省への不安を払拭する役割を果たしていたとも考えられる。なお、この書翰は、江藤新平関係文書研究会「史料翻刻江藤新平関係文書　書翰の部」（『早稲田社会科学総合研究』四巻一号～九巻二号、二〇〇三年七月～二〇〇八年一二月）に掲載されている。
(47)　島地黙雷の日記「航海日策」の同日の条には、「藤原・松本来遊、各改暦新正を賀す」とあるのみである（二葉憲香・福嶋寛隆編『島地黙雷全集』第五巻、五三頁、〈本願寺出版部、一九七八年〉）。
(48)　松本白華の一八七三年一月一五日付江藤新平宛書翰と、光瑩（藤原光栄）の同日付江藤新平宛書翰とは、前掲「江藤新平関係文書　書翰の部」に掲載されている。
(49)　「建白及京都府建言返破」とは、前掲『島地黙雷全集』第一巻所載の「三条教則批判建白」（一五～二六頁）と「京都府ノ建白書ヲ読ム（一醜万雷）」（二〇五～二一八頁）を指しているものと考えられる。島地黙雷の日記「航海日策」の同日の条には、「松本来遊」と記すのみである（前掲『島地黙雷全集』第五巻、五五頁）。
(50)　「江藤新平関係文書」のなかには、一八七二年一〇月一三日の松本白華宛の小栗憲一書翰が含まれている（前掲「江藤新平関係文書　書翰の部」）。小栗が江藤に託したものと考えられるが、内容は大教院の状況と島地が欧州から送った書が評判になったことを記し、欧州の大小教院の規則を至急翻訳して送るように求めている。この書が江藤のもとに残されたということは、江藤が松本に送らず握りつぶした可能性も考えられる。

(51) 江藤の「対外策」は、黒龍会編・発行『西南記伝』上巻一附録、六一〜六九頁（一九〇八年）や、前掲『江藤南白』二八九〜二九九頁に収録されている。
(52) 広瀬順晧編修『江藤新平関係文書』リール一一（北泉社、一九八九年）に収録。
(53) 「浦上村耶蘇教徒ニ対スル処置ニ関スル件」（外務省編『日本外交文書』三巻及び四巻二冊、一九三八年）。
(54) 日本史籍協会編『岩倉具視関係文書』第五、三〇〜三一頁（東京大学出版会、一九六九年）。
(55) 東京大学史料編纂所編纂『保古飛呂比佐佐木高行日記』五、一七三〜一七四頁（東京大学出版会、一九七四年）。
(56) 日本史籍協会編『岩倉具視関係文書』第八、二六九〜二七六頁（東京大学出版会、一九六九年）。
(57) 江藤と木戸・福羽との相談については、『木戸孝允日記』二の一〇二頁に記載があり、「邪宗侵入ノ為メ寺院省ヲ設ケ人民教導等ノ儀建言」は『公文録』明治四年第百二十三巻・辛未左院伺に収録されている。この間の事情については、阪本是丸「日本型政教関係の形成過程」（『日本型政教関係の誕生』所収、第一書房、一九八七年）を参照。
(58) 「深堀、島原耶蘇教徒処置ニ対シ外国側ヨリノ抗議ニ関スル件」（前掲『日本外交文書』四巻二冊）。
(59) 教部省設置に至る経緯は、阪本是丸著『国家神道形成過程の研究』（岩波書店、一九九四年）、狐塚裕子「教部省の設立と江藤新平」（福地敦・佐々木隆編『明治日本の政治家群像』吉川弘文館、一九九四年）、辻富介「江藤新平の宗教観に関する考察」（島善高（研究代表者）編『江藤新平関係文書の総合調査』（科学研究費補助金研究成果報告書）、二〇〇七年）などを参照。
(60) 前掲『小栗栖香頂略伝』一八頁。
(61) 西郷隆盛全集編集委員会編『西郷隆盛全集』第三巻、一五一〜一五二頁（大和書房、一九七八年）。
(62) 前掲『小栗栖香頂略伝』一〇〜一二頁、一九〜二〇頁。九州では教部省への様々な疑問が提示されたようだが、大谷派の執行部のなかにも教部省の問題性を指摘する意見がなかったわけではない。その動向については、さらに検証が必要であろうが、熊野恒陽・上杉義麿「園林文庫蔵明治五・六年建白書――教部省体制と大谷派――」（大谷大学『真宗総合研究所紀要』一一号、一九九三年）紹介の資料は、その一端を示している。
(63) 前掲『小栗栖香頂略伝』二一〜六〇頁。また中国布教の先行研究としては、木場明志「中国における真宗大谷派開教」（小

島勝・木場明志編著『アジアの開教と教育』法藏館、一九九二年）、木場明志・桂華淳祥「東本願寺中国布教史の基礎的研究」（大谷大学『真宗総合研究所研究紀要』五号、一九八八年一月）を参照。

(64) 前掲の服部みち子論文参照。

(65) 前掲『配紙』より引用。またこの建白書は、可西大秀「大谷派本願寺と大教院分離問題」（『宗学院編修部報』一九号、真宗大谷派宗学院、一九三八年五月）にも引用されている。

(66) この間の経緯については、前掲『配紙』、前掲の可西大秀論文、前掲の水谷壽論文を参照。

(67) 「教法之儀ニ付奉建言候（本山管長ヲ廃シ更ニ人才ヲ撰挙スルノ議）」（『明治建白書集成』第四巻、五八九〜五九〇頁、筑摩書房、一九八八年）。

(68) 前掲『傑僧石川舜台言行録』一三三頁。またこれとほぼ同じ内容の回想が、前掲『東本願寺上海開教六十年史』資料編、二七五〜二七六頁にも掲載されている。

(69) 前掲『東本願寺上海開教六十年史』五〜六頁、前掲『小栗栖香頂略伝』六〇頁。この訪問の二日前の五月二四日付で篠原は寺務所長を辞し、翌二五日付で石川舜台が寺務所長に就任している。寺務所長を辞したばかりの篠原が同行したことを見ても、大谷派がいかに中国布教に重きを置いていたかが知れよう。

(70) この点に関しては、すでに道端良秀が「日本仏教の海外布教——特に中国布教について——」（『講座近代仏教』第五巻、法藏館、一九六一年）において指摘している。

(71) 前掲『東本願寺上海開教六十年史』七頁。

(72) 前掲『東本願寺上海開教六十年史』八〜三七頁。

(73) 柏原祐泉「明治期真宗の海外伝道」（橋本博士退官記念仏教論集刊行会編『仏教研究論集』清文堂、一九七五年）。また『支那在勤襍志』は、前掲『維新期の真宗（真宗史料集成第一一巻）』に収録されている。

(74) 一八七七年二月一六日付『明教新誌』。

(75) 前掲『先帝と東本願寺』一四二頁。大谷派の朝鮮布教が政府の勧誘により始まったことは、その前年に刊行された『本願寺誌要』二五三頁（大谷派本願寺誌要編輯局、一九一一年）にも記されている。

(76)韓晳曦著『日本の朝鮮支配と宗教政策』一四頁及び二六頁（未來社、一九八八年）。
(77)前掲の水谷壽論文。
(78)大谷派は、一八七七年八月に外国布教掛を設置し 石川舜台が掛長に就任したが、事務掛に松本白華を起用し、翌月に松本が中国に赴任すると、その後任には小栗憲一を起用した。また中国布教を担当した谷了然・北方心泉（蒙）は石川と同じく石川県出身で、石川が地元で開いていた私塾の門下生でもあった（前掲『加能真宗僧英伝』一五四～一六六頁）。このように、外国布教掛は石川の息のかかった人物で固められていた（前掲『東本願寺上海開教六十年史』三一頁）。しかし、このときは、渥美契縁も外国布教掛の設置に協力したようである（前掲『朝鮮開教五十年誌』一八～一九頁）。
(79)大倉喜八郎「釜山開港五十年之回顧」（渋沢青淵記念財団龍門社編纂『渋澤栄一伝記資料』第一六巻（渋澤栄一伝記資料刊行会、一九五七年）。
(80)前掲『釜山と東本願寺』六～九頁、前掲『朝鮮開教五十年誌』二二～二四頁。
(81)「近藤管理官釜山港駐在一件」（『日本外交文書』九巻、三一五～三一六頁）。
(82)このとき、日本側の宮本外務大丞は、「日本にキリスト教徒は存在しないが、もしそのような事があれば朝鮮政府が禁止すればよい」とのメモ渡すことで対応した（「江華島事件ノ解決並ニ日鮮修好条規締結一件」、『日本外交文書』九巻、一三一～一三四頁）。その後の条規付則と貿易規則の交渉の際にも、朝鮮側はこの問題を蒸し返したが、結局条文化されなかった（「日鮮間通商章程締結ノ為宮本外務大丞渡鮮一件」、同書、二一九頁）。
(83)一八八〇年九月二二日付『明教新誌』。
(84)前掲『朝鮮開教五十年誌』及び前掲『釜山と東本願寺』の記述による。なお、鮮語（韓語）学舎の創設を一八七八年とする箇所と一八七九年とする箇所があり、記述に混乱が見られる。
(85)『朝鮮国布教日誌』は、前掲『維新期の真宗（真宗史料集成第一一巻）』に収録されている。
(86)前掲「明治期真宗の海外伝道」、前掲『日本の朝鮮支配と宗教政策』、美藤遼「真宗の朝鮮布教」（信楽峻麿編『近代真宗教団史研究』法藏館、一九八七）、前掲「中国における真宗大谷派開教」、木場明志「開教――国威拡張に対応した海外開教事業――」（『宗門近代』史の検証〈「宗報」等機関誌復刻版・別巻〉』真宗大谷派宗務所出版部、二〇〇三年）などがある。

(87) 前掲の水谷壽論文。
(88) 水谷壽「大谷派本願寺の開教に就て（明治期）」（『宗史編修所報』四号、一九三三年）。
(89) 和田康道（布教使）「阿部慧行師逸話拾遺」（『真宗』二八七号、一九二五年九月）。この逸話は、前掲「興亡の歩み・先人の偉業（開教学事関係座談会）」にも引用されている。
(90)『世外井上公伝』第三巻、四五二～四九七頁（内外書籍、一九三四年）。
(91) 平松理英師（談）「朝鮮を視て慊らぬ諸点」（一九一一年一〇月二七日～三一日付『中外日報』）。キリスト教と朝鮮総督府との関係については、『朝鮮の統治と基督教』（朝鮮総督府、一九二一年）参照。
(92) 北西弘「明治初期における東本願寺の中国開教」（『仏教大学総合研究所紀要』創刊号、一九九四年三月）。
(93) この点に関しては、本書の第四章と第五章を参照されたい。

第二章　日蓮宗の初期朝鮮布教

――布教開始から僧尼入城解禁直後まで――

はじめに

日本仏教宗派の多くは、日清戦争によって日本が海外侵略の足がかりを得たことを受けて海外への組織的布教に着手し、朝鮮では一八九七（明治三〇）年頃から、浄土宗・浄土真宗本願寺派・真言宗・曹洞宗・臨済宗妙心寺派などが相次いで進出し、各地に布教拠点を築いていった。そうしたなかにあって、日清戦争以前から朝鮮布教に着手していたのが真宗大谷派と日蓮宗であった。

大谷派の初期朝鮮布教の動向に関してはすでに第一章で論じたが、日蓮宗の朝鮮布教は、大谷派に数年遅れてはじまり、一八八四年の甲申政変と財政問題の影響により大谷派の活動がやや停滞した後に、本格的な布教事業が展開された。九三年には一層の教勢拡大を期して「日宗海外宣教会」が組織され、日清戦争中には佐野前励らが小林日董管長の代理として現地に派遣された。かつて李朝は仏教に苛酷な抑圧を加え、僧尼が公然と都城に入ることも禁じてきたが、佐野らは朝鮮政府に働きかけて僧侶入城の解禁を実現させた。そして、このことを通じて朝鮮での影響力を強め、朝鮮僧侶の日本への留学事業など企画して朝鮮仏教に対する支配的立場を築くことを目論んだ。ところが、宗内対立や反日義兵運動の高まりなどの影響を受けて事業は頓挫し、その後他宗派が相次いで朝鮮進出を果たし活発な布教活動を繰り広げると、日蓮宗の朝鮮における地位は相対的に低下していった。

ところで、大谷派が他宗派に先駆けて朝鮮布教に着手した背景には、宗派内の深刻な対立があったことを第一章で指摘した。また、その対立に対処するため政治権力への依存度を深め、明治政府の意向を受けて布教に着手したのであり、仏教伝道の志を起点としていたとは言い難い事情も明らかにしてきた。一方、日蓮宗の朝鮮布教の場合は、政府の大谷派を利用した親日派の育成工作が頓挫した後に活発化しており、大谷派のように、政治権力との深い関係のもとで布教事業がはじまったわけではなかった。しかし、宗内の深刻な内部対立を抱えていた点では大谷派と共通する側面があり、その対立が表面化するなかで、朝鮮布教が本格的に着手されたことも否定できない。本章では、この点を踏まえて、日蓮宗の初期朝鮮布教の変遷を概観したい。

一　日蓮宗の布教開始とその背景

朝鮮布教のはじまりと旭日苗

朝鮮における日蓮宗信者の活動は、一八七九（明治一二）年にはじまった。日蓮宗の機関誌『日蓮宗教報』には、断片的ながらその活動を報じた記事が掲載されている。それによれば、同年に阿比留善九郎なる人物が、釜山景勝の地・龍尾山の頂に堂を設け加藤清正像を安置した。次第に在留邦人の信者が集まり、現地の朝鮮人も参詣に訪れるようになり、その後岡山から袖島庄七郎が渡来して諸式を整えて妙法講を組織した。しかし、教導すべき僧侶がいなかったため、八一年八月に長崎市本蓮寺の住職梅木日修の徒弟渡邊日運を迎え、西町の長屋を借りて仮堂とした。その後、この仮堂が手狭となったため、信者らは同町内の空地を買収して一堂を建立して説教所とした(1)。

一八八五年に渡邊日運は一旦帰国して横浜市妙香寺に滞在し、十界諸像を修造して現地に送るべく同寺住職と協力して各方面に働きかけ、千葉県市川市中山の遠寿院から鬼子母神像の寄贈を受けた。翌八六年早々に渡邊は朝鮮に渡る予定であったが(2)、その後の活動を記した記事は見出せず、説教所も無住状態となったようである(3)。八九年に入ると、朝鮮布教を計画するものが数人あったが、実際に活動するに至ったかは定かでない(4)。朝鮮での在留邦人は年々増加傾向にあったが、八九年の段階では漸く五千人を超えたに過ぎず、すでに大谷派が釜山・元山・仁川の日本人居留地に布教拠点を構えているなかで、布教事業に新たに参入することは容易なことではなかったのかもしれない。

ところが、国内不況の影響もあって一八九〇年に朝鮮の在留邦人の数は一挙に七千人を超え、翌九一年には九千人に達した(5)。これに眼をつけ、朝鮮布教を実動に移したのが京都妙覚寺の旭日苗（後に日蓮宗管長・本圀寺貫首）であった。一八九〇年に旭日苗は、長崎県本蓮寺の貫名日達を通じて現地に照会し、日本人信者が布教を希望していることを確認すると(6)、翌九一年七月に釜山港信徒総代四名連署による布教巡回願書と貫名日達の添状を提出させて、日蓮宗管長事務取扱に朝鮮布教の実施を願い出て許可を得た。貫名の添状によれば、従前より現地信者から布教巡回の要望が示されていた。しかし、宗内が教団改革をめぐる対立によって混乱を極めるなかで、それが沈静化するまで見合わせるように宗務院当局より回答されており、現地信者の不信感も強まっていたようである(7)。

一八九一年九月、旭日苗は加藤文教をともない釜山に上陸し、直ちに無住となっていた説教所に赴いた。説教所設立の際には七十余名いた信者も四十名あまりに減っていた。しかし、二、三年現地に在留して布教に尽力するようにとの信者の要望に応え、布教活動が軌道に乗るまでの加藤文教の現地滞在が決まり、勧誘のための説教を五日間にわたって行ったところ、領事館吏員をはじめ日本居留民六百余名の参詣があった。他宗派の檀徒で日蓮宗に改宗するものも数名あったようである(8)。

朝鮮布教開始の背景

このように日蓮宗の朝鮮布教は現地在留邦人の要望を受けてはじまったが、旭日苗は、なぜこの要望を受け入れ朝鮮布教を企図したのであろうか。一八九一年七月に旭が日蓮宗管長事務取扱に提出した「布教巡回願書」には、現地信徒の要請を受けて百日間布教を実施するということが短く記されているに過ぎず、布教理念・目的に関しては何らふれられていない。しかし、当時の日蓮宗の直面していた状況を見ていくと、単に布教伝道の志だけでは説明できない日蓮宗の事情が浮かび上がってくる。

一八九〇年二月に旭日苗が朝鮮布教に向けて動きだすと、日蓮宗の機関誌『日宗新報』は次のように報じた。

> 西京開明新報社のする処に拠れは本宗西京本山妙覚寺住職旭日苗僧正は此頃大に時事に感ずる事ありて今度住職を辞し朝鮮へ布教のため渡航せらるゝ由真か先頃越前の通信によれば師は西京七山同盟連衡の運動をなしつゝ今度同地に離末転本会の勃興せしに付何そ謀る処あるため本月六日同地へ飛錫せられし趣に聞けり今前後の両報を参看すれは容易に撞着するを見出すべし想ふに師は同盟運動の到底好結果を奏し難きを暁めさては朝鮮布教と趣向を転ぜられしものか若し師の着眼実に茲に到達せしものなりせば予輩は師を非議者中の第一勲位に推すことを厭はざるなり(9)

この記事では、越前の末寺のなかで、京都七本山から離脱して総本山久遠寺への附属を目指す動きが活発化し、それを阻止するため旭日苗が赴いたという現地からの通信を紹介し、それにもかかわらず、次に朝鮮布教を試みようとする旭の行動を首尾一貫しないものと指摘している。その上で、もし国内で失う末寺の代替を朝鮮で獲得するという意図であるならば、宗門の方針に背反する行為であるとして厳しく非難している。『日宗新報』は翌月にも、旭の真意が京都本山側の敗北を察し朝鮮に新たな拠点を築くことにあるとして、次のように報じている。

同盟本山中錚々の聞へある西京妙覚寺住職旭日苗氏の朝鮮布教に付疑を存して報道する処ありしか右は愈よ先頃其部頭へ退住職願書の奥印を請はれしも容れられざりしより今度其退職の件は代理某に一任し更に両党に関係を絶ちて三百日間を期し朝鮮へ布教せらるゝ由流石古路に老練なる人たけありて吾党の自滅近きに在り我れ之を視るに忍びすとの意なるか英雄の末路亦悲哉(10)

当時の『日宗新報』は、京都本山側と相対する立場を採っていたようであり、その報道からは、旭日苗の行動に反感を持っていた様子がうかがえる。しかし、日蓮宗の教団改革によって、国内の末寺を喪失する危機に直面していた旭日苗の側に、新たに海外に進出することで妙覚寺の寺勢維持を図る意図のあったことは否定できないと考えられる。

日蓮宗教団改革の動向

それでは、当時の日蓮宗の教団改革はどのような状況にあったのであろうか。日本仏教各宗派のなかで、いち早く複雑な中間上下寺関係を廃止し、全ての末寺を直末寺として平等に位置づけ、本山を中心とする中央集権体制の構築に成功したのは浄土真宗本願寺派であった。[11] 幕末維新期に教団改革に着手した本願寺派は、その後も、宗議会創設による末寺僧の宗政参加制度の創設、財務予算制の導入、寺法などの法整備、教区・組を単位とする地方制度の改編などを次々に断行し、明治前期に近代的教団システム構築のための作業を一応終了した。[12] これに対し、同じ真宗でも大谷派の場合は、坊官など家臣団が実権を掌握して教団改革が遅れたことを第一章で論じた。しかし、両本願寺教団はともに、近代以前から本山である本願寺が他の寺院を圧倒する勢力を保ち、その住職たる法主(宗主)は開祖の血脈と法脈を相承する存在として強い権威と権限を有してきた。このため両本願寺教団は、中央集権体制を構築するための好条件を具えていたということができる。ところが、由緒ある複数の有力本山を擁する他の宗派では、近代以降も絶えず本山間の対立を抱え、分裂の危機に直面することになった。

近代の日蓮宗は、一八七二年に教部省の一宗一管長制の布告により全門流の合同を強要されて発足したが、七四年に教部省の認可を受けて一致派と勝劣派に分離し、さらに勝劣派は五派に分離独立していった。一方、日蓮宗一致派は翌七五年六月に各本山本寺などの代表を集めて「宗規釐正会議」を開催し、管長の公選制の導入・身延山久遠寺を祖山と位置づけることなどを決めて一宗の統制強化を図り、翌年に日蓮宗を公称することの許可を得た。しかし、日蓮宗では、三千六百を超える末寺に対し、四十以上もの本山が存在して相互に本末関係を結んできた経緯があり、七八年には身延山久遠寺を総本山、池上本門寺・中山法華寺・京都妙顕寺・本圀寺を大本山とし、その他を単に本山と称することになった。このように多くの大本山・本山が強い権限を有する状況を教団の統一的事業推進と宗勢伸張の阻害要素と見る宗内与論は強くあったが、一方で各本山成立には歴史的経緯があり、その権限を守ろうとする本山側の意識にも強いものがあった。このため七五年の宗規釐正会議の後も、数回にわたって本山会議が開かれたが、身延山久遠寺を頂点とする中央集権体制は実現されずにいた。[13]

ところが、一八八八年八月に当時の日蓮宗管長・三村日修が宗規改良議案一三条を示し、広く宗内一般寺院から代表者を招集して諮問総会を開催することを指示すると、状況は大きく動きはじめ宗内を二分する対立へと発展していった。その際、三村が発した「諮問総会諭告」には、「今日ノ如キハ則チ宗規改良ノ時運ニ会セリ」との状況認識から、「偏ク宗家ノ与論ヲ採リ其向フ所ヲ参酌シ時勢適切ノ法制ヲ立ントス」との意図が述べられていた。[14] また提示された宗規改良議案一三条のなかで特に問題となったのは次の二カ条であった。

第一条　管長ハ総本山住職ノ受持トス
第六条　宗務院ハ身延山ヘ移転シ東京大檀林内ニ宗務出張所ヲ置ク

第一条案の説明では、諸本山が既得権益を保持して教団の一致団結が実現できない状況を次のように指摘されている。

従来諸本山独立ノ因襲猶ホ未ダ脱スル能ハス遂ニ各本山各立ノ姿ヲ為シ、其余流末派寺院ニ波及シ共同団結ノ気力ニ乏シキモノノ如ク各本山互ニ護法扶宗ノ策ヲ講ズト雖モ、概ネ其本山門末ニ止リ一宗全体ニ対スル義務ニ至リテハ却テ冷淡ナルモノノ如シ

その上で、「今回管長ヲ総本山現住職ノ常任ト定メ本宗一般寺院僧侶ヲ統轄スルノ特権ヲ保有シ以テ教権一致ノ

基礎ヲ定立セントスル所以ナリ」との改正趣旨が述べられ、宗内教権の中心である総本山・身延久遠寺に一宗統率の権限を付与するため、宗務院を身延山内に移す第六条の規定も盛り込まれたのである。[15]

教団改革に乗り出した宗務当局の方針に呼応し、さらに急進的教団改革を標榜して活動を展開したのが、本間海解・佐野前励らにより結成された日蓮宗改革党であった。改革党が一八八八年九月に発表した「末寺合一要領条款」では、第一条に「各本山寺ノ末寺ヲ一切総本山ノ末寺ト為シテ以テ教令一致ノ大計ヲ立ツヘシ」[16]と、全ての末寺を身延山久遠寺のもとに帰属させることを明確に打ち出していた。前後して発表された「日蓮宗革命綱領」では、第四条に「旧来ノ独立本山ヲ以テ祖山ノ別院ト為シ単ニ祖山一大本山ト為ス」といい、複数の本山が並立する状況を解消して身延山久遠寺に権限を一極集中させる体制が目指され、さらに第五には「旧来ノ本山会議ナルモノヲ全廃シ更ニ撰挙法ヲ制定シ苟モ一寺住職以上ノ者ハ能所選ノ権ヲ有シ此住職中ヨリ広ク議員ヲ撰挙シ宗教ノ拡張ヲ謀ル〓」と、末寺僧参加による公選議会の設置も要求されていた。[17] 翌月以降、日蓮宗の機関誌『日蓮宗教報』はこの合末論に賛成する寺院住職の氏名を掲載したが、その数は直ちに一〇〇名近くに達し、各地でこれに呼応し、本山の所轄を離れ総本山久遠寺への附属を出願する動きも広まった。[18]

宗内対立の経緯とその後

こうした教団改革運動に対して、本山側の反対運動も活発化したが、その中心的役割を果たしたのが大本山の一つ京都本圀寺であった。本圀寺は、一八八八年九月に末寺の離反を食い止めるため諭告を所属末寺に向けて通達し、一〇月三日には京都八本山を代表して本圀寺住職の岩村日轟名で宗規改良議案の見直しを三村日修管長に要求した。さらに同月二三日には総講社員を集めて対応を協議し、宗派離脱してでも廃本合末論への反対姿勢を貫くことを確認した[19]。

京都八本山のなかでも、本圀寺と最も密接な関係をもって行動したのが妙覚寺の旭日苗であった。旭は、教団改革に向けた動きが活発化すると、本圀寺元住職釈日禎の意を受けて上京し、池上本門寺の監督藤原日迦、執事黒沢日明、水戸久昌寺鶏溪日舜らと結託して本山同盟党を組織し、深川浄心寺伊東日規を参謀として下谷蓮城寺に事務所を設け反対運動を画策した[20]。こうしたなか、一八八八年一〇月二〇日に開会された諮問総会は、ほぼ原案どおりの宗規改良案が可決されて一一月九日に閉会した[21]。

一八八九年に入ると、宗務当局側も強硬な反対運動を展開する本山同盟側に一定の配慮を示しはじめたようである。一月下旬ひそかに修正委員会を開き最終決議を得たが、そこでは原案の第一条について「四大本山住職ヲ参議員トス」という一文が追記されるなどの改正が加えられた[22]。また二月末に本間海解・佐野前励らの急進的な廃本合末論とは一線を画する旨の諭達が宗内各寺院に向けて発布された[23]。しかし、こうした措置は、かえって本山同盟側の反対運動を勢いづける結果となったようである。この前後に本山同盟側は、再討議を行う旨の具申書を数度にわたって三村日修管長に提出し、その際にも旭は京都本山の総代のひとりとして上京し活動している[24]。また同年七月にも、旭は京都本山側の総代として上京し、本山同盟事務所を訪ねて活動資金を手渡し激励している[25]。

一方、宗務当局側は、五月中旬に宗規改正を内務省に申請したが、八月に内務省は各本山の承認状を添えるべき旨を付して申請書を却下した。同年九月に宗務当局側は再出願することを決め、一〇月に本山同盟側の二五本山住職に宗務院への出頭を求め個別に説得を試みたが、再出願への調印に応ずるものはなく、諮問総会の決議は実現されなかった。後に日蓮宗宗務院が刊行した『祖道復古』は、内務省が申請を却下した理由を次のように説明している。

然るに内務省に於ては当時、憲法発布や国会開設に前後して、全国に自由民権の思想が横溢し、加波山事件や其他の暴動が頻発し、しかも憲法発布の当日には、文部大臣の森有礼が暗殺される等、実に騒然たる有様であつたので、若しこれを認可したならば何うい事になるか、殊に各本山の信徒は、大挙して内務省へ陳情に来るなどゝの話もあるので、これ以上に事件の惹起することを恐れ、総会の決議は遂に不認可となつてしまつた。(26)

諮問総会の決議にもとづく宗規改良案の内務省申請を却下に追い込んだことで、本山同盟側の運動はさらに活気づいたと考えられるが、宗規改良案の支持派は、相変わらず宗内で圧倒的多数を占めたようである。

一八九〇年一月、宗規改良案の支持派は、宗規改良案の実現を求め各地の同志との連携を図るため「為宗会」を結成した。(27) 翌月以降、為宗会の趣旨に賛同して続々と各地に支部が結成され、同年五月までの間に各支部で役員を務める寺院住職数は二百名を超えた。(28) 本山の所轄を離れ総本山久遠寺への附属を出願する動きも再び地方で活発化したようである。福井県では、一八九〇年一月に「離末転本会」が結成された。『日宗新報』はそのことを報道した上で、次のように評している。

今や合末論の形は煙滅したるが如きも其勢力は東西に弥漫して陰然与論の根基を固むるに似たり若し該会にして其方法宜しきを得ば教権一致の実を挙ぐる難からざるべし(29)

宗規改良案が実現されないとしても、こうした末寺の動きが加速化すれば、本山側が大きな打撃を受けることは必至であった。旭日苗は、まさにこうした時期に各地に出向いて離末運動を阻止する活動と並行して朝鮮布教の計画を進めたのであった。

その後、宗規改正案に対する賛成派と反対派の対立は、池上本門寺住職の任免権をめぐる紛争へと発展し、三村日修管長の辞任を経て、数度にわたる和睦と破談を繰り返した。しかし、内務省が申請を却下したことで、やがて紛争は本山同盟側の意向にそって収束していった。一八九二年二月に成立した和解では、「管長ハ、総本山以下、四十四カ本山現住職中ヨリ投票公選トナシ、任期ハ満三年トス」ということに決まり、管長を身延山久遠寺住職とする宗規改良原案は実現されなかった。またこの問題解決と同時に、小泉日慈・本間海解・佐野前励・脇田堯惇・伊奈日要・市川日調・大木龍寛ら、日蓮宗改革党や為宗会で中心的役割を果たした人物の多くが処罰された。[30]

こうして宗規改良案に端を発した紛争は一応の決着を見たが、中央集権体制の構築に向けた宗内意見の対立は埋めようもなく、その後も日蓮宗に少なからず影響を及ぼし続けた。特に朝鮮布教にあっては、本山同盟側の中心的人物であった旭日苗の布教が軌道に乗りはじめると、これと対立して急進的教団改革を訴えてきた佐野前励が積極的な朝鮮進出を計画することとなったのである。

二　日宗海外宣教会と朝鮮布教の進展

旭日苗の布教意図

一八九一（明治二四）年九月初旬、旭日苗は加藤文教を伴って釜山に上陸し布教活動に着手したが、このとき旭の滞在はわずか二週間あまりに過ぎなかった。[31]旭は当初、妙覚寺住職を辞職して朝鮮布教に渡ることも考えていたようだが、それが三〇〇日間の布教予定に変更となり、さらに九一年七月に布教実施を宗務院へ出願した際には一〇〇日に短縮され、最終的には二週間の滞在にとどまった。このとき、日蓮宗内の紛争は本山同盟側の意向に沿って解決に向かいつつあったが、管長選挙を控えていまだ予断を許さない状況にあり、長期間朝鮮に駐在することを許されない状況にあったのかもしれない。結局、管長選挙では京都妙顕寺小林日董が当選し、同年末に第一〇代管長に就任した(32)。

二週間の滞在で旭が最重要課題として取り組んだのは、説教所を妙覚寺の末寺化することにあったと考えられる。九月初旬に釜山に上陸した旭は、同月一二日に釜山居留地の在留邦人信徒惣代から本山妙覚寺住職旭日苗宛に「別院設置請願」を提出させると、直ちに帰国している。在留邦人二百余名の信徒惣代が提出した請願によると、在留邦人が最も望んだのは葬儀・年忌法要などを執行する僧侶の常駐であり、説教所を大谷派のように別院と位置づけることで、恒常的な僧侶派遣が可能になると考えていたようである(33)。ただ大谷派の別院の場合は、本山本願寺の住職であり宗派の管長でもある法主が住職を兼務する宗派直轄の寺院であるのに対して、この場合は、あくまで一本山である妙覚寺の別院であって宗派直轄の寺院ではないという点では相違していた。宗内が混乱した状況にあるとはいえ、朝鮮布教の実施を宗務当局に出願する一方で、別院の設置請願を妙覚寺宛に出させたことに旭の意図は如実に示されているといえよう。むしろ、宗派の体制が整う以前に朝鮮布教の先鞭をつけておきたいという考えがあったのかもしれない。

帰国後、旭は国内で手に入れた諸仏の尊像を現地に送る一方で、宗務院からの添書を得て釜山領事館に届け出て、一八九一年一一月二五日付をもって妙覚寺別院と公称することの許可を受けた(34)。旭は、自らの主体的な布教理念や方針について何ら論及することなく、在留邦人の要求に対応するという姿勢から布教活動を進めていった。それは、あくまで釜山の説教所を妙覚寺の別院に引き移すことが当面の目的であったためであろう。しかし、釜山に留まった加藤文教は、現地での状況に接するなかで、朝鮮僧侶の教育事業にも視野を広げていったようである。

加藤文教と朝鮮僧侶教育計画

妙覚寺別院主任として釜山に留まった加藤文教は、在留邦人対象の布教活動を積極的に推進していったようである。国恩会という信者団体を結成し日曜毎に会合を開き、二カ月ほどで七十余名の会員を得た。一八九二年四月頃には仁川・元山の信徒により万人講を組織して、現地での妙覚寺別院支院の設置に向けた活動に着手した。釜山別院でも、当初二九戸であった信徒が同年八月に八九戸まで増加している(35)。

加藤の活動も当初は、あくまで在留邦人を念頭においたものであったようである。例えば、七月二三日と二四日に別院で加藤清正の大祭典を開催したが、その際には「朝鮮征伐」と「明使談判」を描いた大提灯が門に掲げられている。これには朝鮮進出に向けた日本人の意識の高揚を図る意図があったのかもしれないが、現地の人々に対する配慮はまったく感じられない(36)。

ところで、旭や加藤の朝鮮布教を時期尚早と見る意見は、宗内に少なからずあったようである。一八九二年五月『日宗新報』に掲載された論説「先づ内国不毛の地に布教すべし」では、旭日苗の朝鮮布教に言及しつつ、外国布教は本来欧米を対象にすべきであるとして次のように主張している。

　勿論外国と云へば朝鮮も外国なり、支那も外国なり、是等手近の外国に布教するは、何の難きことか之あらん、現に旭僧正は朝鮮に布教せられ、且つ支院すら設くの計画あるにあらずやと云ふ人もあらんかなれど、今外国布教を企てんとする人の精神は、蓋し欧米大陸の如き邪教の巣窟に突入して、日宗の大旗を飜へさんとするにあるが如く、又一時の布教を目途とするに非ずして、永遠の策を講ずるに在るが如し、予輩の望む所も亦た是れ実に斯にあり(37)

ところが、外国語に堪能な布教者がいない点と財政的に余裕がない状況で、外国布教は成功の見込みがない以上、まずは、北海道や鹿児島など国内で日蓮宗の教義の及んでいない地域の布教を優先させるべきであると主張している。同年七月掲載の寄書「海外の布教豈に不可なりと云はん」も、これに同意して次のようにいう。

突然海外に押渡るとも、只だ困難に困難を重ね、無けなしの資金を費すのみにて、成功は実に思ひも依らず、夫れも日本に占領すべき土地なき迄に、国内に円満し居らば兎も角も、世界は愚か子々たる、内国の七分をだも領せざる本宗が、何とて海外へ布教すべき余裕あるべき、（中略）之を要するに海外布教は、頗ぶる好事業には相違なけれども、只だ其の時機に達せざるのみ、即はち本宗の東はり西するは、尚ほ数年の後なるべし(38)

教団改革をめぐる紛争が冷めやらぬ時期であり、旭への批判的意味も込められた意見であったと推察されるが、加藤文教はこれに対して、同月末の『日宗新報』に寄せた文で次のように反論している。

予輩の布教しつゝ在るは、目的外人を化導するにはあらず、即ち朝鮮居留地に於る、本邦人を化導するに在り、故に微笑生の不可論は、予輩の布教を不可とするにあらざる事、炳焉として火を見るが如し、（中略）今や朝鮮に於る我邦移住民の統計表を見るに、釜山のみにても戸数は九百余、人員は一万〇三百余人、仁川は戸数四百にして人口四千余、元山は戸数二百七十人口三千余、京城は戸数九千人口四百余、其他海上（上海カ）には四千余人（最も之は支那なれども）之に馬浦東萊等を惣計すれば、二万有余の同胞あり、而して日宗五千余の僧中より二人や三人布教するも、何の不可なる事あらんや、否不可なることなきのみならず、這る多数の移住民を、度外に抛擲し置く事は、教家の忍びさる所ろなり(39)

ここで加藤文教は、布教対象があくまで在留邦人であると主張している。しかし、現地の僧侶との交流を重ねるなかで、朝鮮僧侶に日本的教育を施し朝鮮寺院を活用して朝鮮全域で仏教を復興することの必要性を痛感したようである。前年に加藤文教と法華経・華厳経の優劣についての論談をした華厳宗の僧月輪再明が、慶尚道梁山郡に法華経を宗とする通慶寺という寺院を建立しており(40)、このことで手ごたえも感じたのであろう。一八九二年一〇月に『明教新誌』に宛てた通信には、次のように記している。

小生（加藤文教氏）も大に感ずる所あり不日内地を巡歴し諸山の僧徒を尋ねて其意見を聞き韓国仏教回復の第一策として韓僧教育の路を開き而して後漸次内地に布教を試むる覚悟なり元来韓人は無教育のもの十中の九を占め居る故之に対して直接に布教するも労多くして功少きを以て先づ韓僧教育の路を開き然る後内地人民に布教せしめば寧ろ直接に布教するに勝れるものあらん(41)

この直後に加藤文教は、実際に朝鮮僧侶の教育事業の開始に向けて動きだしたようである。同月に朝鮮各地の視察のために釜山を出発した加藤は、梵魚寺へと至り寺主義龍をはじめとする三百余名の僧と会合した。この会合で加藤は、キリスト教の脅威を強調しつつ、これに対抗するために朝鮮仏教の革新と朝鮮僧侶の教育事業との必要性を主張している。その上で、日本仏教も相当の資金を投入して、朝鮮僧侶の教育事業に取り組む必要があるが、この点を日本仏教の各宗派当局者に建白する用意のあることを告げていた(42)。

旭日苗の再渡航と海外宣教会の組織

一八九三年七月、旭日苗は、池田是教と水野彰美を伴って再度朝鮮に渡った。一行が釜山に到着した後、加藤文教は、仁川布教の実施に向けた準備作業のために一時帰国し、池田是教が加藤の後任として釜山別院の在勤となった。そして、旭は水野を伴って仁川・京城の視察へと向かった(43)。

旭は渡航に先立って「海外宣教会」を組織し、その際に発表した会の趣旨書「海外ノ宣教ニ就テ広ク自他ノ緇素ニ告ク」で、在留邦人の教化だけでなく、朝鮮仏教の復興を目的の一つに掲げて次のように述べている。

倩々朝鮮国仏教社会ノ現況ヲ観察スルニ古仏教国ノ名アルニモ係ハラス今ヤ頽廃孤城落日救フ可ラザル悲境ニ陥レリ然リト雖ヒ韓国幾多ノ僧中之カ衰頽ヲ嘆シ挽回ノ策ヲ講スル者アルナシ故ニ耶教ノ輩侵入シテ其徒已ニ数万ノ多キニ達セントス嗚呼韓国仏教ノ頽廃豈ニ仏者トシテ傍観スルニ忍ンヤ然リ而シテ我国同胞ノ漲溢ハ忽チ殖民問題トナリ移住民ノ数ハ日一日ニ増加セントス然レヒ真宗大谷派ヲ除クノ外ハ諸宗ノ寺院一人ノ僧侶ダモ此ノ移住民ニ伴ヒ彼等ノ教化ヲ司サトリ乱レ易キ道徳ノ監護者タルノ労ヲ採リシ人アルヲキカザル也(44)

さらに宣教会では、アジア方面に布教事業を展開していく資金を募るため、入会金を納めて加入することを広く求めて、次のように呼びかけている。

今ヨリハ粉骨砕身務メテ京城仁川元山ヲ始メ進ンテ上海浦塩ニ教田開拓ノ実功ヲ奏セント欲ス然リト雖𪜈外護ノ資助ニ乏シキヲ以テ此ノ宣教会ヲ起シ拾万人講ヲ募リ浄財喜捨ノ資助ヲ仰キ以テ仏法西漸流布ノ祖訓ヲ奉シ一天四海ニ本化ノ妙観ヲ弘通セン希クハ愛国護法ノ篤志者諸氏幸ヒニ為国為法本会ノ事業ヲ賛成シ入会アランコトヲ懇望ス

一　集金一万円ト見做シ布教且ツ堂宇建築ノ費ニアテ余分ノ金額ハ永続ノ資金トス

一　拾万人一口金拾五銭掛ケ切リトシテ加入者ニ紺紙金泥ノ祖影ヲ授与ス[45]

海外宣教会の本部は妙覚寺釜山別院に、事務所は京都妙覚寺に設置され、会長に旭日苗、幹事に加藤文教が就任した。妙覚寺の教勢伸張のための事業という基本路線に変更があったわけではないが、より広い事業の推進を目的に資金面での広い支援団体の組織化を必要とし、そのために日本仏教を代表して朝鮮仏教の復興に資する活動を行うという方向性を打ち出していったと考えられる。

宗内の紛争の直後には見られた旭日苗の海外布教を批判する意見も、この頃になると影をひそめ、旭の活動の今後に期待する次のような意見が、多数を占めるようになっていったようである。

堂々たる僧侶諸師が教育に力を尽さす布教に偷安なる亦其罪を免かれざるなり諸師それ努力せよ青年亦大に

喚起する所ありて守れや法城、進めや海外、我輩が本宗諸大徳に望む所以のものは他なし彼の僧正旭日苗上人韓国布教の一事是なり同僧正が教育不振布教式靡僧侶偸安の今日に際し我宗に於ける海外布教の先鞭を着けらるゝ豈復偉ならずや(46)

海外宣教会への入会者も多数あったようであり、一時帰国した加藤文教が福井県下で十万人講の募集を行ったところ、五百余名の入会者があったという。(47)なお、他宗派の団体と区別する意味から、後に会の名称は「海外日宗宣教会」と改められた。(48)

日清戦争開戦と日蓮宗の対応

旭日苗が妙覚寺釜山別院に滞在中の一八九三年八月、梁山通度寺の印照・志先・辰友という三名の僧侶が、法華経の解釈について質問に訪れている。(49)このことは『日宗新報』に紹介され、日本仏教の教義に関心を示す朝鮮僧侶の存在が、宗内に広く知れるところとなった。

旭は、釜山別院の修繕補修を済ませると、朝鮮各地を廻って教勢のための準備活動を行い、一〇月に仁川を経て京城に至り、大院君と面談して布教活動の実施について諮詢し、元山を経て釜山に帰った。同月、仁川駐在領事館の布教許可を得た旭は、一一月中旬に日蓮宗管長の協賛を得るために帰国の途に着いた。仁川には、朝鮮に再度渡った加藤文教が仮教場に赴任し、翌九四年早々に布教活動を開始したようである。(50)

一方、日蓮宗当局は日清戦争がはじまると、七月に宗内の戦争支援体制を統轄する組織として「臨時報国義会」を結成した。同会規約の第一条には、「設立ノ趣旨」を

第一条　本会ハ今ヤ大日本帝国ガ韓清両国ニ対スル国家重要ノ大事件アルニ由リ我宗ノ教義ニ遵拠シ立正安国ノ祖教ニ法リ特ニ報国ノ義気ヲ奮ヒ国民ノ本分ヲ竭サンガ為メ宗内有志緇素ノ団結スルモノナリ(51)

と規定し、第二条から五条までにその行うべき事業として次の事項を挙げている。

第二条　在韓常備軍隊ヘ慰問品ヲ贈リ若ハ軍費ヘ献金スル事
第三条　東京府下ヲ首トシ全国一般各地便宜ニ臨時演説会ヲ開キ該件ニ対スル宗門緇素ノ観念ヲ堅メ報国尽忠ノ義気ヲ汪盛ナラシムル事
第四条　時宜ニ臨ミ各便宜ノ地ニ集会シ特ニ日数ヲ期シ祈禱会ヲ修シ宝祚長久国運隆盛軍隊健康ヲ祈願スル事
第五条　会員中ノ僧侶二名已上ヲ撰抜シ一宗ヲ代表シテ渡韓セシムル事
但シ信徒一名ヲ随伴シ会計ヲ担当セシム(52)

この規定にもとづいて同会は、守本文静（第一区日蓮宗大檀支林教頭）・脇田堯惇（神奈川妙純寺）らの朝鮮派遣を決め、守本らは八月三〇日仁川に向けて出発した(53)。

朝鮮布教をめぐる議論

日清戦争がはじまると、『日宗新報』にも朝鮮布教の必要性を論ずる意見が数多く掲載されるようになった。一八九四年七月上旬に連載された論説「朝鮮国に関する我宗教徒の意見」では、朝鮮を指導していく日本の立場の正当性を主張し、旭日苗の布教活動にも言及して「朝鮮の我宗に於ける因縁は正に是れ一様ならさるを知るべきなり」と述べている。[54]

この直後の七月二三日に日本側は、王宮を占領して閔氏一派を駆逐し大院君を執権の座に就けた。さらに二七日には金弘集が領議政に就任して軍国機務処が設置され、日本政府の強い指導のもとで政治改革が実施されることとなった。これを受けて、八月一八日発行『日宗新報』の社説「謹て三師の朝鮮に行くを送る」では、守本文静らの軍隊・在留邦人慰問についての活躍に期待する一方で、朝鮮布教にも言及して次のように述べている。

朝鮮の仏教腐敗年久しく到底朝鮮人を感化するの力なし、然らは宗教の改良即ち精神上の改善も亦た吾帝国の力によるの外なからん、而て吾国の宗教上尤も朝鮮の将来に向て適当なるものは本宗を以て最上位に置かざる可らす[55]

朝鮮を指導していく日本の立場を強く意識し、朝鮮人の精神的改善を図るのは、積極的な朝鮮進出を推進しつつある日蓮宗こそが相応しいというのである。同じ号掲載の論説「朝鮮改革の宗教問題」では、七月三一日に朝鮮政府の軍国機務処会議で「僧尼入城の禁を廃する事」が審議され、次回再議に付されることになったことを取り上げて次のように述べている。

朝鮮国は此際敏活なる我日本宗教家を聘し潜勢力の強き宗教を以て頑愚なる国民を訓諭せしむるは其の国進歩の一捷径なり何となれば朝鮮の僧侶今は一人の此の大負担に堪るものなし故に勢ひ其尽力を今日の行掛り上

日本僧侶に依頼するは目下の一大急務なりと信ず然るに朝鮮が何人を問はず良案あるものは上策を許し万機公論に決せんとする文明的挙動決議を為せる今日に当り特り僧侶の入城権に対して荏苒英断すること能はさるは余輩彼の国の道徳の退廃に対して慨嘆せずんはあらず(56)

この論説も、日本仏教の指導による朝鮮仏教の復興と朝鮮国民の感化が急務であることを主張し、僧尼の入城が許されていない状況を嘆いている。その上で、このまま僧侶の入城の禁が続くとすれば、「韓国が博愛なる宗教家の王城に入るを拒まんか朝鮮国は永く不蒙に了り国民の元気永く振はず朝鮮の文化未た容易にトす可からす」と述べている。

軍国機務処会議で「僧尼入城の禁を廃する事」が再議に付されたことは、八月一五日付の『時事新報』に京城通信員の特報として報道され(57)、日本仏教界の注目するところとなった。九月一〇日発行の『明教新誌』に掲載された甲斐方策の寄書「朝鮮仏教復活の好機」も、この点に言及して当時朝鮮に滞在していた日蓮宗の守本文静・脇田堯惇、本願寺派の加藤恵証、大谷派の藤岡了空ら(58)が協力して僧尼入城の解禁に努めるよう求めている。またこれを機会に日本仏教が朝鮮仏教の復興に尽くすべきことを主張し、そのための事業として次の二点を挙げている。

一　仏教学校を設置し韓僧教育を為す事

二　朝鮮各港に殖民布教を盛にし有為の僧を留学せしむること(59)

実は、甲斐方策の示したものと同様の布教方策を加藤文教も主張していた。加藤の著書『風俗仏教朝鮮対論』は、一八九四年九月二七日印刷・一〇月二日発行であるが、その自序には「明治二十七年七月上旬　朝鮮国仁川港仮教場ニテ　加藤文教之ヲ誌シス」と記されていることから、甲斐の寄書以前に執筆されていたようである。何らかの事情で甲斐が、その原稿を読んで参考にした可能性も考えられる。この書のなかで加藤は、朝鮮の内政を刷新し独立国としての基礎を確たるものとするためには、朝鮮仏教を振興してキリスト教の蔓延を防ぐことが必要であると説いている。そして、そのために日本仏教が果たすべき使命は極めて重いにもかかわらず、各宗派は国内的な対応に終始し、真宗大谷派と日蓮宗を除いて朝鮮布教に取り組む姿勢を示していないのは遺憾であると述べている。その上で、朝鮮布教の方策として挙げる次の二点は、甲斐方策とほぼ同文である。

一　日本京都ニ韓僧教育場ヲ設置シ韓僧教育ヲナスコト

一　朝鮮各港ノ殖民布教ヲ盛ンニシ有為ノ僧ヲ留学セシムルコト(60)

さらに前者について「日本仏教徒各宗団結シテ日本仏教ノ学叢淵源タル京都ノ地に韓僧教育場ヲ設置」することを求めている。ところで、加藤文教は『風俗仏教朝鮮対論』で主張したのと同様の内容の論説を『明教新誌』にも寄稿しており、九月一四日発行の同誌に掲載されている。この論説によれば、加藤はすでに僧侶入城が解禁されたと理解していたようであり、朝鮮政府が政治改革の一環として次の二点を実施したと記している。

一　内政衛門に国内の岳読寺刹神祠を掌る寺祠局を設置せしこと

二　僧尼入城の禁を解かれたること(61)

加藤は、こうした状況を朝鮮仏教復興のチャンスと述べているが、この箇所は『風俗仏教朝鮮対論』にはない。当時仁川にいた加藤は誤った情報を得て、『明教新誌』への寄稿文を執筆する際にこの箇所を加筆したと推察される。

三　佐野前励による僧侶入城の解禁とその後

佐野前励の朝鮮渡航のねらい

日蓮宗の朝鮮布教は、妙覚寺単独で在留邦人を対象としてはじまった。しかし、実際に現地での布教を進めていくなかで、新たに元山・仁川に説教所を建設することとなり、その経費を捻出する必要に迫られた。そのためには広く一般に資金を募るよりほかはなく、海外日宗宣教会が設立された。

さらに日清戦争が勃発し、日本政府の介入により朝鮮の政治改革が実施されるようになると、朝鮮布教をめぐる状況は大きく変化していった。朝鮮に対する日本の指導的立場が強く意識されるようになり、朝鮮仏教の革新を促して朝鮮人へ感化を及ぼすことが、国家の対朝鮮工作に貢献すべき日本仏教の課題として大きくクローズアップされたのである。こうした要請は単に仏教界だけでなく、一般世論からもなされつつあった。例えば一八九四年一〇月一一日付『読売新聞』掲載の「宗教家に東洋伝道の必要を告ぐ」では、次のように記されている。

> 今や日本は膨脹雄飛将さに世界の四隅に迫らんとそ、我宗教家たるもの亦何ぞ先進国の名誉により、先づ朝鮮の内地に其分野を開かざる、而して之によりて日本の文化を朝鮮に輸入することを得て、社会の風俗為めに一変するに至らば、其功徳亦決して独り布教のみにあらざるなり

これに対して、すでに朝鮮僧侶の教育事業を企図していた加藤文教も、その事業が妙覚寺単独はもちろん、日蓮宗でも実施困難であることも踏まえて、日本仏教界全体で取り組むべき課題として提言したのであった。しかし、かつて日蓮宗の中央集権化を目指した側にとって、加藤の行動と主張には座視できないものであったと考えられる。一本山である妙覚寺が次々と朝鮮に布教拠点を築いていくことは、宗門統制の観点から望ましいものではなかったであったろうし、宗門を飛び越して日本仏教界との連携を模索することも問題があると考えられたであろう。仮に加藤文教の呼びかけに応じて、日本仏教界による朝鮮僧侶の教育事業がスタートしたならば、日蓮宗当局は朝鮮布教に対する主導権を失うこととなりかねない。そうなる前に、日蓮宗当局が朝鮮布教の主導権を掌握する必要があったと推察される。

現地での情報は錯綜していた側面もあったが、日本の影響下にある朝鮮政府に僧尼入城の解禁を決断させることができたならば、その後の朝鮮仏教界に大きな影響力をもつことになるであろうことは誰の目にも明らかであった。こうしたなか、ひそかに動きはじめたのが浄土真宗本願寺派であった。朝鮮布教で遅れをとっていた本願寺派は韓廷との接触を図るため、一八九四年八月二二日に藤島了穏（滋賀県金法寺）に朝鮮派遣を命じた。この派遣には朝鮮布教を優位に進めようという目的があり、韓廷に働きかけて僧尼入城の解禁を実現させることも目論んでいたと推察される。ところが、藤島の派遣が一部の新聞に報道されてしまったため本願寺派側はこれの打消しに躍起となり、また直後に藤島が最も深く交わった大院君が失脚したため、本願寺派の韓廷工作は不調に終わった。本願寺派は、同年一一月にも大洲鐵然（山口覚法寺）らを現地に派遣し、説教所敷地を購入するなどして朝鮮布教の準備を進めた。これには、井上馨全権大使や日本公使館も支援したようであるが、藤島の韓廷工作の失敗もあり、僧尼入城の解禁を実現させるには至らなかった(62)。

こうしたなか翌年二月、電撃的に朝鮮に渡り僧尼入城の解禁を実現させたのが、日蓮宗の佐野前励であった。佐野は、すでに述べたように日蓮宗改革運動の際に、最も急進的な立場にいた人物であった。佐野が朝鮮に渡った目的について、同行した渋谷文英は次のように述べている。

　抑も師が斯挙は単に各は海外布教と称するも其実は、海外に於ける邦人信徳の慰安布教の如きを以て見る可きものにあらざるは勿論、日本対外国に於ける国際問題として「日本の仏法」即ち「日蓮教」を以て大韓国の国教たらしめんと企画し、直ちに韓王に向て「日蓮教」を勧説したるは日本宗教界空前の壮挙として胆仰欣慕せざる可らさるもる《（ものカ）》なり[63]

このように佐野は、妙覚寺から朝鮮布教の主導権を奪取するとともに、朝鮮仏教全体を日蓮宗の影響下に置くことを目論んで朝鮮に渡ったと考えられる。

岡本柳之助の支援

当時の朝鮮は、日本政府の指導下で内政改革を推進しつつあったが、本願寺派の韓廷工作失敗の前例を見ても、現地での状況を熟知して行動を起こす必要があった。にもかかわらず、それまで朝鮮への渡航経験のない佐野が、短期間で僧尼入城の解禁を実現することができたのは、朝鮮政府部内の事情にも精通した人物の支援があったと見て間違いないであろう。

一八九五年二月、佐野前励は小林日董管長の代理として堀日温・渋谷文英をともない下関を出発し、三月三日に釜山に到着し、その後京城に向かったが、同地では岡本柳之助邸に寄留している。佐野の伝記『菅上小傳』には、「京城に入った一行は上人の心の友岡本柳之助氏方に落着き、ここを本部として、政府要路との折衝を進めた」[64]と記しており、この岡本柳之助こそが、佐野の朝鮮での活動を支援した人物であったと考えられる。[65]

岡本柳之助は、一八五二年に紀州藩士の子として江戸藩邸に生まれ、幕府の砲兵練習所に学び、藩の砲兵頭などをつとめた。一八七四年に陸軍大尉となって江華島事件や西南戦争などに従軍し、少佐に進み東京鎮台予備砲隊大隊長となったが、一八七八年の竹橋兵営の近衛砲兵大隊の暴動(竹橋事件)を主導したとして官職を剥奪された。その後、金玉均・朴泳孝と交流し、後藤象二郎・陸奥宗光・福澤諭吉らと朝鮮内政の刷新について画策した。一八八五年には新居日薩と仏教衰退の挽回策を謀ったのが契機となり、日蓮宗と密接な関係をもつようになった。同年、日蓮宗大檀林に入って仏教学を学び、日蓮宗教報社を設立して自ら社長に就任した。同社発行の『日蓮宗教報』では、翌年一〇月に日蓮宗布教会教頭僧都守本文静と連名で日蓮宗管長各派管長に対する「建議」を発表し、宗門の取り組むべき課題として次の事項を挙げている。

折伏を以て正意とし摂受を以て傍意とし二門偏廃すべからず
不惜身命以て大法を弘通すべし
日蓮宗を以て日本国の国教と為すを期すべし
本門法華の道場を先づ支那国天台山に建立すべし
弘通の為め布教会員を派出し五洲の宗教を視察すべし
檀林を一にして以て人材を教育すべし[66]

このように岡本は、早い時期から日蓮宗の国教化と海外進出を主張しており、日蓮教の朝鮮国教化を目指す佐野前励の計画にも賛意を表したものと考えられる。また岡本は、アジア外交や宗教政策に関する献策を度々有力政治家に提出しており、一八九一年に山田顕義司法大臣に宛てた「東洋政策」では、清国・ロシアによる朝鮮の植民地化を阻止することの必要性を訴え軍隊の駐留を進言している(67)。

一八九四年三月に金玉均が上海で暗殺されると、岡本は金の遺骨収集と事後処理のため上海に赴いた。上海で清国と朝鮮の関係を探索した岡本は、帰国後、陸奥宗光外相に清国との開戦が不可避であることを説き、陸奥の諒解を得て、同年五月に甲午農民戦争下の朝鮮に渡り京城に入った。現地で岡本は、大鳥圭介公使を助け日本側によるクーデターの準備に暗躍、七月に大院君を担いで王宮を包囲して閔氏一派を駆逐し、親日派による朝鮮政治改革に着手することに成功した(68)。岡本は八月にいったん帰国したが、一〇月に朝鮮駐劄公使として赴任した井上馨とともに再度朝鮮に渡り、日本側の主導する政治改革に消極的な大院君に引退を勧告し、一二月に朝鮮政府より宮内府顧問官・軍部顧問官に任じられた(69)。ところが、日清戦争後は、一八九五年四月の三国干渉の影響により朝鮮で日本の勢力は後退し、七月にロシア軍の力を背景に閔妃一派側が政権を奪回するに至った。一〇月に起こった閔妃殺害事件で岡本は、謀殺罪などで起訴されて広島監獄に未決収監されたが、後に証拠不十分で免訴となり釈放されている(70)。

岡本と佐野との交流については詳らかではない。しかし、佐野前励が朝鮮に滞在した時期に岡本は、宮内府と軍部の顧問官として朝鮮政府に大きな影響力を有しており、佐野の僧尼入城の解禁の実現にも大きな役割を果たしたものと考えられる。

佐野前励の活動と僧尼入城解禁

日清開戦後、佐野前励は博多で戦勝祈禱に奔走し、一八九四年一〇月からは広島の大本営で軍隊布教や傷病兵の慰問を行った。一一月に佐野は日宗新報社に書信を送り、現況を知らせるとともに、「一大運動の準備をなし済次第に上京して都合に依らば某伯と共に渡韓するやも図り難し」と書き記している(71)。

「某伯」が誰を指すのかは不明であるが、この頃から朝鮮渡航を計画し、先に述べたように翌年二月に朝鮮に渡った。三月三日に釜山に到着した佐野は、六日に領事の紹介により朝鮮国衛門を訪問して朝鮮人子弟の日本留学の必要性を説き、朴琪淙の次男朴昌奎ら一一名の留学が決まった。多くは衛門官吏の子弟であり、佐野が帰国の際に引率して日本に向かうこととなった。また現地に朝鮮人対象の学校成立のための敷地取得の内約も済ませた(72)。渡鮮して早々にこうした事業に着手できたのも、岡本柳之助の根回しがあったからかもしれない。三月一二日に佐野一行は仁川を経て京城に入り、公使館領事館・韓廷各顧問官を訪問して下準備をなし、一七日に杉村現代理公使から紹介状を得た後、直ちに李載冕宮内大臣を雲峴宮に訪ねて手続きに及び、一九日に王宮に入り献進することとなった。一八日に遅れて長崎を出発した本化日将が合流し、一行は翌日に『法華経』・『立正安国論』・香炉などの献上品を携えて王宮に入り献上の式に臨んだ(73)。

本化日将は、その手記「入韓日記」のなかで、王宮の正門を通過したときのことを「京城外廓に十二門ありて若し僧侶の入るを見れば之を捕へて斬罪に処すと云ふ（今も猶）況や王城の正門をや李朝開国已来僧侶の此門を入りし者実に吾人一行を以て嚆矢とす」と書き記している。韓帝より「尊師遠来の労を謝し併て献品の誠衷を謝す」との勅語を受けた後、佐野と李載冕宮内大臣との間で次のような会話が交わされたという。

李大臣曰く貴国の僧皆学識に富み衆を度し民を利すること少からず実に感すべし弊国の僧凡て無識共に談すへきなし独南漢山の主僧少しく文字を解するのみ嘆すべきなり

佐野師曰く人心の感化は宗教に如くはなし特に我宗は立正安国を以て主義となす豈啻死後の冥福を祈るを以て足れりとせんや此の宗教を以て国民を感化せば富国強兵又何かあらん穢土をして寂光に変せしむ之れ其の所なり我国の支那に対して今日ある宗教の素養其功其一に居るなきを知らんや不肖今より我宗を開揚し傍ら子弟を教育して大に国利民福を進めん閣下微衷を諒せよ

大臣曰く宗教の開揚子弟の教育両ら僕の喜ふ所なり之を学務内務の両大臣にも相談し彼等をして随喜せしめん思ふに仏法は弊国もと之を貴国に致し今は却て貴国の開導を受く何等の因縁ぞや[74]

三月二〇日に佐野前励と堀日温は、朴定陽学務大臣を訪ねて教会学校設立について協議し、朴より設立支援の約束を取りつけている。その後、京城鑄洞に七〇〇坪の敷地を得て日蓮宗教会学校と称する慈善的学校を設立することとなった。また四月一日には大院君を訪問し、宗教上の意見を交換した。大院君は「隠遁の身なれば云ふを得ず」と、具体的方策には言及しなかったが、「貴宗は耶蘇教を排撃するか」との問いに対し、佐野が「大に排撃す根本的邪教なればなり」と答えたところ、喜んだ様子であったという。四月二一日と二二日に佐野らは、建白書を持参して諸大臣を尋ね僧尼入城の解禁を請願した。なかでも金弘集総理大臣は「今に之を閣議に付し直に陛下に上奏し必ず解禁の所置に及ばん」と答弁し、金允植外務大臣も「大師の建言実に道理なり亦同感なり」と答えたという。翌二三日に僧尼入城の解禁の件は閣議決定され、直ちに上奏して勅語をもって公布された[75]。

これより先の四月一五日に佐野らは、北漢重興寺を訪ねて日蓮宗への帰向を約束させ、入城解禁後の二九日に渋谷文英が再び訪問して、その旨を伝え同寺に日蓮宗教会本部の標札を掲げた。さらに五月五日には、朝鮮政府高官・朝鮮僧侶・日本人名士らを集めた法会を開催した。来賓として金外務大臣・朴学務大臣・金農工商大臣・権軍務署大臣らが参列し、参会者が一万四千余名に及ぶ盛大な法会となった。同月一五日に佐野は仁川港を出航し、朝鮮僧侶や学生一九名を伴い六月八日に帰国した(76)。

佐野前励の帰国後の状況

わずか三カ月あまりの朝鮮滞在で華々しい活躍をして佐野前励は帰国した。佐野の帰国後の一八九五年六月二五日に開会した臨時宗会では、次の事案が決議された。

朝鮮京城へ教会所設置の件
(一)朝鮮京城に教会所を設置する事
該費額金五千円支出の事
○朝鮮子弟教育に関する請願の件
決議
右請願を採用して補助を与るものとす(77)

しかし、佐野前励の急進的な手法に批判的な宗内勢力も多かったようである。加藤文教は、後に釜山での佐野らの活動を一部で助けたようだが、佐野の朝鮮渡航を察知すると、次のように述べている。

今や時なるかな日本仏教徒の朝鮮布教に着眼し布教策を考究せらるゝに至りしは欣喜に堪へさるなり然れとも無責任なる議論を吐き僅かに一部の取調を為して放言し或は管長の使命を帯びて渡韓すると云ひ或は韓僧を教育すると云ひ或は数万の資材を投して教場を建築すると云ひ或は韓王に布教の上申を為さんと云ひ或は韓僧に諭告書を送りて反省を求めんと云ひ其議論種々なりと雖も只た一朝の朝鮮熱に冒されて放言するに止まる如きあらば余の大に悲憂に堪へさる処なり（中略）余は諸士に忠告す諸士か韓山事情に通せず姑息的一時の布教を試み虚名を貪らんと欲する如き所為ありては其実効を奏すること実に困難なり(78)

加藤文教は、この文のなかで佐野を名指ししていないが、この投書の発表が佐野が朝鮮に向けて出航した直後の二月二八日であることを考えると、佐野の行動を批判したものであることは明らかである。数年にわたって朝鮮に滞在し地道な布教活動を続けてきた加藤にとって、教団権威や政治的権力を背景に短期間に断行される事業に成功する見込みがないと考えたのであろう。また自らの積み上げてきた布教実績がその傘下に置かれることに我慢ならないものを感じていたと推察される。帰国後も、佐野の韓帝に献上した香炉はメッキであったにもかかわらず純金と偽ったとか、佐野の渡鮮を正式に管長の許可を得ていないなど、佐野の行動への中傷が広がったようである(79)。特に教団改革をめぐる問題で佐野と対立した本山同盟側には、一挙に朝鮮布教を教団統率下に置こうとする手法は強引なものと映ったことであろう。

佐野の帰国後、七月一六日に神田錦輝館で朝鮮教況大演説会が開催され、本化日將や渋谷文英が朝鮮での活動報告を行い、佐野らとともに来日した朝鮮僧侶も演説を行った。しかし、佐野は「私は金香炉で有名な佐野前励であります朝鮮京城に蟄伏して居ると云はれましたが此処に居る所が妙でせうと一二言にして降壇」[80]している。渋谷文英も後に佐野らの朝鮮派遣を、「何の好反響を享くばくもなく、只一種の野心的好事者の行為として政敵の嘲笑と一宗の傍観裡に葬り去れたりしなり」と回想している。[81]

しかし、前述のように日蓮宗の臨時宗会は佐野の事業の推進を決議しており、佐野の活動が大きな成果として結実しなかったのは、宗門内反対勢力の批判だけとも言えないであろう。加藤文教も指摘しているように、年月をかけた交流と対話を経ない事業計画が一時的なものに終わる可能性は高く、まして朝鮮の親日政府のもとで計画された事業が、その後の親露政権の下で実施不能となったのは当然のことであった。

日本留学生・留学僧のその後

一方、佐野に同行して来日した朝鮮僧侶と朝鮮人の留学事業も、成功とは言えない結果となった。佐野とともに来日した一九名の朝鮮僧侶と青年は以下のとおりであった。

正二品資徳太夫朴蘭谷（三十六年）順陵参参奉六品李厦榮（二十八年）奎章閣撿書丁晩敏（二十八年）曹秉桂（二十六年）徐延丘（二十二年）安明善（十七年）朴昌奎（十七年）朴聖俊（十八年）洪世昌（十六年）洪世哲（十七年）洪世秉（十七年）李禧源（十八年）金叡鶴（十八年）宋太升（十六年）金正祚（十六年）徐相洙（十五年）京畿道水原龍珠寺僧金々鶴（二十八年）玄尚順（三十五年）[82]

この内、朴蘭谷・金々鶴・玄尚順の三名が僧侶であり、金々鶴は金々藕（金剛山摩訶衍庵住持）と同一人物であると考えられ、月輪再明（通度寺）も別に来日したようである。月輪再明以外の三名は日董のもとで得度式を受け、朴蘭谷は日谷、金々藕は日藕、玄尚順は日順とそれぞれ改名し、八月二日に帰国の途に着いた。[83] しかし、朴蘭谷と玄尚順とは、日本滞在中に真言宗の釈雲照のもとを訪ね、その際に自らについて禅を本業とし臨済の系統に属すと述べたようである。[84] 月輪再明の場合は、日本で日蓮宗の檀林で修学したが、後に臨済宗妙心寺派のもとに赴き、同派より旅費の支給を受け一〇月五日に仁川に帰った。[85] このように四名の僧侶は必ずしも日蓮宗に心底から帰依したわけではなかった。

彼ら朝鮮僧たちは、佐野による僧尼入城可の解禁に感銘を受け、日本留学に魅力を感じて同行したのであろうが、日蓮宗の教義にそれほど関心があったとは考えられない。そして、この点は青少年の留学生も同様であったと考えられる。十数名の青少年は、身延山久遠寺・筑後国中学林本佛寺・静岡県蓮久寺の三カ所に分かれて修学していたが、半年後には半分ほどが他に転学して七名に減っている。[86] 相手側の意向を充分に確認せずに、留学させて朝鮮仏教の日本化・自宗化の尖兵に仕立てようとする試みは、その後も繰り返されたが、そのほとんどは失敗に終わった。

おわりに

その後も日蓮宗は、朝鮮布教を断念したわけではなかった。一八九六（明治二九）年四月には、「台湾並朝鮮布教略則」が制定され、その第一条に「本則は台湾並朝鮮布教を目的とす、但し台湾は本邦の新領地なるを以て布教の順序は台湾より朝鮮に及ふものとす」と規定された。[87] 台湾を最優先させるものの、次いで朝鮮布教に宗門を挙げて取り組むことが明記され、布教師の資格・布教資金の募金方法なども規定された。

一方、旭日苗らも妙覚寺の単独布教という方針の転換を図った。同年一月に『日宗新報』に宛てた書簡のなかで「海外宣教会は衲か発起して今は既に一宗の宣教会なり決して箇人的に考ふべからず」といい、朝鮮人留学事業にも参画する予定であることも告げている。(88)さらに同年六月、日宗海外宣教会が仁川布教場に派遣していた玉置慈圓が現地で病死すると、布教人員に不足が生じ日蓮宗当局との協力が不可欠となり、旭は京都八本山と相談の上、宗務院への協力要請を決めた。(89)こうして翌一八九七年一月、日宗海外宣教会は正式に日蓮宗宗務院の認可を受け、妙覚寺の附属団体としての性格を脱することとなり、新たに「日宗海外宣教会略則」が制定された。この略則により、会の本部も妙覚寺から東京に移って浅草本蔵寺を仮本部に定め、各府県に支部が設置されることになった。(90)ところが、宣教会に対する旭日苗・加藤文教らの影響力はその後も続き、日宗海外布教会が日蓮宗宗務院の完全な統制下に置かれたわけではなかった。そこで、日蓮宗宗務院は一九一一年に至って現地の布教を統括する責任者として、静岡県本覚寺住職の杉田日布を初代司監に任命し、朝鮮布教師を募集して現地に派遣した。(91)この結果、宣教会系と宗務院系の二系統の布教師が並立して、佐野の目指した宗務当局による朝鮮布教の一元的統制はなかなか実現しなかった。結局、これの解消は渋谷文英が朝鮮布司監として就任した一九一八年まで持ち越されることになったのである。(92)

佐野前励の朝鮮での事業は、その後の日蓮宗に直接的な影響を与えなかったが、日宗海外宣教会と日蓮宗宗務院の歩み寄りには影響を与えたと考えられる。それは、佐野前励の急進的教団改革運動が、宗務院側と本山同盟側の妥協を促したのと同様であったと言えるかもしれない。一方、佐野の朝鮮仏教を自宗の傘下に収めて朝鮮人を感化するという手法は、他の日本仏教各宗派により踏襲されていくこととなり、日露戦争後には熾烈な朝鮮寺院の末寺化競争が展開されることとなった。また佐野による僧尼入城の解禁は、朝鮮仏教の衰頽と日本仏教の指導的立場を強調する格好の題材として、繰り返し宣伝されることとなったのである。(93)

【注】

（1）「朝鮮布教」（『日蓮宗教報』一号、一八八五年一二月一三日）、「朝鮮説教所」（『日蓮宗教報』二号、一八八五年一二月一三日）。「釜山通信」（『日蓮宗教報』一八号、一八八六年三月一三日）。

（2）「朝鮮説教所」（『日蓮宗教報』六二号、一八八六年一〇月二三日）、一八八六年一〇月三〇日付『明教新誌』。

（3）一八八七年一月六日付『明教新誌』は、「朝鮮釜山通信に依れは曰く日蓮宗は派出処を当港に開けり去れとも信者は未た多からす」と報じており、教勢が振るわず自然消滅していったのかもしれない。

（4）「朝鮮布教」（『日宗新報』二二七号、一八八九年一月一八日）、「巡回演説」（『日宗新報』二二九号、一八八九年一月二八日）、「朝鮮へ渡航」（『日宗新報』二四〇号、一八八九年三月二三日）。

（5）本書第三章の図表1（121頁）に、朝鮮在留邦人の一八八一年から一九〇〇年まで人数の推移を掲出した。

（6）「旭僧正の朝鮮布教」（『日宗新報』三五五号、一八九〇年一二月二三日）、「朝鮮布教」（一八九〇年一二月二六日付『明教新雑』）。

（7）「外国布教の企」（『日宗新報』四〇一号、一八九一年八月一八日）。

（8）「海外布教通信」（『日宗新報』四〇六号、一八九一年九月一三日）、「朝鮮国通信」（『日宗新報』四〇七号、一八九一年九月一八日）、「朝鮮国通信」（一八九一年九月二〇日付『明教新誌』）。

（9）「朝鮮に布教せんとす」（『日宗新報』三〇六号、一八九〇年二月二三日）。

（10）「三百日の朝鮮布教」（『日宗新報』三一一号、一八九〇年三月一八日）。

（11）二葉憲香「真宗教団近代化の動向――布教権の回復と末寺平等化指向――」（『龍谷大学論集』三八八号、一九六九年二月）。

（12）その教団改革が真宗信仰を踏まえ、世俗社会の近代化との対決のなかで進行したものではなかった。このため信徒による主体的な教団構想の発展を促さず、教団の世俗社会への埋没をもたらしたことについては、すでに前掲の二葉憲香論文によって指摘されている。筆者も集会（宗議会）開設後、急速に僧俗に開かれた教団構想が後退していったことを別稿に論じた（中西直樹「明治前期西本願寺の教団改革動向」、京都女子大学宗教・文化研究所『研究紀要』一八・一九号、二〇〇五年三月・二〇〇六年三月）。

(13) 日蓮宗宗務院編纂『祖道復古』(一九三八年)、新井智清著『近代日蓮宗の宗政――薩鑑修三師の時代を中心にして――』(国土安穏寺、一九八七年)、安中尚史「近代日蓮宗における本末制度再編に関する一考察」(『印度学仏教学研究』五八巻一号(二〇〇九年一二月)を参照。
(14) 前掲『祖道復古』三〇~三二頁。
(15) 前掲『祖道復古』三二~三五頁、前掲『近代日蓮宗の宗政』一二三~一二四頁、物部日厳「諮問会顛末解惑書」(『日宗新報』二七九・二八〇号、一八八九年一〇月八・一三日)。
(16) 「合末論の要領」(『日蓮宗教報』二〇五号、一八八八年九月二〇日)。
(17) 「日蓮宗革命綱領」(『日蓮宗教報』二〇二号、一八八八年九月五日)。
(18) 『日蓮宗教報』二〇八号(一八八八年一〇五日)・二一〇号(同月一五日)・二一一号(同月二〇日)掲載の「合末論賛成員報告」。また地方末寺の動向に関しては、前掲『祖道復古』四〇頁に概要が記されているほか、『日蓮宗教報』に関係記事を散見する。
(19) 「京都本圀寺諭告書」(『日蓮宗教報』二一一号、一八八八年一〇月二〇日)、黒澤日明「同盟本寺顛末書」(『日宗新報』二四三号附録、一八八九年四月八日)、「西京通信」(『日蓮宗教報』二一三号、一八八八年一〇月三〇日)。
(20) 前掲『近代日蓮宗の宗政』一三九~一四〇頁。
(21) 前掲『近代日蓮宗の宗政』一二二~一二六頁。
(22) 前掲『近代日蓮宗の宗政』一二六~一二七頁。
(23) 「宗務院録事」(『日宗新報』二三六号、一八八九年三月三日)。
(24) 前掲「同盟本寺顛末書」、「釈日禎権大僧正」(『日宗新報』二三八号、一八八九年三月一三日)。
(25) 「旭日苗僧正の東上」(『日宗新報』二六一号、一八八九年七月八日)。
(26) 前掲『祖道復古』四七頁。
(27) 「為宗会設立旨趣」(『日宗新報』三〇二号、一八九〇年二月三日)。
(28) 『日宗新報』三一〇号(一八九〇年三月一三日)・三一四号(同年四月三日)・三一六号(同年四月一三日)・三一七号(同

年四月一八日）、三二二号（同年五月一三日）・三二六号（同年六月三日）には一八九〇年五月までに結成された為宗会の支部と役員が掲載されている。
(29)「離末転本会緒言」（『日宗新報』三〇四号、一八九〇年二月一三日）。
(30) 前掲『祖道復古』三〇～三一頁。
(31)「朝鮮駐在加藤文教師」（『日宗新報』第四一四号、一八九一年一二月二五日）。
(32) 三戸勝亮編『董上遺稿』一六一頁（董上追憶会、一九三七年）。
(33)「朝鮮国通信」（『日宗新報』四〇八号、一八九一年九月二三日）。同様の記事は、一八九一年九月二八日付『明教新誌』にも掲載されている。
(34)「朝鮮釜山妙覚寺別院」（『日宗新報』四一八号、一八九二年二月五日）、「旭日苗僧正」（『日宗新報』四一九号、一八九二年二月一五日）。
(35) 前掲「朝鮮駐在加藤文教師」、「朝鮮近報」（『日宗新報』四三〇号、一八九二年五月一〇日）、「朝鮮近報」（『日宗新報』四五〇号、一八九二年八月二〇日）。
(36)「加藤文教師の書簡」（『日宗新報』四四六号、一八九二年七月三〇日）、「朝鮮釜山に於ける清正公大祭典の概況」（一八九二年七月二八日付『明教新誌』）。
(37) 微笑生「先づ内国不毛の地に布教すべし」（『日宗新報』四三二号、一八九二年五月二〇日）。
(38) 杜鵑小僧「海外の布教豈に不可なりと云はん」（『日宗新報』四四一号、一八九二年七月五日）。
(39) 加藤文教「海外の布教に就て一言す」（『日宗新報』四四六号、一八九二年七月三〇日）。
(40)「朝鮮通信」（『日宗新報』四六二号、一八九二年一〇月二〇日）。
(41)「朝鮮国釜山通信」（一八九二年一〇月一八日付『明教新誌』）。
(42)「加藤文教氏の消息」（一八九二年一一月二日付『明教新誌』）。
(43)「朝鮮布教」（一八九三年八月一六日付『明教新誌』）、「朝鮮通信」（『日宗新報』五〇三号、一八九三年八月二〇日）。
(44)(45)「海外宣教会」（『日宗新報』五〇四号、一八九三年八月三〇日）。
(46) 西貞生「海外布教に就て敢て本宗諸大徳に望む」（『日宗新報』第五〇三号、一八九三年八月二〇日）。

(47)「加藤文教師」(一八九三年九月二〇日付『明教新誌』)。
(48)「海外日宗宣教会」(一八九三年一〇月二二日付『明教新誌』)。
(49)「旭僧正韓僧と筆談の略記」(『日宗新報』五〇七号、一八九三年九月三〇日)。
(50)「朝鮮釜山の橋本氏」(『日宗新報』五〇七号、一八九三年九月三〇日)、「海外布教会」(一八九三年一一月一四日付『明教新誌』)、「加藤文教の書書」(『日宗新報』五二五号、一八九四年三月二五日)。
(51)(52)「本宗臨時報国義会」(『日宗新報』五三八号、一八九四年八月一八日)。
(53)「日蓮宗の渡韓僧」(一八九四年九月四日付『明教新誌』)。
(54)松森霊運「朝鮮国に関する我宗教徒の意見」(『日宗新報』五三四・五三五号、一八九四年七月五・一五日)。
(55)白溪生「謹て三師の朝鮮に行くを送る」(『日宗新報』五三八号、一八九四年八月一八日)。
(56)松森霊運「朝鮮改革の宗教問題」(『日宗新報』五三八号、一八九四年八月一八日)。
(57)「京城特報」(一八九五年八月一五日付『時事新報』)。
(58)加藤恵証(本願寺派)と藤岡了空(大谷派)は、当時慰問使として朝鮮に派遣されていた。本書第三章の一を参照。
(59)甲斐方策「朝鮮仏教復活の好機」(一八九四年九月一〇日付『明教新誌』)。
(60)加藤文教著『風俗仏教朝鮮対論』(一八九四年)。なお本書は、中西直樹編『仏教植民地布教史資料集成(朝鮮編)』第一巻(三人社、二〇一三年、以下『資料集成』と略称)に収録されている。
(61)加藤文教「朝鮮仏教の衰頽に就て日本仏教家の奮起を望む」(一八九四年九月一四日付『明教新誌』)。
(62)浄土真宗本願寺派の日清戦争下の動向については、本書第三章で詳述した。
(63)渋谷文英著『日蓮教と朝鮮』五五~五六頁(一九一九年、『資料集成』第六巻に収録)。
(64)菅上五十遠忌報恩会著『菅上小傳』二二頁(日蓮上人銅像護持会、一九六一年)。
(65)岡本柳之助の経歴については、井田錦太郎編『岡本柳之助論策』(無盡風月書屋、一八九八年、『資料集成』第六巻に収録)所収の岡本柳之助の「小伝」、葛生能久編『東亜先覚志士記伝』下巻(黒龍会出版部、一九三六年)所収「列伝」を参照。
(66)日蓮宗布教会教頭僧都守本文静・日蓮宗教報社長岡本柳之助「建議」(『日蓮宗教報』六二号、一八八六年一〇月二一日)。

(67)「東洋政策」(前掲『岡本柳之助論策』所収)。
(68) 岡本柳之助「小伝」(前掲『岡本柳之助論策』所収)。陸奥宗光著『蹇蹇録』にも「日本人にては岡本柳之助らに内論し、陰に大院君に説く所あらしめたり」とある(岩波文庫版『新訂蹇蹇録』七四頁、一九八三年)。
(69) 岡本柳之助「小伝」、「朝鮮国太公ニ上ルノ書」、「朝鮮国国太公摂政ヲ辞シ全権公使井上馨ニ内政改革ヲ委托スル時、国太公ニ上ルノ書」(前掲『岡本柳之助論策』所収)。
(70)「岡本柳之助以下予審終結決定書」(伊藤博文編『秘書類纂朝鮮交渉資料』中巻、明治百年叢書第一三一巻、原書房、一九七〇年)。
(71)「佐野前励師の天機伺」「然して仝師」(『日宗新報』五四六号、一八九四年一一月二八日)。
(72)「佐野前励師の一行」(『日宗新報』五五七号、一八九五年三月一八日)。
(73)「佐野前励師の復命書」(『日宗新報』五六九号、一八九五年七月一八日)。
(74) 本化日将手誌「入韓日記(第二報)」(『日宗新報』五六一号、一八九五年四月二八日)。
(75)(76) 前掲『日蓮教と朝鮮』を参照。
(77)「協議会決評復命書と具申書」(『日宗新報』五七〇号、一八九五年七月二八日)。
(78) 加藤文教「朝鮮布教に就て一言す」(『日宗新報』五五五号、一八九五年二月二八日)。
(79)「教友雑誌＝中傷で中傷」(『日宗新報』五七四号、一八九五年八月一八日)。
(80)「朝鮮教況大演説会景況」(『日宗新報』五六九号、一八九五年七月一八日)。
(81) 前掲『日蓮教と朝鮮』一一二頁。
(82)「韓僧渡来」(一八九五年六月一五日付『東京朝日新聞』朝刊)、「渡来韓僧の姓名年齢」(一八九五年六月一八日付『明教新誌』)。なお、釜山で日本に行くこととなった一一名の青少年(前掲「佐野前励師の一行」参照)の内の半分ほどは、一九名のなかに含まれておらず、渡航を取り止めたものと考えられる。
(83) 前掲『日蓮教と朝鮮』一一三〜一一四頁、「朝鮮僧の帰国」(一八九五年八月二六日付『明教新誌』)。
(84)「韓僧の来訪」(一八九五年七月一八日付『明教新誌』)。

(85)「朝鮮僧妙心寺派に旅費を請ふて帰国す」（『日宗新報』五七九号、一八九五年一一月一八日）、「韓僧月輪再明師」（一八九五年一〇月一六日付『東京朝日新聞』朝刊）。四人の僧侶の内、月輪再明は佐野前励を知る以前から、加藤文教や旭日苗と交流があり、最初から日蓮宗を利用する目的で接触を試みたものと考えられる。

(86) 前掲「韓僧渡来」及び「渡来韓僧の姓名年齢」、「朝鮮人教育」「朝鮮人の教育に就て」（『日宗新報』五八三号、一八九五年一二月二八日）。

(87)「宗務録事」（『日宗新報』五九六号、一八九六年五月八日）。

(88)「朝鮮教報」（『日宗新報』五八六号、一八九六年一月一八日）。

(89)「日蓮宗海外宣教会」（一八九六年八月二六日付『明教新誌』）。

(90)「日宗海外宣教会認可せらる」「日宗海外宣教会」（『日宗新報』六二三号、一八九七年二月八日）。

(91)「朝鮮布教司監」「朝鮮布教師募集」（『日宗新報』一一六五号、一九一一年一二月一七日）、「広告」（『日宗新報』一一六七号、一九一二年一月二五日）。

(92)「日宗朝鮮布教の先駆」（一九一八年一〇月二九日付『中外日報』）、「朝鮮日宗布教統一」（一九一八年一〇月二九日付『中外日報』）、教務部主事山田一英「朝鮮教況視察概況」（『月刊宗報』二六号、一九一九年一月）。

(93) 例えば、朝鮮仏教団の機関誌『朝鮮仏教』三四号（一九二七年二月）の「韓僧入城解禁と日蓮宗の佐野前励老師」では、佐野の当時の活動を説明した上で、次のように結んでいる。

当時此の由を伝へ知りたる韓僧等は歓喜禁ずる能はず、何れも佐野老師の義侠的努力に対して何れも「吾等の大恩人である」と云つて感謝の意を表せざる者は無かつたと申すことである。

第三章　朝鮮植民地化過程と日本仏教の布教活動

――日清戦争から初期の朝鮮総督府治政まで――

はじめに

日本仏教各宗派は、おおむね日本の植民地化政策に協調しつつ、朝鮮における教勢の拡大を期して布教活動に従事したが、日本政府・朝鮮総督府との間には、微妙な思惑の違いがあったことも事実である。従来、このことはあまり注目されてこなかったが、日本仏教の朝鮮布教の全体像を理解し、そのあり方を再点検する上では重要な視点である。単なる植民地政策の出先機関としての視点だけで朝鮮布教を理解しようとするならば、朝鮮総督府と日本仏教各宗派、そして朝鮮仏教、さらには在留邦人と朝鮮人の思惑と動向が交錯する複雑な関係を多角的に把えることが困難となるからである。

とりわけ三・一運動以降には、朝鮮民衆の慰撫とそのための朝鮮仏教の利用に向けて、朝鮮総督府と日本仏教との間に一定の協調路線が生ずるようになるが、それ以前、日本仏教の朝鮮布教を取り巻く状況には流動的側面があった。布教活動のあり方に関しても、朝鮮政府内での親日派育成を目指した真宗大谷派の活動[1]から、一八八四年の甲申政変の挫折を経て、増加しつつあった在留邦人布教へと主たる関心が移行していった。さらに日露戦争後に日本の朝鮮支配の動向が決定的となると、朝鮮寺院を支配下に置く各宗派の競争が展開されるようになり、韓国統監府はこれを追認する姿勢を見せた。しかし、一九一〇年設置の朝鮮総督府は、日本仏教が朝鮮寺院を支配下に置くことを禁止する方針をとり、日本仏教の布教は再び在留邦人中心へと転換された。

本稿では、日本仏教各宗派が日清戦争を契機として、本格的な朝鮮布教に着手してから、三・一運動前までの動向を、日本政府や統監府・総督府の施策との関係を中心に、朝鮮僧侶・朝鮮人・在留邦人との関わりも視野に入れて概観していきたい。

一　日清戦争下での各宗派の動向

本願寺派・加藤恵証の朝鮮視察

真宗大谷派と日蓮宗とは、すでに日清戦争以前に朝鮮進出を果たしていたが、一八九〇年代に入ると、朝鮮での在留邦人が急速に増加するに従い（図表1〈121頁〉参照）、浄土真宗本願寺派が朝鮮進出に向けての準備を模索しはじめた。本願寺派は、一八七七（明治一〇）年大谷派が大久保利通らからの要請を受けて朝鮮布教に着手した際に、内治優先を主張する木戸孝允と関係が深いこともあって海外布教に動くことはなかった。しかし、八六年七月には、在留邦人の教化のため、多聞速明（佐賀円楽寺）をウラジオストクに派遣し、海外布教に着手している。(2)

その後、一八九三年にウラジオストクに説教所・日本学校を建設する計画が浮上し、そのための視察を兼ねて同年七月に加藤恵証（熊本法雲寺）にシベリア布教を命じた。加藤は当初同年にシカゴで開催された万国宗教会議への出席を希望していたが、本山側の要請によりシベリアに赴くことを受諾した。(3)七月五日には執行長ら宗務所役員による加藤の送別会があり、(4) 同月一七日加藤は、長崎より出航して二二日にウラジオストク港に到着。同地では五日間にわたり法主の消息を披露するとともに説教を行い、その後、シベリア内地を巡った後に八月一〇日ウラジオストクを発し、朝鮮に立ち寄って仁川・釜山で官民在留邦人と交流し、九月初旬に帰国した。(5)

帰国後の九月二七日に京都花屋町の宣布院で大学林・文学寮の生徒、僧侶や新聞記者を招いて加藤恵証の講演会が開催された。(6) そこで、加藤は、朝鮮人を朝鮮政府の苛税収斂のために将来に希望が持てずにいる「最暗窟の人民」であると評し、「彼等人民をして如何に救ふべきか唯一あるのみ日本化せしむるにあり」と述べている。その具体的方法についていては、第一に医者の派遣であり、第二に日本流の仏教の伝播であって、「朝鮮自ら朝鮮の仏教あり即ち我邦に於て発達せし宗旨を以て感化せしむるにあり」といい、第三には朝鮮語の新聞を日本人により発行することをあげ、「余は実に此三者を以て充分に彼朝鮮人をして日本化せしむる事を得と信ずるなり」と提言している。ここでは、朝鮮仏教に対する日本仏教の優越的意識と、朝鮮人・朝鮮仏教を指導して日本化しようとする姿勢が明確に示されており、加藤は続けて次のように述べている。

余は此度松村公使より重大なる言伝を齎らして帰朝せり誰れに向てか大谷派本願寺執事渥美契縁氏に向つてなり如何なる意味のものか朝鮮に於ける布教今の儘にては至つて手ぬるし今後尚一層奮発し給へと勧告するなり然して余は渥美氏に向つて次の如く掛合はんと欲す貴派にして果して斯の如く行ふべくんば頂上、若し能はずんば当方有志のもの粉骨砕身、協力以て此の事に従はんとす、然れとも敢て競争せんとするにはあらず、競争は双方に取つて良策にあらず、貴派の布教撤し去るを待つて徐ろに事を図らんのみ、と大谷派の朝鮮布教は、初期において朝鮮人を主たる対象としていたが、財政難もあって次第に在留邦人中心の布教へと移行していった。「手ぬるし」とは、朝鮮民衆の日本化に、その布教活動が成果を挙げていないことを言っているのであろうが、加藤は朝鮮布教に先鞭を付けた大谷派に対し、その優先権を認めるような発言をしている。しかし、おそらくそれは本音ではなく、日清戦争開戦と同時に本願寺派は急速に朝鮮布教の準備を進めることになるのである。

慰問使・従軍布教使の派遣

一八九四年六月に日本軍が朝鮮に出兵し日清両国が一触即発の事態に立ち至ると、朝鮮に釜山・仁川・元山津の三別院と京城説教所を置く大谷派は、日本文武官・居留民の慰問のため慰問使の派遣を決定した。現地在留邦人からの要請もあったようであり、七月二一日に藤岡了空（兵庫県教専寺）が現地に向けて出発している。[7] 同じ頃、本願寺派も加藤恵証を慰問使として派遣することを決め、加藤は同月二五日に京都を出発した。当時、朝鮮の在留邦人の七割は本願寺派の門徒であったとされ、出兵した第五師団も本願寺派の門徒の多い広島・島根・山口の出身者で編成されていた。[8] 本願寺派の派遣も、これら在留邦人と日本軍の慰問を目的としていたが、大谷派への対抗意識もあったと考えられる。大谷派と同様に早くから朝鮮に進出していた日蓮宗では、七月に宗内の戦争支援体制を統轄する組織として臨時報国義会を結成し、同会より守本文静（第一区日蓮宗大檀支林教頭）・脇田堯惇（神奈川県妙純寺）らの朝鮮派遣を決め、八月三〇日仁川に向けて出発した。[9]

仏教各宗派のなかでも特に大谷派と本願寺派は、開戦と同時に軍費献納・軍事公債応募の奨励を宗派内に訓告するなど戦争支援の姿勢を積極的に打ち出し、八月からは両法主自らが、西日本各地の師団・旅団を巡回して軍隊布教を行った。[10]さらに一一月に入ると、本願寺派の大谷光尊（明如、西本願寺二一世）は、従軍布教の派遣に向けて陸軍等との交渉に着手し、まず一一月四日に香川葆晃（山口善宗寺）を山口素臣少将（第三旅団長）のもとに遣わし従軍布教の実施を申し入れた。山口が個人的には賛成だが大本営の許可が必要であると返答してきたため、光尊は土方久元宮内大臣を通じて軍部に働きかけた。一二日には山口より文書にて進達せよとの連絡を受けたため、翌日願書を提出し一七日に許可、一九日には木山定生（佐賀善定寺）が現地に向けて出発した。[11]こうした素早い対応により本願寺派は、他宗派に先駆けて従軍布教使を派遣したのである。

本願寺派と同様に従軍布教使の派遣に素早い対応をしたのが浄土宗であった。浄土宗は、九月一四日に宗務所内に賑恤部を置き征清軍の慰問を計画し、一〇月一五日には外征軍隊慰問使の朝鮮派遣を決定した。一一月一五日には許可を得て、二三日に正使の荻原雲臺（東京浅草誓願寺、後に浄土宗高等学院校長）と副使の岩井智海（京都福知山法鷲寺、後に浄土宗管長・知恩院門跡）を現地に向けて派遣した。[12]こうして本願寺派と浄土宗とは、後述するように、日清戦争後に朝鮮への教線拡大を画策していくこととなった。

一方大谷派は対応がやや遅れたが、平松理英が本山を説いて陸軍に従軍布教を出願せしめ、一一月二三日に許可を得ている。[13]それ以外の宗派では、一二月に入り天台宗・真言宗・浄土宗・臨済宗・日蓮宗・真宗（佛光寺派・興正派）が協議の上、協同で従軍布教願を広島大本営に提出し、同月六日に許可を得た。[14]しかし、派遣を見送る宗派も出て、結局天台宗・真言宗・臨済宗妙心寺派の三宗派が派遣することになり、[15]同月一九日に大照圓朗（天台宗）・和田大圓（真言宗）・原圓応（臨済宗）・平松理英・佐々木霊秀（大谷派）の五名が宇品を出航して戦地に赴いた。[16]

その後、曹洞宗も大本営の許可を得て、一八九五年一月一三日に佐々木珍龍（北海道龍洞院）と水野道秀（名古屋浄蓮寺）が名古屋を出立し、他宗派の布教使とともに戦地に赴いた。[17]同年二月頃の従軍布教使は以下の通りであった。

第一師団　平松理英・佐々木圓慰（大谷派）、大照圓朗（天台宗）、和田大圓・岩堀智道（真言宗）
第二師団　千原圓空（大谷派）、五十嵐光龍（真言宗）、圓山元魯（臨済宗）
第六師団　佐々木霊秀（大谷派）、鹿多正現・弓波明哲（本願寺派）、原圓徳（臨済宗）、佐々木珍龍（曹洞宗）
第三師団　伊藤大忍・秦数江（大谷派）、水野道宗（曹洞宗）、岩佐大道（真言宗）、坂上宗詮（臨済宗）、琳賀覚定（天台宗）
第五師団　香川默識・伊藤洞月（本願寺派）、日吉全誠（臨済宗）、山縣玄浄（真言宗）[18]

従軍布教使の慈善活動

吉田久一は、日清戦争の際に従軍布教師が現地で慈善活動を行い、敵国である清国軍人戦死者追悼法要を執行するなどの行為があったことを取り上げ、「敵兵にも敬意を持ち、怨親平等的側面がまだ生きていたことは、日中戦争や太平洋戦争と異なる」[19]と評している。

しかし、中国・朝鮮民衆への平等的救済の立場から、そうした活動が行われたとは考えにくい。吉田は、各宗の布教使のなかで特に注目すべき活動を行った人物として真言宗の山縣玄浄を紹介している。山縣は、一八九五年一月に金州民政庁長官茨城惟昭に対し、敵国人教化のために悲田院の設立を請願し、携行した薬品を困窮者に施与するなどして慈善事業の実施を計画した。山縣は、同年刊行の自著に「大日本占領地開教案」七項目を掲出し、そのなかで、「四開教の手段として慈善事業を実行する事」を掲げている。つまり山縣にとって、慈善事業はあくまで占領地布教の手段であり、さらにその事業は「一日本政府に対し占領地開教資本の保助を仰ぐ事」とあるように[20]、国家権力と協同して占領地の円滑かつ安定的な支配のために行われるべきものだった。

こうした意識をさらに露骨に陳述したのが、『明教新誌』掲載の鐵腸生（安藤正純、大谷派僧侶、後に衆議院議員・文部大臣）の「布教策」であろう。安藤は、国際競争が激化し国家戦略が重要な課題となるなかで、「仏教家もまた開教伝法の計を廻らすに於て、常に政略的、策略的の考を有せざるべからざるなり」と言い、続けて次のように記している。

> 自教の利益既に第一着の主点たる已上は、凡ての方法は功を此に収めざるべからず。（中略）是故に如何なる慈善も。如何なる事業も。凡て皆自教の利益と云ふ最終の目的に達する。只一の手段に過ぎず。方便に過ぎず。策略に過ぎず。従軍布教も之に達する策略なり。嘯害救恤も之に達する策略なり。震災義捐も之れに達する策略なり。追弔法要も之に達する策略なり[21]

ここでは、あらゆる事業・活動が、国際競争への勝利・自宗派の利益という目的に収斂されるべきものと意識されている。もちろん、個人により意識の違いはあったであろうが、日清戦争に協力した仏教者の意識を「中国国民は「釈迦の遺弟」という宗教的同胞意識」や「東洋の復興という東洋的ナショナリズム」[22]に求める吉田久一の評価は、再検討する必要があると考えられる。

日清戦争期の朝鮮開教論

次に、日清戦争の開戦後に活発化した朝鮮布教論にどのような議論があったのかを見ていこう。比較的早い時期から朝鮮布教の必要性を論じたのが、仏教系新聞『明教新誌』の主筆加藤咄堂であった。加藤は一八七四年六月同紙掲載の「朝鮮問題と仏教」[23]で、朝鮮を完全なる独立国とすることが日本の使命であることを指摘した上で、まず朝鮮が「何によつて疲弊し、何によつてその実を失ふに至れるかを査究せざるべからず」との問いを発し、その原因は複数考えられるであろうが、「多くの部分は仏教の替廃（退廃）それが原因たり」と結論づけている。そして、日本仏教による感化こそが、朝鮮の真の独立をもたらすものであるとして、次のように述べている。

朝鮮をして尤も平和に独立国たる位地を得せしむるもの宗教的感化の外、策あるべからざるなり、之れ其の病を尋ねて薬を与ふるもの、仏教の活気を以て彼れに浴せしめ、彼れか元気を作興し、彼れをして大義名分を知らしめ、彼れをして国家的観念を旺盛ならしむ、此れ実に我か善隣の交を通する所以にして、彼をして永遠平和なる独立を得せしむるの好方便なり

加藤咄堂は国家的観念の鼓吹に仏教教化の意義を見出すのである。また東洋の指導者としての意識は、前述の加藤恵証にもすでに見られたものであるが、開戦後に日本軍が清国軍を圧倒するに従ってますます高揚していった。平壌総攻撃を目前に控えた九月一二日発表の「日本仏教の新領地」[24]では、「彼れを導き彼れを誘て文明に進ましむるは仏家の任務なり、記臆せよ我が国は東亜の指導者なり、我が仏教は須く東亜文明の全権を握らざるべからざるを」と述べている。同時に「我が精神の主権者たる仏教徒は、日本仏教の任務を全ふせんが為め彼れ豚尾漢の改造を計らざるべからず」といい、朝鮮・中国を蔑視する意識も表面化している。

具体的方策を提言する論説もいくつか現れたが、代表的なものが日蓮宗の加藤文教の論説「朝鮮仏教の衰頽に就て日本仏教家の奮起を望む」[25]であろう。加藤は、仁川で実際に朝鮮布教に従事してきた経験から、次のように朝鮮

での日本仏教の現状を指摘する。

真宗大谷派は卒先して開教の針路を開かんとせしも独り殖民布教に止りて外人布教の目的を達すること能はず我宗次て起り余や内地に観察すること八回百方開教の策を講するも資金充分ならざると国風仏教を擯斥するとの困難なるより外教徒と弁立して開拓の実功を奏すること能はざるなり

その上で、こうした状況を打開していく方策として、「一仏教学校を設置し韓僧教育を為す事」「二朝鮮各地に植民地布教を盛にし有為の僧侶を留学せしむること」の二点を提言している。二の点はその後在留邦人の増加を見越してのことであるが、一の点に関しては「日本僧侶の此地に渡りて直接に韓人を化益するや困難なるを以て在来此国にある寺院と僧侶を利用するもの尤も良策なり」と述べられている。朝鮮布教の経験を通じて加藤文教は、日本人僧侶による朝鮮人布教の限界を自覚したのかもしれないが、朝鮮僧侶と寺院を通じての教化を提言し、直接的な朝鮮人布教を断念する姿勢を示している点が注目される。

直接的な朝鮮人布教を軽視する主張は、『京都新報』の「朝鮮国布教の第一着」[26]にも見られる。この論説では、

凡そ一国の革命起る其原因多くは下層より来る者なり、乃ち下民の希望を達せんと欲して起る者也（中略）然るに朝鮮今回の改革は前数者と其趣を殊にして、全然逆比例をなす者あり、朝鮮の改革は実に他動的に来れり、

との朝鮮への認識を示した上で、だからこそ、朝鮮の政治権力を味方にさえすれば、朝鮮布教は意外に容易であ

るという。そして、下層民衆よりも上流社会を布教対象とした方が効率よく朝鮮全体を動かすことができるとして、次のように論じている。

然れども凡ての活動力は常に下層に潜伏する者なるに国民を相手にせずして仏教の弘通を図るは不道理の甚しき者なりとの疑問は必す免れさるへし、茲に於て我輩は答ふへし朝鮮の勢力は集めて上流社会に在り、故に上流社会を動さは朝鮮全体を動かす者と断言して敢て不可なるへしと

これらの主張は、仏教伝道の志を起点とせず、朝鮮の日本化や教団の教勢拡大を効率よく進めることを目的として立論されている。またそれゆえ国家権力に依存し、それとの協調関係を重視する方向性が如実に示されているのである。

仏教系の世論だけでなく、一般新聞のなかにも仏教への期待を表明する論説もいくつか存在する。一八九四年九月三〇日付『時事新報』の「宗教の効能」は、両本願寺法主が開戦後に軍隊へ慰問布教を活発に行っていることにふれ、こうした社会的要請に対応した活動を継続していけば、仏教の威信回復につながるだろうと論じている。[27] 同年一〇月一一日付『読売新聞』は、日本政府の影響下で朝鮮の政治改革が行われつつあるが、朝鮮の社会を改革し人民を啓発するためには宗教の力によるところが大きいとした上で、宗教家への期待を表明している。[28] さらに『読売新聞』は、翌九五年四月にも次のように述べて、占領地に社寺会堂を建設すべきことを主張している。

新領地の経営中最も先務とし又最も主眼とすべきものは先づ其光景をして一日も早く日本的風色を有せしむ

るに在り（中略）新領地は是非とも日本固有の風光を帯び我等の故郷と為らしめざる可からずとしてさて其経営渾化の方法も種々あるべきが我輩は先づ第一着に社寺会堂を建立すべしと勧告するものなり(29)

このように一般世論としても、仏教側の戦争協力・占領地支配への貢献を期待していたのであり、日本仏教側はこれを仏教の威信回復・教勢拡大の絶好のチャンスととらえ、アジア布教に邁進していったのである。

本願寺派の暗躍

従軍布教の派遣の際に素早い対応を見せた本願寺派は、戦時中から秘かに朝鮮進出の準備を進めつつあった。加藤恵証を慰問使として派遣した一カ月後の一八九四年八月二二日、大谷光尊は藤島了穏に朝鮮派遣を命じている。この派遣は、慰問使や従軍布教使とは異なる目的があり、フランス留学経験があり国際的素養のある藤島了穏を派遣したのにも理由があった。光尊は日記のなかで、藤島派遣のことを次のように記している。

西園寺候　勅使にて発遣に付、同候より勧誘有レ之、旁藤島了穏密に航海渡韓準備をなす、然共之を表示しては山内に種々の論を生じ、為に大谷派に内情洩しては不二面白一、啻渡韓のみにては彼国僧侶排斥の弊有レ之に付、之を破ぶるに慰問贈与をなし、之を請れば夫に後日の便を開き、不レ受ば他日も甚不二面白一との考より檀断錦二巻等を携帯し、同候に随ひ、了隠渡韓の事定めしは八月二十日の夜也(30)

この日記の記述から、藤島の派遣が朝鮮布教で先行する大谷派に情報が漏れないように秘密裡に進められ、後の布教活動を円滑に進めるための準備工作が目的であったことがわかる。その活動は西園寺公望よりの勧誘によって計画され、京城の日本公使館も協力したことも日記に記されており、携帯した錦は朝鮮宮内大臣を経て韓廷に届けられ、別に大院君へも葡萄酒一ダースが贈られた。韓廷からは答辞とともに答贈の品が日本大使館に届けられ、藤島了穏は韓廷の各大臣に厚遇され、大院君の孫の李峻鎔とも親密に交流したようである。[31] しかし、藤島の派遣が一部の新聞に報道されてしまったため、本願寺派側はこれの打消しに躍起となり、それ以上の韓廷工作を進めることはできなかったようである。[32] 一〇月に朝鮮駐劄公使として赴任した井上馨が、藤島が最も深く交わった大院君を執政の座から排除したことの影響も大きかったと考えられる。

藤島了穏の渡航は、上記のような理由で大きな成果をあげることができなかったが、戦後を見据え朝鮮進出に動きだした本願寺派は、朝鮮布教を断念する事なく、さらに大洲鐵然を朝鮮に派遣した。大洲は、旭恢恩（兵庫福正寺）、大洲鐵也、高田栖岸（福岡万徳寺）、上原芳太郎（内事局員）を率いて、同年一一月一日に京都を出発している。[33] 大洲は日清戦争に関する全般的事項に対処するため本願寺派が設置した臨時部の部長であり、高田は臨時部書記であった。[34] その派遣は日本軍の慰問説教を名目としていたが、臨時部の責任者である大洲と事務担当者の高田を現地に派遣した実際の目的は、布教実施に向けて現地視察を行うことにあった。一行は、七日に仁川に到着後、翌八日京城へと至り、現地で井上馨全権大使と将来の布教方針を相談し、説教所敷地の検分を行い、井上公使の諒解を得て大円覚寺の境内跡地（現タプコル公園）一帯を朝鮮人名義で買収した。その後、旭恢恩・上原芳太郎は第一軍の慰問のため戦地へと向かい、大洲鐵然・大洲鐵也・高田栖岸とは高陽普光寺・北漢山重興寺などの主要寺院を視察して同月二九日に仁川を出立、一二月三日に京都に帰った。[35]

大洲鐵然の朝鮮布教計画

大洲は、帰国後の一二月七日に大学林の学生・教員を前に講演し、身命を賭して朝鮮布教に尽力すべきことを訴え[36]、一五日には、大谷光尊に対して「開教入費概算」を添付した「朝鮮国開教方法趣意書」を提出している[37]。

大洲鐵然の提出した書類では、政府が井上全権大使を派遣し朝鮮の政治改革を督促しつつあることに連動して、朝鮮人の意識改革を促すために真宗布教を実施すべきことが主張されている。その際、「朝鮮人民の腐敗せる道徳を一新し、其精神を蘇生せしめ」とか、「彼国従来の仏教は内に厭世的教義を立てゝ、外に現在祈福の標榜を設け、以て今日に存在せるのみ」などと述べられ、朝鮮人の精神文化・仏教のあり様には一顧の価値も認めておらず、朝鮮人を指導すべき日本仏教側の立場が強調されている。こうした主張は前述の朝鮮布教論と何ら変わらないものであるが、大洲鐵然の布教計画では、朝鮮僧侶の教育は想定しておらず、直接朝鮮人布教を行うことを主眼に置いて具体的所要経費まで算出していることが注目される。布教の方法は、①宗内青年僧侶を対象に朝鮮語の習得を含む布教使養成の実施と、②京城に朝鮮人子弟を対象とする普通教育機関を設置し傍らに宗教教育を行うことの二点であった。布教使養成は現地に一二名を三年間派遣し、初年度に二、三二八円、二・三年目に各一、七二八円を見込んでいる。普通教育機関の方は、初年度に創設経費を含めて一二、九〇〇円、二～五年目に各二、四〇〇円を見込んでいる[38]。

こうした多額の経費を見込んだ事業計画は、決して大洲の独断により立案されたものではなく、本願寺派はすでに一八九四年九月中旬に開催された定期集会で、朝鮮布教実施に向けた予算を計上していた。その予算額は、特使派遣費一五、〇〇〇円と別に、土地の購入費五、〇〇〇円、創業費二〇、〇〇〇円を見込んだ莫大なものであり[39]、現地を視察した大洲は、その範囲内でさらに具体的な経費算出をしたものと考えられる。西園寺公望や井上馨、日本公使館などが本願寺派の活動を支援したのも、そうした多額の費用を投下して行われる布教活動が、朝鮮における日本の影響力を強めることにプラスに働くと判断したためと考えられる。

その他の宗派では、浄土宗が一八九四年一一月に臨時公会で「朝鮮布教方案」を賛成多数で決議したが、費用などの問題もあり管長が追々実行する旨を述べたのにとどまった。(40) また同月、高野山大学林の学生二百余名が大本山東寺に朝鮮布教の資金募集のため各地を巡回することを陳情し、(41) 曹洞宗でも一一月に瀧田智融(岐阜龍泰寺)が、一二月に近藤良瑞が、それぞれ曹洞宗事務取扱に海外布教の実施を建議したが、(42) 戦時中に朝鮮布教に向けて目立った動きはなかったようである。

二　日清戦争後における各宗派の朝鮮進出

在留邦人の増加と日本仏教の朝鮮進出

日清戦争後に台湾を清国から割譲された日本が、次なる植民地の標的としたのが朝鮮であった。国民の朝鮮への関心も高まりを見せ、現地に渡航する日本人も急増した。図表1は、『日本帝国統計年鑑』により作成した朝鮮在留邦人数の推移である。これによれば、それまでも朝鮮の在留邦人は徐々に増加しつつあったが、終戦の一八九五(明治二八)年には、一挙に三千人ほど増加し一万二千人を超えている。

朝鮮における在留邦人の増加に対応して、日本仏教各宗派も台湾に次いで朝鮮への組織的進出を計画した。しかし、日清戦争直後の朝鮮においては、一八九五年一〇月の閔妃殺害事件を経て反日義兵運動が高まりを見せ、その後に親露政権が樹立されたことで、日本の侵略行動が一時的な停滞を余儀なくされた。このため、これに連動して

（図表１）朝鮮在留邦人数の推移

年	朝鮮計	京城	釜山	仁川	元山	木浦	鎮南浦	平壌	群山	城津	馬山
1881年	3,417										
1882年	3,622										
1883年	4,003										
1884年	4,356										
1885年	4,521										
1889年	5,589	597	3,033	1,361	598						
1890年	7,245	609	4,344	1,612	680						
1891年	9,021	780	5,255	2,331	655						
1892年	9,137	741	5,152	2,540	704						
1893年	8,871	823	4,750	2,504	794						
1894年	9,354	848	4,396	3,201	909						
1895年	12,303	1,840	4,953	4,148	1,362						
1896年	12,571	1,935	5,433	3,904	1,299						
1897年	13,615	1,867	6,067	3,949	1,423	206	27	76			
1898年	15,304	1,976	6,249	4,301	1,560	980	154	84			
1899年	15,068	1,985	5,806	4,118	1,600	872	311	127	249		
1900年	15,829	2,115	5,758	4,208	1,578	894	339	159	488	38	252

※各年 12 月末の数値を示す。

日本仏教の朝鮮布教も一時頓挫したが、反日義兵運動がやや沈静化した九七年以降、木浦・鎮南浦などが次々に開港して日本商人の活動が朝鮮全土に及ぶようになると、各宗派の朝鮮布教に向けた動きも再び活発化し、浄土宗・浄土真宗本願寺派・真言宗などが次々に朝鮮への進出を果たしていった。なお、九七年に李朝は、国号を「朝鮮」から「大韓帝国」に改めたが、本文中では以後も原則として「朝鮮」で表記を統一する。

日清戦争直後の各宗の動向

日清戦争直後に朝鮮で目覚ましい活動をしたのは日蓮宗であった。日蓮宗では、一八九五年三月、佐野前励が小林日董管長の代理として堀日温・渋谷文英を伴い入鮮し、京城へと至り内閣総理大臣金弘集宛に「韓僧入城解禁の建白書」を提出した。かつて李朝は、仏教に苛酷な抑圧を加え、僧尼が公然と都城に入ることも禁じてきた。しかし、この頃には、禁圧の対象がキリスト教や東学党に向けられたことで、仏教への抑圧は緩みつつあったようである。加えて、当時の金弘集内閣は、九四年六月の甲午農民戦争で出兵した日本軍が朝鮮に駐留し日清開戦へと向かうなかに成立しており、日本政府の強い影響下にあった。朝鮮政府で宮内府顧問を務め日蓮宗信者でもあった岡本柳之助の協力もあって、この建白書の直後に僧侶入城の解禁が閣議決定し公表されるに至った。(43)

戦時中から朝鮮布教の下準備を進めてきた本願寺派も、その実動に向けて宗派内機構の一層の整備強化を図った。一八九五年九月三〇日には、海外布教の専従組織として開教事務局を設置し、開教事務局職制を定めた。(44)その所掌事務には、「一内外国ニ渉リ開教一切ノ事務ヲ掌ル、二各師団及各鎮守府ノ布教、三戦時ノ従軍布教及戦死者追悼会ノ布教」と規定されている。戦時中から政府・軍部との密接な連携をとりつつ海外布教の機会を窺ってきた本願寺派にとって、海外布教は軍事侵攻とそれに伴って獲得した占領地・植民地の安定的支配に資するためのものと認識されていたのである。

これに先立つ同年九月一日には、中国語・朝鮮語を教授して海外布教に従事する僧侶を養成するため、清韓語学研究所が京都本願寺の門前に設立された。(45)しかし、設立の一〇日後に開会した定期集会では、早くも廃止についての論議がなされている。原因は、五〇名の募集に対して、入所希望者が予想外に少なく、一四、五人の入所に止まったためであった。しかし、朝令暮改の誹りを受けることを恐れた集会側は、語学力の習得のために現地に移した方が効果的との理由により、台湾・朝鮮に移設することを決議した。(46)しかし、会議のなかで「移転ノ言葉ヲ以テ自然消滅」との指摘もあったように、その後に現地で語学研修の施設が設置されることはなかったようである。(47)

一方、早くから朝鮮に進出していた大谷派は、一八九五年二月に釜山別院京城支院を京城別院に改め、翌月には京城和城台(南宇山)に別院建設敷地を購入した。(48)また大谷派は、朝鮮人対象の教育事業にも着手し、九五年八月京城に漢城学院を開設し朝鮮人子弟を教育するかたわら、仏教思想の普及を目指した(49)。釜山でも、九六年一一月に朝鮮人対象の日本語学校として草梁私立学院が設置された(50)。以上のように日清戦直後、日蓮宗は朝鮮僧侶の留学事業に、本願寺派は日本人青年僧侶の朝鮮布教者養成に、大谷派は朝鮮人対象の教育事業にそれぞれ着手して朝鮮人への布教を目指した。ところが、その事業は、現地での反日義兵運動の高まりのなかで、宗派の布教体制が整わないこともあり、やがて頓挫を余儀なくされていった。

反日義兵運動の高まりとその影響

日清戦争後の朝鮮では、反日義兵運動の高まりのなかで、日本政府と密接な関係の下に行われる日本仏教の布教活動に対しても、現地での反発も強まり、各宗派の布教活動は様々な障害に直面した。

例えば、一八九七年大谷派の奥村圓心は、大隈重信外相、近衛篤麿らを歴訪して、その支援の約束を取りつけ同年八月木浦での布教に着手した。しかし、現地の人々は挙ってその滞在を拒否したため、圓心は光州へ移り、妹五百子とともに現地で日本村建設を計画した。圓心の内命を受けた五百子が外務省に交渉して外務省機密費から補助金を受けることも決定し、九八年四月に五百子は、医師、教師、大工、傘張、素麺製造、農・養蚕業などの技術者などを随伴して光州に戻り、朝鮮人を対象とした韓国実業学校を建設した。しかしここでも、現地の人々が激しく抵抗して投石を繰り返し、翌九九年に奥村圓心・五百子は帰国に追い込まれた(51)。

本願寺派では、一八九五年一〇月に大洲鐵然とともに朝鮮に渡った高田栖岸が、そのまま留まって京城に取得した布教所建設予定地を管理し布教の準備を進めていた。しかし、親露派に転じた朝鮮政府の圧力により取得した土地を売却せざるを得なくなり、高田栖岸は暴漢に襲われ命からがら帰国している(52)。この影響もあって、本願寺派の朝鮮布教への姿勢は急速に後退していったようである。九五年九月開催の集会では、九六年の予算案として、台湾慰問視察一、〇〇〇円、台湾布教四、九〇〇円とともに、朝鮮布教予算として三、九四〇円が計上され、京城・仁川に各二名、釜山・元山津に各一名の派遣が計画されていた。[53]しかし、九六年一一月に本願寺派は、開教地の区域を「陸海軍所在、北海道、沖縄県、台湾、浦潮斯徳（ウラジオストク）、布哇（ハワイ）」と定め朝鮮を除外した。[54]同年九月開催の集会でも、台湾開教費一五、二三三円、浦潮斯徳開教費五二三円、布哇国視察費八四〇円は計上されたが、朝鮮布教の関係予算は計上されていない。[55]台湾に宗派予算を集中的に投下し、布哇開教にも着手する必要性から、リスクの高い朝鮮布教は一時的に中断する措置が採られたものと考えられる。

反日義兵運動により日本は、政治的な朝鮮侵略政策の後退を余儀なくされたが、一方で日本商人の経済活動はこの時期に盛んとなり、朝鮮の対外貿易においても日本が圧倒的地位を占めた。従来の開港地であった釜山・元山・仁川に加えて、一八九七年に木浦・鎮南浦、九八年に群山・馬山・城津が開港し、同年平壌が開市され、日本商人の活動は朝鮮全土に及ぶようになった。この結果、九八年当時、朝鮮在留邦人は、一五、三〇四人に達している（図表1〈121頁〉参照）。このため、大谷派・本願寺派などの朝鮮人を対象とする布教活動は大きな困難に直面したが、在留邦人が多く生活する居留地を中心に教線を伸ばそうとする宗派の動きが活発化していったのである。

反日運動沈静後の各宗の動向

反日義兵運動がやや下火に向かった一八九七年頃からは、大谷派・日蓮宗に加えて、本願寺派・真言宗・浄土宗が朝鮮進出を果たした。すでに釜山・元山・仁川などの居留地に布教拠点を築いていた大谷派と日蓮宗とは、朝鮮の中心地である京城を重要拠点と定め布教所・別院の建設に着手し、本願寺派・真言宗とは在留邦人が最も多く生活する釜山に布教の拠点を築いた。これに対して、この時期に一挙に朝鮮に教勢を拡大したのが浄土宗であった。浄土宗の活動について論ずる前に、日蓮宗・大谷派・本願寺派・真言宗の順にその教勢を概観しておこう。

親日政権下に、日蓮宗の建言により僧侶入城の禁が解かれたものの、特に京城で仏教の社会的影響力は低く、その後の親露政権樹立により入城の禁が復活するのではないかとの風評もあった(56)。そうしたなかで、長く朝鮮布教に従事してきた日蓮宗の加藤文教は、京城に布教拠点を築くことを重要課題と考えたようである。一八九七年に一時帰国した加藤文教は国内各地で演説会を開き、京城布教の必要性を説いて布教所建設の寄付金を募集した(57)。この結果、釜山(八一年)、元山(九三年)、仁川(九五年)に続いて、九七年に京城南山に日宗会堂が設立され、翌九八年七月には旭町に移り立正山護圀寺と称したようである(58)。しかし、いまだ在留邦人の少ない京城で布教所を新築するまでには至らず、京城が日蓮宗の朝鮮布教を統括する機能を果たすようになるのも、一九一八年に渋谷文英が朝鮮布司監に就任して以降のことであった(59)。

大谷派が九五年に京城支院を別院に改め、敷地を購入して別院新築を目指したことはすでに述べたが、大谷派では本願寺派の京城での撤退を踏まえ、李王室との密接な関係を築くことで、別院建設を円滑に進めることを目論んだようである。九八年六月京城輪番に着任した福田硯寿は、八月に宮内大臣宛に、別院を建設して開教の基礎を確立し併せて韓帝と皇太子の霊牌を奉安したい旨を申し出た。これに対し、李王室より金三、〇〇〇円の別院建設補助金が交付されている。しかし、当時の京城別院の寺務には種々の不手際があったようで、一九〇〇年に至ってようやく庫裏を建設し、これを仮本堂としたに過ぎなかった(60)。さらに〇三年に入ると、大谷派は石川舜台内局の放漫財政により深刻な財政難に陥り、海外布教の経費も大幅削減された。朝鮮布教関係の〇四年度予算は、京城別院四八〇円(〇三年度比三〇六円減額)、釜山別院四八〇円(〇三年度比九六六円減額)、元山支院一八〇円(〇三年度比一五四円減額）にまで減額され、木浦（〇三年度四五〇円）、鎮南浦（〇三年度五四〇円）、群山（〇三年度五一〇円）は全額カットという厳しいものであった。(61) この結果、大谷派の朝鮮での教勢は後退を余儀なくされていったのである。

一方本願寺派は、京城での布教の撤退を余儀なくされたが、釜山には千人を超える同派の門徒がいたとされ、一八九八年九月に中山唯然（山口県念西寺）が釜山に渡り出張布教場を設けた。その後、中山は一時帰国し本山に許可を求めたようである。信徒四百を有すると称していたが、大谷派の信徒も重複して算入しており、毎月一五日に行う説教には七十名ほどが参集したという。在留邦人中心の布教で、朝鮮人を対象とする意図はなかったようである。(62) これを受けて同年一二月に開催された集会では、九九年度から韓国開教予算を復活させ、開教使手当三〇〇円の予算案が提出されたが、(63) これは中山の手当として計上されたものと考えられる。翌一九〇〇年度の予算案では八五六円となり、〇一年度には一、一九八円あまりまで増額された。(64) さらに〇二年八月には、信徒より敷地の寄付を受け釜山別院の新築に着手した。建築費三〇、〇〇〇円は本山と信徒とが半分ずつ拠出する予定であったが、同年一一月に日本居留地からの出火の類焼により布教場が焼失し、別院建設計画も頓挫した。(65) 結局、本願寺派の朝鮮での教勢の伸長は日露戦争後を待たねばならなかった。

真言宗では、早くから在留邦人が大師信仰の講社を組織していたが、一八九八年に釜山に大師堂が建立された。建築費費用の四、八〇〇円のうち、本山東寺からの一、〇〇〇円の交付金以外は信徒約四百名の寄付によるものであったが、朝鮮人信徒は一人もいなかったようである。見田政照と岩田照懸の二人の僧侶が派遣され、毎月四回の居留民対象の説教が行われていた。(66)

浄土宗朝鮮布教の躍進

本願寺派が出鼻をくじかれ、大谷派・日蓮宗の京城進出も順調に進展しないのを尻目に、この時期に最も活発な朝鮮布教活動を展開したのが浄土宗であった。浄土宗では、一八九七年六月に三隅田持門が単身釜山に上陸し信徒松前才介の居宅に居留して布教を開始し、九月には信徒百名あまりの協力を得て釜山教会所を設置し、本山よりの許可も得た(67)。

これより先の同年七月に浄土宗務所は、海外布教視察のため白石暁海（山口県瑞相寺）と岩井智海との台湾及び朝鮮への派遣を決めた。両人は九月下旬に釜山に上陸し、三隅田の設立した教会所に立ち寄った後、京城に向かい三部経などを韓廷に奉呈した。その後、一二月に台湾を経て翌九八年一月に帰国している(68)。この視察を受けて、同年五月に浄土宗は次の通り開教区域を定めた(69)。

第一開教区　鹿児島県大島諸島、沖縄県
第二開教区　台湾各地・澎湖島
第三開教区　韓国京城、仁川、釜山、元山、木浦、鎮南浦
第四開教区　布哇

また海外布教の実動に向けて、開教費四、〇〇〇円、朝鮮開教費二、〇〇〇円、布哇開教費六〇〇円などの支出を決め、九月に白石暁海が第三（韓国）及び第四（布哇）開教区監督（国内在任）に就任した(70)。こうして同年一〇月には仁川教会所が、一二月に京城教会所が設置され、一九〇〇年四月には朝鮮全域の布教活動を統轄するため、廣安真

随（元浄土宗学本校校長、後に福岡善導寺住職）が初代韓国開教使長として京城に赴任し、京城教会所は浄土宗開教院となった。[71]

このように急速に朝鮮への布教体制を整備した浄土宗は、在留邦人向けの布教だけでなく、現地の朝鮮人への自宗勢力の浸透を目指して活発な活動を展開した。まず朝鮮僧侶の育成に関しては、一八九七年に白石暁海と岩井智海が朝鮮を視察した際に、通度寺の僧侶であった就賢・在英・大岸の三名を留学僧として日本に招聘した。この三名は九七年一一月に釜山を出発し、白石の自坊である山口県瑞相寺に滞在した後に上京し、東京小石川の浄土宗専門学院に入学した。浄土宗ではこの留学経費として年間三六〇円の経費を見込み、九九年頃には宗内の有志を募り別に四名ほどを徒弟として教育しており、将来は朝鮮僧侶全てに影響を及ぼす構想を抱いていた。[72]

朝鮮人対象の布教活動も、一八九九年一一月に管長代理として朝鮮を巡教した堀尾貫務が、韓帝に接見して浄土宗布教の意思を奏聞し、翌一九〇〇年九月に廣安真随により朝鮮人対象の布教活動が始められた。[73] 〇一年二月には韓帝・閔妃・皇太子の霊牌を安置し、同月に朝鮮人信徒で組織する浄土宗京城教会を設立した。その設立趣意書では、政治と宗教とが治国の二大機関であることを主張しており、朝鮮民衆に国家的観念を鼓吹することを目的としていたようである。当初入会者は百名ほどであったが、同年末に会員は五百名を超え、さらに翌〇二年七月頃には千名近くまで増加した。[74]

一九〇一年六月には、朝鮮人子弟を対象とする日本語学校として開城学堂を開設した。日本語に加えて、算術・地理・歴史・修身・体操の六科目を教授し、当初入学生は三四名で、地元開城府の富豪名家の子弟が多かったという。同年、水原でも華城学堂という日本語学校が設置されたようである。[75]

元興寺の創建と浄土宗への圧力

浄土宗は、一八九七年以降わずか数年間で、朝鮮人対象の布教・教育事業を次々に手がけ、急速に教勢を拡大させていったが、現地ではこれを警戒し、その活動を抑制しようとする動きも出はじめた。一九〇一年一一月、浄土宗の動きを批判して朝鮮仏教の復興を韓廷に進言するものがあり、『日出国新聞』は次のように報じている。

朝鮮宮内府警衛院の総管李根澤は国書に上書して日本浄土宗の開教徒が布教せるは底意に恐るべき秘密あるが如し寧ろ韓国在来の浄土宗を拡布するに如かずと陳奏したるより宮内府は東門外の鸞尾亭を買取り紹興寺(元興寺の誤記か)を建築し揚州郡の天竺寺より仏像を移し来り、且つ日本浄土宗に帰依したるものを一切捕縛すなと言触して盛んに日本の布教を妨害せりと[76]

浄土宗の布教の底意とは、朝鮮仏教や朝鮮人を支配下に置いて日本化しようとする侵略的意図をいうのであろうが、この進言者の見解は強ち的外れではなく、日露関係が緊迫化するなかで、その傾向は一層明確になっていった。韓廷の側もこの建議を容れて、一九〇二年に京城に元興寺を創建して、これを全朝鮮仏教の総宗務所とし一三道の寺刹を総括する官制を定めた[77]。

浄土宗教会への妨害行動も実施されるとの風評も立ち、危機感を募らせた廣安真随らは、公使領事にその事情を陳情して保護を求め、管長へも陳情書を提出した。そこには次のように記されている。

韓国人民の外国教育に入るものは概ね教会に頼りて精神上の安慰を求むると同時に生命財産の保護を希ふを

常とするにも拘らず教会に入りし故を以て捕縛殺戮の悲惨を見るが如きに至りては韓国開教は絶望のみならす延て我国権を傷け候[78]

ここには、朝鮮人信徒が宗教的意図というより、現地官憲から自ら生命と財産を守るため日本政府の後ろ盾を期待して浄土宗教会に集まったことを率直に語っている。そして、その期待に対応できないとすれば、浄土宗の朝鮮布教だけでなく、日本政府の威厳にも関わると述べている。

実際、そうして集まった朝鮮人信者のなかには、浄土宗教会の幹事であることを利用して、不正行為を働くものもいたようであり、元興寺創建の直後に在留邦人の側からの要求により、こうしたあり方を是正するための教会改革が断行されたようである。それによれば、不心得の朝鮮人信者の存在が、韓廷側の猜疑心を募らせ、浄土宗の抑圧に繋がったとし、次のように述べている。

由来教会に加入せる多くの韓人は唯道徳一遍の信仰心のみに出るに非らずして種々利己的空想を抱き其希望を貫徹せんか為め教会を利用せんとするもの多し(中略)蓋し浮薄、阿諛、詐譎、貪欲、等は韓人の有する特性なればなり斯の如き野心を有せる餓鬼の輩も始め入会の際は殊勝を装ひ謹て帰敬式を受け以て其仮面を覆ふがゆへ玉石更に判明しがたく而して已に入会したる后一朝若し彼等の希望即ち空想の意志貫徹せざるあらんか直に罵詈讒誣新聞に落書にあらゆる中傷的妨害をなすのみならず他の無意味の会員迄偽言以て雷同せしめ供に社会に向つて種々悪意的捏造説を伝播し恬として恥ちざるが如き状態なれは一朝彼洪如き奸物の其隙に乗ずるあらんか輙ち附加雷同悪漢の手足となり以て利己的悪意を援助するに至るは最も容易なることなりとす[79]

この文には、朝鮮人信者への強い不信感と偏見とが示されており、続けて、朝鮮人役員を全て解任して朝鮮人信者に権限を与えることを止め、日本人信者の管理下に置く措置がとられたことが説明されている。

一方、廣安真随らは韓廷からの弾圧を回避するため、種々努力をしたようである。韓廷に対しては、浄土宗の教義と歴史などの概要を記した「浄土宗撮要」を提出し、その朝鮮語訳を一般にも配布して、浄土宗への理解の深化を図った[80]。また廣安は、一九〇三年一一月に挙行された元興寺開堂式にも出席して、次のように述べて、浄土宗の朝鮮布教の意図が朝鮮仏教の復興にあることを強調した。

> 仏法中興は伽藍建立にあらす知識発展にありと知識を発展せしめむと欲せば先僧侶の地位を高め城門の出入を自由ならしめ又京城内に仏教学校を設立して八道の僧侶を教育すべし又僧侶の俊才を挙けて日本浄土宗学校に留学せしむべし此等の順序を逐て実行せらるれは数年の間に韓国の仏教面目を一変することは予の保証する処なり[81]

その努力もあって、浄土宗への抑圧はあまり大きなものとはならなかったようである。しかし、元興寺創建を機に起こった一連の出来事は、日本仏教が朝鮮人を布教対象としていく上で、朝鮮社会との軋轢、利益を求めて入会してくる朝鮮人信者への対応など、いくつかの課題のあることを浮き彫りとする結果となった。そして何より問題であったのは、朝鮮人に真の信仰心を根づかせることに主眼を置かず、教団勢力の拡大のみを追求する姿勢であった。ところが、これらの課題に真摯に向き合い乗り越えていく努力がなされないまま、日露戦争後には各宗派による朝鮮寺院の支配下競争が激化していくことになったのである。

三　日露戦争後における朝鮮寺院の末寺化競争

日露戦争後の各宗の動向

一九〇四（明治三七）年二月、日本政府は対露開戦に先立ち、朝鮮に軍隊を送って日韓議定書を強制的に調印させ、朝鮮での自由な軍事行動と内政に干渉する権利などを認めさせた。さらに日露戦争後の〇五年一一月に伊藤博文を特派大使として派遣。第二次日韓協約を結んで外交権を奪い、同年一二月には統監府が設置された。

一方、日本仏教各宗派は日清戦争の際に増して活発な戦争支援活動を展開し、多くの従軍布教僧を派遣し[82]、戦後、朝鮮の日本による支配が決定的となると、各宗派の朝鮮進出も一層活発化した。まず本願寺派は、朝鮮での劣勢を挽回すべく本格的な布教活動に乗り出した。一九〇五年一二月には「開教地総監規程」を制定、清国・韓国・樺太に開教総監を置くことが規定された。一八九六年一一月に開教区域から外された朝鮮（韓国）も開教総監の設置区域とされ、韓国開教総監に大谷尊寶執行長（兼務）が任命された[83]。翌〇六年六月に懸案であった釜山布教場が新築落成し、同年一一月には京城の龍山本願寺出張所も落成して、その開所式が盛大に行われた。来賓を代表して伊藤博文統監は「西本願寺を始め、韓国の布教を図るは今日各宗の現況なるか、宗教の本義を韓国民に宣布し、以て誘導の実を挙けんとする至極結構な事なり」と祝辞を述べた。さらに〇七年には韓人教会が組織され、翌年には大聖教会と改称されて活発な朝鮮人対象布教が行われた[84]。

大谷派では、日露戦争前に本山財政の逼迫により朝鮮布教予算が大幅に減額されたが、戦後は海外布教への宗派機構を再編すべく一九〇六年八月に「海外開教条規」を制定した[85]。現地では京城別院の本堂建築が大きな課題であったが、井波潜彰輪番らの尽力により〇五年一月から建築資金の募集に着手し、李王家からの交付金もあり、翌〇六年一一月に落成した。[86]大谷派でも朝鮮人信者数は大幅に増加したようである。大谷派の韓人教会は〇二年一〇月に発足したが、日露戦争後に四千人に達し、〇六年には五千名近くまで増加した。[87]京城別院内には朝鮮人対象の学校も設置され、日本語や高等小学校程度の教育が行われたようである。[88]

日蓮宗では、一九〇六年三月日宗海外宣教会有志が朝鮮布教の積極的実施を求める請願書を豊永日良に提出し、これを受けて「布教条例」中に「海外布教規則」が制定追加され、海外布教の宗派内の位置づけが明確にされた。[89]京城の護圀寺では、〇八年当時に朝鮮人信者約三百戸（日本人約二百五十戸）であったのに対し、一一年頃には約五百戸（日本人約二百戸）に増加している。[90]真言宗でも〇六年に高野山仮教会所を京城に設置し、信者の寄附により同年一〇月に寺院を創建し、入仏式は釈雲照を招いて挙行した。翌〇七年に光雲寺の寺号と高野山教会支部の設置の認可を得ている。[91]

浄土宗の朝鮮仏教支配の目論み

以上のように、日本仏教各宗派は、日露戦争後に海外布教に関する法規を整備し、朝鮮での布教拠点も築き、朝鮮人信者も大幅に増加した。特に浄土宗の場合は、一九〇六年の段階で、朝鮮人信者が五、六万人いたとも言われているが、[92]〇五年七月『中外日報』は、朝鮮人信者が急増した経緯を次のように報じている。

韓人にありては自ら其数大に増加し、殊に本年一月以来は頓に増加の傾向あり、是れ蓋し戦勝の結果にして、日に日本の勢力強大なるを以て、眼前の利に敏き韓人等は身体財産の安全を期せんには何事に不拘、日本の勢力を藉らざるべからざるを知り、ために続々入会を申込み来れりと、故に信徒中一朝入獄する等のことあるも、我信徒なること判明せば当該官吏に於て不法の取扱をなさず、其他社交上に於ても少からぬ便宜あるに依ると云ふ(93)

さらに同年一一月『中外日報』は、木浦での浄土教の朝鮮人信者の状況を次のように報じている。

先づ浄土宗に入るものは日韓条約の締結と共に罷免の不幸に逢へる韓国官吏の不平党又は東学党の余党の如き無頼悪漢のみにて日本宗教を利用して一種の教民を造り人民の生命財産を保護せんと云ふ韓人の希望を利用して自家の勢力を扶殖せんとし（中略）若し同教会員中に法律に抵触し警務官に捕へられたる時は教会員多数押寄せて之が解放を迫るの協約なるを以て近々続々入会するもの其多くは日本排斥党の分子の集合なりと云ふ(94)

こうした状況は現地でも問題となっていたようであり、浄土宗の機関紙『浄土教報』は、『大東新聞』『漢城新報』など現地発行の新聞記事を紹介した上で、次のように弁明している。

韓国に於て我宗が第一位を占むる位に達せる今日、彼地に於ける新聞に、浄土宗の僧侶は到る処、日本の権威を笠に着て所在地方官を侮蔑して往々其命令に抗することのあるとか愚昧なる人民を瞞着して理由なき金銭を捲上ぐることを専務とし居れりなど伝ふるものあり、内地の新聞にも此と同様なる電報又は通信文の伝はりしものあるが、此は針少棒大の伝説にて、其根源は松岡前開教使長が、其身許性行等を能く〳〵調査せず、日本の勢の大なるに乗じて之を利用せんとする輩をも、一定の入会金を納むれば本宗教会員として入会を許し各処に浄土宗韓人教会を設立したるに端を発したるものにて、彼等の中には単に教会員と云ふ名を得んが為めに入会したるものあり、其中の一類の徒が地方に於て一進会員と衝突したる事件あり、此事を伝へ、さらに他宗の人々が嫉妬半分に大袈裟に伝へたるものが、新聞に顕はるゝに到りしもの也[95]

あくまで一部の不心得者の行動を大げさに報道したものとしているが、こうした事態は、すでに記述したように、日露戦争前から表面化していたものであり、日露戦争後に問題が大きくなることは当然予想できたはずであった。しかし、浄土宗は適切な対応を考慮せずに、茶菓の饗応や日当を支払ってまで朝鮮人信者を集め教勢の拡大を誇ってきたのであり[96]、問題の拡大は当然の結果であったと言える。

また浄土宗は、この時期に朝鮮仏教の支配を目指す侵略的姿勢を鮮明にしていった。一九〇六年二月八日、浄土宗は朝鮮仏教側に働きかけ、浄土宗主導による朝鮮僧侶の教育・研究事業の実施を求める請願書を提出させた。この請願書には、元興寺・普光寺・奉國寺・開運寺・白蓮寺・津寛寺・慶國寺・華渓寺・三幕寺・華陽寺・奉元寺などの住職が連署し、「本僧等は浄土宗に参会して年を経たり開教使は特に京郷僧侶の為に研究会を創設して学校を設始し新学問の教育方針を計り将に研究せしめられむとす、右許可相成度茲に伏て請願候也」と記されていた。一九日には内部大臣よりの許可を得て、浄土宗研学会と称して日本語と浄土宗義の教授が開始されることとなった[97]。

また同年三月に韓僧日語学校が開校し、京城開教院で百余名の朝鮮僧を招いて盛大な開校式が挙行された。当初学生は二十余名であった[98]。しかし、この学校設立に際してかなり強引な寄付を朝鮮寺院に迫り、朝鮮僧侶の多くから反感を買ったようである[99]。韓僧日語学校は、後に明進(新)学校と称し通度寺内に置かれたようである[100]。ところが、朝鮮仏教と浄土宗との連携が緊密化すると、朝鮮仏教界でも賛否議論が激化した。さらに浄土宗僧である日本人教師が、通度寺の浄土宗末寺化を策謀して追われる事件が起こると、浄土宗との提携に対する反対運動が活発化し、明進学校も廃校となった。(101)

浄土宗の布教は、かつての本願寺派や大谷派のように、日本政府の直接的支援・協力を受けてなされたものではなかった。しかし、日本の国威を背景に朝鮮人信者を獲得し、朝鮮仏教を支配下に置こうとする方向性を有するもので、朝鮮布教に明確な理念を提示するものではなかった。こうして浄土宗の目論みは失敗に終わり、以後朝鮮仏教界における浄土宗の影響力も急速に低下していったのである。

朝鮮寺院支配と統監府の対応

日本仏教各宗派は、朝鮮人布教にも、朝鮮僧侶教育にも目立った成果がなかなか現れないなか、性急に布教成果を求めて朝鮮寺院を支配下に置くことに精力を傾けていったようである。こうした日本仏教側の意識を次の前田慧雲(東洋大学学長・本願寺派僧侶)の発言は如実に示していると言えよう。

朝鮮の僧侶をどうするかといふと、従来永く排斥されて居たものだから現今何等の勢力無く、また僧侶其ものが非常に無学文盲の者が多いので、それをどうするといふことは、これ亦たなか〳〵の困難であらうから、それは最う其儘にして置いて、我邦から各宗派の布教師を続々派遣することにするのが宜からう。(中略)尤も朝鮮僧侶は仕方が無いとしても、其等の寺院をどうするか。中には随分立派の寺もあるさうだから、我が各宗派当路者は将来其等寺院の処置に就ても大いに考究せなければなるまいと思ふ。(102)

ここでは、もはや朝鮮僧侶の教育事業やそれを通じての朝鮮人教化も軽視され、朝鮮寺院を支配下に置くこと自体が目的化されている。浄土宗の朝鮮布教でもそうした傾向が表面化していったのであり、こうした姿勢に対して朝鮮仏教界から真の協力を得られるはずもなかったことは言うまでもない。しかし、浄土宗の失敗にもかかわらず、日本仏教各宗派は以後も挙って朝鮮寺院を支配下に置こうとする行動に出たのである。

こうした日本仏教の動きに対応して、統監府も当初はこれを容認する姿勢を示した。統監府は一九〇六年一一月に「宗教ノ宣布ニ関スル規則」を制定し、日本国内の宗教団体が朝鮮で布教する際の必要事項を規定した。(103) そこでは、布教責任者や布教者の選任、宗教施設の設置などに対する統監府の許認可事項が定められたが、各宗派の布教責任者が韓国寺院を管理する場合の次の規定も盛り込まれていた。

> 第四条　教宗派ノ管理者又ハ第二条ノ布教者其ノ他帝国臣民ニシテ韓国寺院ノ管理ノ委嘱ニ応セムトスルトキハ必要ナル書類ヲ添ヘ其ノ寺院所在地ノ所轄理事官ヲ経テ統監ノ認可ヲ受クヘシ

この規定は、日本仏教が朝鮮寺院を従属化に置くことを追認するものであり、従来地方官憲から苛斂誅求や寺領財産の搾取を受けてきた朝鮮寺院の側も、日本仏教の保護下に入ることで日本軍や官憲の保護も得られることを期待した。こうした事情から、宗教ノ宣布ニ関スル規則の施行以降、日本仏教各宗派が朝鮮寺院を従属下に置いて末寺化する動きが加速化することになった。

朝鮮寺院末寺化競争の激化

それでは、各宗派が朝鮮仏教を支配下に置くためにどのように行動したかを、次に見ていこう。早くから朝鮮に進出した大谷派は、すでにこの規則以前に梵魚寺・海印寺・直指寺などを実質的に支配していたようだが、規則発布後の一九〇七年二月頃、海印寺・通洞寺などの大寺のみ一七、八カ寺から合同で保護の要請があり、統監府と協議してこの要請を受け容れることとした。[104]『朝鮮開教五十年誌』によれば、慶北金山郡直指寺・平北博川郡深源寺・江原鉄原郡四神庵・京畿果川郡恋主庵については、総督府の認可を得て管理下に置き、平南安州郡大仏寺など一五カ寺からも保護の申し出があったという。[105]釜山別院でも、〇七年春に東莱府仙厳寺・機張郡安寂寺から保護の委嘱があり、黄海道黄州郡の成佛寺の顧問となった長岡義秀は、同寺とその末寺八十カ寺を一括して大谷派に帰属させる野心を抱いていた。大谷派全体としても、韓廷との密接な関係を利用して、大小三百カ寺を末寺化する計画があったようである。[106]

日蓮宗でも、旭日苗が平壌近くの牡丹台永光寺に居住し、その実権を掌握するとともに近隣の名刹を占領する計画を立てていた。[107]遅れて朝鮮布教に参入した本願寺派の場合は、さらに積極的な行動に出たようである。本願寺派では、一九〇七年四月に統営龍華寺より保護の出願があったのを手始めに、一一年の段階で末寺台帳に登録された寺院は百カ寺に達し、そのなかには奉先寺・麻谷寺・威鳳寺・普賢寺・龍珠寺・松廣寺などの有力寺院も含まれていたという。[108]

各宗派が朝鮮寺院の末寺化に向けて凌ぎを削るなかで、朝鮮寺院を一括して支配下に置くことを企意したのが曹洞宗であった。曹洞宗では、一九〇〇年に東京総泉寺の住職木下吟龍の発起により曹洞宗海外布教会が設立され、全国各地に委員部を設置して会員を募集した。秋田県の委員部長の北村孝仙が朝鮮布教の必要性を訴える文書を各地に送付するなどして協力を呼びかけ、翌〇一年に布教会は村松良寛を釜山に派遣し布教所の設置に着手した。しかし、釜山領事・幣原喜重郎の反対に遭うなど困難な状況に直面して、その事業はなかなか進展しなかったようである。〇四年に至って村松良寛は、宗務当局から正式な朝鮮駐在の布教師として辞令を受理したが、同年に病のため急逝し、その後任として派遣された長田観禅によって翌〇五年一二月に釜山総泉寺が建立された。(109)

武田範之と円宗併合計画

このように曹洞宗の朝鮮布教は、他宗派から大きく遅れてはじまったが、これを挽回して一挙に朝鮮仏教全体の支配を目論んだのが、同宗僧侶の武田範之であった。(110)武田範之は、一八六三（文久三）年久留米藩士沢之高の三男として生まれ、一一歳のとき福岡県三井郡草野町の医師武田貞祐の養子となったが、養家を出奔して諸国を放浪した。八三年に越後妙高の宝海寺で仏書を読んだ武田は、曹洞宗顕聖寺の根松玄道のもとで出家して曹洞宗僧侶となった。その後、朝鮮問題に関心を抱いて日清戦争以前から数度にわたって渡鮮し、玄洋社の同志と日清開戦の端緒を作るため天祐俠を組織して活動した。戦後は閔妃殺害事件にも関わって日本に送還投獄されたが、一九〇六年に統監府嘱託となった黒龍会主幹内田良平とともに渡鮮すると、東学党の流れを汲む李容九が率い百万名の教徒を有する侍天教の顧問となった。李容九は親日的政治団体である一進会の会長でもあり、内田・武田とともに日韓合邦運動を推進した人物であった。

朝鮮布教に消極的であった曹洞宗当局も、日露開戦後には朝鮮布教に向けた宗内体制の整備に着手した。一九〇七年八月から新井石禅教学部長が朝鮮を視察に訪れ、(111)同年末に開催された第一一次曹洞宗議会では、次のような「曹洞宗開教規程」の制定が決議され、翌〇八年二月に公布された。

第一条　宗務院ハ韓国枢要ノ地ニ布教所ヲ設置シ左記各号ノ事業ヲ挙行ス
一　韓国駐在ノ文武官僚及居留人民ニ布教スルコト
二　韓国駐在ノ守備軍隊ヲ慰問シ及之ニ布教スルコト
三　韓国官民ニ布教シ及其ノ僧侶ヲ教導スルコト
四　必要ニ応シ教育機関ヲ設ケ居留人民及韓国人民ノ子弟ヲ教育スルコト
第二条　左記各所ヲ第一期開教地トシ漸次教域ノ発展ヲ謀ルモノトス
京畿道　京城
同　　龍山
同　　仁川
慶尚南道　釜山
平安南道　平壌
平安北道　龍巌浦
忠清南道　太田
前記ノ外布教ノ必要ニ逼リ若クハ開教ニ便宜ナル地方ニ限リ臨機布教ヲ開始スルコトアルヘシ
第三条　韓国ニ管理一名布教師若干名ヲ置ク（以下略）(112)

曹洞宗議会で新井石禅は、釜山のほか、一九〇六年に入って、京城に愛媛県隆昌寺の住職大隆大定が日韓寺を、太田に熊本県天草瑞林寺の徒弟鶴田機雲が太田寺を、龍巌浦に大分県梅松寺の徒弟平山仁鳳が龍巌寺をそれぞれ建立したことを報告している。その上で、朝鮮布教が将来的に成功の見込みのある事業であることを強調し、他の地域にも布教拠点を築くことを目指し規程案を付議したとの趣旨説明を行っている。ただし、朝鮮僧侶の教育事業に関しては、浄土宗の事業が見るべき成果を上げていないことを踏まえ消極的な発言をしている。また議会では、朝鮮布教の準備費用として歳出臨時部より七千円（内、二千円は釜山新寺創立費補助金）を支出することも決議した。[113]こうして〇八年七月には、武田範之が曹洞宗朝鮮布教監理に任命された。

一方、前述の浄土宗との提携破綻により、一九〇七年六月に元興寺内の仏教研究会の会長は李宝潭から李晦光に代わっていた。翌〇八年三月には、各道寺刹代表五二人が元興寺に集まって円宗々務院を設立し、李晦光がその大宗正に選出された。武田範之と密接な関係にあった李容九は、李晦光に対し、将来的に日本仏教の援助を受ける必要性を説き、武田を推薦した。以後、武田範之と李晦光との間で、曹洞宗と朝鮮仏教との合併の計画が進められることとなった。[114]

四　朝鮮総督府の宗教行政と日本仏教

曹洞宗の「併合」計画と寺刹令

一九一〇（明治四三）年八月、日本政府は日韓併合条約を強要し、九月に朝鮮総督府官制を公布、一〇月には寺内正毅が初代総督に就任した。この間の年九月、李晦光は七二カ寺の委任状を携え来日し、一〇月六日に曹洞宗との間で連合条約七条を締結した。この条約は実質的に円宗が曹洞宗の従属下に置かれる内容となっていたが、李晦光は帰国後、全文を示さず対等の連合が成立したとだけ報告し、曹洞宗の側は、若生國榮（兵庫圓通寺）を総督府に派遣して円宗々務院設立認可申請書を提出した。ところが、この条文の内容が通度寺側に漏れたことで、韓龍雲・朴漢永らによる反対運動が起こり、反対派は臨済宗を標榜した。総監府の側は、曹洞宗の申請に対し許可も却下もせず保留を続けたが、日本仏教宗派の主導権争いにより朝鮮仏教の分裂対立が激化することが、植民地統治上に好ましいものでないことは明白であった(115)。

こうして一九一一年六月に寺刹令が、翌月に寺刹令施行規則が発布され、同年九月から施行された(116)。寺刹令と同施行規則は、朝鮮寺院の管理・運営について定めたものである。第五条に「寺刹ニ属スル土地、森林、建物、仏像、古文書、古書画其ノ他ノ貴重品ハ朝鮮総督ノ許可ヲ受クルニ非サレハ之ヲ処分スルコトヲ得ス」と規定されているように、朝鮮寺院の所有財産の保護を重要視しており、その目的が日本仏教各派による朝鮮寺院支配を規制する点にあったことは間違いない(117)。

しかし朝鮮総督府は、朝鮮仏教の自主性を認め、その健全な発達を促す方針をもっていたわけではなかった。住職の任命、財産の管理、布教法要の実施、寺法の制定などを朝鮮総督・地方長官の認可制とし、細部にまで立入って介入し、直接的に統制支配することが第一の目的であった。そのため、三十本山(後に三十一本山)を指定して全国の千三百余の寺院との本末関係を規定し、円宗々務院を廃して三十本山会議所と改め、朝鮮仏教を一宗に限定し統括する方針を徹底させた。さらに一九一二年一月に京城に本山住持会議を開催して寺法の均一化を促し、一五年には総督府主導のもと三十本山連合制規を制定し京城覚皇教堂に連合事務所を置いて、一元的支配システムを整備させた。これに対して、寺刹令への朝鮮仏教の反対運動も根強く行われた(118)。

総督府の抑圧策と朝鮮人信徒の減少

（図表２）仏教・神道・キリスト教の信徒数の推移（1907年～ 1915年）

	1907年	1908年	1909年	1910年	1911年	1912年	1913年	1914年	1915年
仏教信徒数（日本人）	27,955	29,939	34,365	34,257	34,693	58,342	64,701	69,010	86,020
仏教信徒数（朝鮮人）	8,008	13,208	16,520	27,392	32,365	24,645	9,997	7,832	7,854
神道信徒数（日本人）	1,876	2,327	3,825	7,823	11,018	7,989	7,799	9,403	25,365
神道信徒数（朝鮮人）	440	306	1,171	3,086	9,427	5,312	4,765	4,051	10,585
キリスト教信徒数（朝鮮人）	50	—	—	404	548	271,478	171,980	188,674	264,284

①朝鮮総督府編纂『最近朝鮮事情要覧』第二版（1912年発行）、大正4年版、大正6年版掲載のデータにもとづき作成。なおこの資料は、中西直樹編『仏教植民地布教史資料集成（朝鮮編）』第二巻（三人社、二〇一三年、以下『資料集成』と略記）に収録されている。
②キリスト教信徒数は、1912年以降の一部が後になって修正されており、1911年以前のものは実数と大きくかけ離れていたと推察される。
③『朝鮮ニ於ケル宗教及享祀一覧（大正一五年八月）』は、一九一五年の日本仏教の日本人信徒数を93,461人としており、上記人数と多少相違している。また朝鮮仏教の信徒数を57,023人（日本人・朝鮮人・外国人の内訳は未詳）としている。このことから、データに不確かな点はあるものの、上記の仏教信徒数は、日本仏教のみの信徒数を示しており、朝鮮仏教の信徒数に関する調査は行われていなかったものと考えられる。

すでに統監府の時代から、日本仏教各派の動きは警戒され、その朝鮮進出は抑制される傾向にあったようである。一九〇九年九月、『中外日報』所載の「政府の朝鮮開教に対する措置を論ず」は、キリスト教が優遇されているのに対し、仏教は「継子扱厄介者扱」されているとしており、[119]翌年以降、総督府が仏教各派の活動を妨げたり、許可しないケースも増えていった。[120]一一年に入ると、日本仏教の布教に制限を加える規則が発布されるという憶測がかなり広がっていたようである。[121]

こうしたなか、総督府の日本仏教の布教への抑制の方針が明確に示されたのが寺刹令であり、[122]これ以降に日本仏教の朝鮮人信徒数も減少していった。それ以前は、日露戦争を契機として、日本仏教の朝鮮人信者が急増したことはすでに述べた。しかし、これらの信徒のなかには、日本の植民地支配により罷免された官吏や東学党余党なども含まれ、日本仏教を利用して自己勢力を拡大するため信徒となった者も多く、真の意味で信仰を有する朝鮮人信徒は極めて少数だったと考えられる。一九一一年七月『中外日報』に掲載された某朝鮮通の論説に至っては、日本の僧侶が朝鮮寺院の財産を掠奪することに主眼を置いているため朝鮮人からの信用がなく、「朝鮮人に対する布教は今現に少しも出来て居ないといってよい位である」と述べている。(123)

このため、同年に寺刹令が発布され、総督府が日本仏教の朝鮮人布教に何ら便宜を図る意向のないことが明らかになると、図表2に見るように、朝鮮人の信徒数は急速に減少していった。

在留邦人対象布教への転換

かつて、日本政府にとって、その侵略政策に沿って布教活動を行う日本仏教の存在は、一定の利用価値があったかもしれない。しかし、韓国併合の後、宗派間で朝鮮仏教に対する主導権争いを繰り広げ、日本の国威を背景に形式的な朝鮮人信者を増やすだけの日本仏教の朝鮮人布教は、もはや総督府にとって厄介な存在となった。こうした事情を、安藤鐵腸(正純)は次のように指摘している。

若し確乎たる根本方針あり、新附の民を導て教化に浴せしめ得るとの自信あらば他を顧みずして大に進前すべし、然れども吾人の見る所を以てするに、此の確乎たる方針は各宗の何れに於ても定まり居らざるが如く、只朝鮮併合に誘導されて教域拡張といふ、殆んど無意識的の内促に依り、頗る乏しき意味に於て、大挙伝道、開教活動といふ現象を生じ来れるにあらざるか、(中略)思ふに政府とても各宗の競争的布教には心中頗る有り難からざらん、又今の政府は政策上一宗門を抜擢して之に新国民の教化を委ねん抔の大量はなかるべく、言はゞ各宗の方では忠義立てして窃かに御機嫌を窺へども、政府は寄らず触らず、即かず離れずの方針を取り、曖昧

の間に之をあやしつゝあるなり、仏教各宗の不見識もさることながら、政府の狭量、浅見も亦愚かといふべし[124]

朝鮮人側に日本仏教の動向が総督府と一体のものと理解されている状況下で、日本仏教の侵略行為は、総督府にとって迷惑な存在でしかなかった。むしろ、朝鮮仏教を日本仏教から切り離して直接一元的に統制管理し、朝鮮人民に浸透させていった方が、植民地支配に有効であると判断したと考えられる。

一方、日本仏教各宗派にとっても、朝鮮寺院を支配し朝鮮僧侶を活用する道が抑制されると、朝鮮語を話せる布教者を育成することは、時間と費用の要する面倒な仕事となった。そうした手間をかけるよりも、併合後増加しつつあった経済的に豊かな在留邦人を布教対象とした方が手取り早く教勢を伸張できたのである。こうしたなか、一九一七年巡教のため朝鮮を訪れた大谷派の法主大谷光演（彰如、句仏）は、次のように述べている。

> 大谷大学に朝鮮語でも入れて、大に将来鮮人教化に尽したらと言ふ人もあり、又左様に思ふものもあるでせうが、私の考ではそれは徒労であり且つ役に立つにしても迂遠だとおもひます、而して私の鮮人教化に対する断案は何かといふに「彼等を完全に教育し、彼等に大和民族の血を入れよ、而して後に初めて教を説くべし」といふのです、寧ろ鮮人の天才ともいふべき語学の能力を応用して日本語を一日も早く普及せしめるが捷径であると信じます[125]。

ここでは、朝鮮人本位の布教は放棄され、日本語教育が徹底され朝鮮人の皇民化が実現した後に、はじめて朝鮮人布教に着手するという方向性が示されているのである[126]。

こうして、その後の各宗派は、朝鮮人布教を次第に縮小し、在留邦人の信者獲得に意識を集中させていったようである。[127]そこで採られたのは、在留邦人の内地での所属宗派と寺院を調べて、その宗派の信徒に引き入れる方法であった。[128]江戸時代からの寺檀制度により所属宗派・寺院が決められてきた在留邦人は、内地と同じ宗派に所属する場合が多かったため、この方法は有効であった。しかしそうなると、積極的に布教活動を行う意味は失われていったと考えられる。こうして、教勢伸張に向けた宗派間の抗争が収まっていった代わりに、布教活動自体も沈滞していった。また内地に多くの信徒を有し、多くの在留邦人の出身地である西日本に強い基盤をもつ本願寺派が、他宗派を圧倒していくこととなった。[129]

布教規則・神社寺院規則の制定

一九一一年九月の寺刹令施行と前後して百五人事件が起こり、寺内総督暗殺を企てたとされる容疑者一〇五名に重刑が言い渡された。しかし、暗殺の事実は、愛国啓蒙運動の残存勢力を根絶やしにするため、総督府が捏造したものであったと言われている。

この事件にはキリスト教者も多く関わっていたとされたことから、総督府のキリスト教優遇の宗教方針が変化するのではないかという希望的観測を抱いた仏教者もあったようだが、[130]その後も、キリスト教を牽制しつつ懐柔しようとする総督府の方針に大きな変化はなかった。伊藤博文統監の時代より欧米各国への配慮から、キリスト教への懐柔策がとられてきたが、キリスト教が朝鮮社会に広く浸透し、朝鮮人に大きな影響力を有するなかで、キリスト教対策は一貫して総督府の宗教施策で大きな位置を占めたのである。

一九一五年八月に総督府は「布教規則」を発布した。布教規則は、神道・仏教・キリスト教を同列において統制しようとするものであった。この頃になると、愛国啓蒙運動や反日義兵闘争などの総督府支配への抵抗勢力は衰退し、一挙にキリスト教も含めてすべての宗教を統制することにしたものと考えられる。また同時に「神社寺院規則」も制定され、寺社や寺院を設立する際の基準も明示された。(131) この規則制定の背景には、同年一一月の大正天皇の即位儀礼に備えて朝鮮の神社制度を発足させる必要があったようである。(132) また、神社と寺院を同一のカテゴリーとしたのは、布教規則でキリスト教と同列に扱われることを不満とする仏教教団への配慮があったのかもしれないが、この規則は、かえって日本仏教側に厳しい状況を突きつけるものとなった。

布教規則には、宗教施設として「教会堂、説教所又ハ講義所」(以下「教会所」という)の規定があり、その設立許可手続きは次のように規定されていた。

第九条　宗教ノ用ニ供スル為教堂、説教所又ハ講義所ノ類ヲ設立セムトスル者ハ左ノ事項ヲ具シ朝鮮総督ノ許可ヲ受クヘシ

一　設立ヲ要スル事由
二　名称及所在地
三　敷地ノ面積及建物ノ坪数、其ノ所有者ノ氏名竝図面
四　宗教及其ノ教派、宗派ノ名称
五　布教担当者ノ資格及其ノ選定方法
六　設立費及其ノ支弁方法
七　管理及維持ノ方法

前項第五ニ依リ布教担当者ヲ選定シタルトキハ設立者又ハ布教管理者ハ其ノ氏名及居住地ヲ具シ履歴書ヲ添ヘ十日以内ニ朝鮮総督ニ届出ツヘシ之ヲ変更シタルトキ亦同シ

この他、名称・所在地・管理維持方法変更や廃止の際には朝鮮総督の許可を必要とし（第一〇・一一条）毎年信徒数とその増減を朝鮮総督に届け出るべきことも規定された（第一二条）。一方、神社寺院規則の創立申請については次のように規定されていた。

第二条　寺院ヲ創立セムトスルトキハ左ノ事項ヲ具シ創立地ニ於テ檀信徒ト為ルヘキ者三十人以上連署シ所属宗派管長ノ承認書ヲ添ヘ朝鮮総督ノ許可ヲ受クヘシ

一　創立ノ事由
二　寺院ノ称号
三　創立地名
四　本尊並所属宗派ノ名称
五　建物並境内地ノ坪数、図面及境内地周囲ノ状況
六　創設費及其ノ支弁方法
七　維持ノ方法
八　檀信徒ノ数

この他、寺院には本堂・庫裏を備え、創立許可の後原則二年以内に建設すべきこと（第四・五条）、災害などにより寺院の亡失・再建した際の朝鮮総督への届出義務（第六条）、移転・廃止・申請時の事項の変更の際に朝鮮総督の許可を必要とすること（第七〜第一〇条）、寺院に住職を置き異同があった場合に檀信徒総代より朝鮮総督へ届出るべきこと（第一一条）、檀信徒総代三名を置き就任・異動を所轄道長官に届けるべきこと（第一二条）が規定された。さらに不動産・宝物の管理・処分などにはやや細かな規定があり（第一三〜一五条）、道長官の許可なく境内地・建物を宗教以外の目的に使用することも禁じられた（第一六条）。

このように、神社寺院規則が規定する「寺院」には、布教規則の規定する「教会所」に比べ、やや煩雑な手続きを必要としたが、両者との間に宗教施設の果たす機能に明確な区別があるわけでない。いずれも設置・廃止などには総督の許可を必要とし、同様に宗教活動を行うことが可能であり、寺院とすることの実質的メリットはほとんどなかったはずである。それにもかかわらず、教団・僧侶の体面と在留邦人への印象を考慮すると、日本仏教側が敢えて「寺院公称」の許可を必要としたと考えられる。これに対して総督府は、神社寺院規則にもとづく「寺院公称」の許可権限を利用し、日本仏教各宗派を自らの朝鮮統治に都合のよい方向へと誘導していったようである。

初期総督府の対仏教施策

神社寺院規則の制定意図に関する総督府の公式見解は、一九一六年版の『朝鮮総督府施政年報』に次のように説明されている。

神社寺院ノ創立ハ孰レモ各地方住民カ追遠報本ノ念ヲ敦クシ且住地愛護ノ志ヲ深クスルノ基ニシテ国風移植

上緊要ノ事タルノミナラス又両者相俟チテ地方開発ノ素因ヲ為スモノナルヲ以テ之カ申請許可ニ付テハ前年発布ノ神社寺院規則ニ遵拠シテ其ノ処理ヲ慎重ニシ苟モ基礎薄弱又ハ設備不十分ナルモノハ之カ創立ヲ許可セス以テ其ノ濫設ヲ防止シツツアリ(133)

そこでは、仏教寺院の重要性を認めつつ、経営基盤が脆弱で設備が不十分な寺院の濫設を防止するため神社寺院規則による許可制としたとされている。一九一六年度に、神社は一六件の設置申請があり、その全てが許可されたのに対し、仏教寺院は四九件が許可され、二〇件が不許可となった。

しかし、不許可となった寺院は、必ずしも経営基盤が脆弱で設備が不十分なものだけではなかった。「寺院」公称の許可にあたって総督府が各宗派に強い姿勢で指導に臨んだのは、①寺院支配権を現地信徒に帰属させることと、②専従の住職を置くことの二点にあったようである(134)。①に関して、寺有財産は日本国内の宗派財産としている場合が多かったようである。宗派の側には、宗派資金を投入して創立した寺院を宗派本山の直轄財産とする考えが強かったが、現地で管理統制する総督府にとって、権限の及ばない国内の本山に最終的支配権が帰属することは好ましいものではなかった。②についても、現地寺院に専従の住職が置かれることは少なかったようである。各宗派では、本山の直轄とする発想から、国内寺院の住職を布教使として派遣し一時的に現地寺院の住職を兼務させる方法や、宗派の代表者(管長・法主など)が住職を兼務する別院と位置づけ輪番を派遣する方法が採られていた。このため現地の寺院管理者が頻繁に交代し、現地に根づいた活動が行われないことも、総督府にとって不満な点であったと考えられる。

ところで、この総督府の方針による影響は、宗派により相違があったようである。神社寺院規則の施行直後に認

（図表３）日本仏教各派の寺院数・布教所教の推移（1919年〜1924年）

		1919年	1920年	1921年	1922年	1923年	1924年
本願寺派	寺院数	14	15	15	18	18	19
	布教所数	43	47	52	53	52	54
大谷派	寺院数	2	2	2	2	2	3
	布教所数	42	44	44	46	44	48
浄土宗	寺院数	13	13	13	14	14	14
	布教所数	34	34	35	35	22	36
真言宗各派連合	寺院数	5	7	7	8	8	8
	布教所数	26	26	27	30	40	31
真言宗醍醐派恵印部	寺院数	1	1	1	1	1	2
	布教所数	2	2	2	2	5	12
真言宗智山派	寺院数	3	3	3	3	3	3
	布教所数	12	12	14	18	16	21
曹洞宗	寺院数	18	18	18	18	18	20
	布教所数	28	28	28	32	27	49
日蓮宗	寺院数	6	6	7	7	1	9
	布教所数	21	21	21	21	19	27
法華宗	寺院数	1	1	1	1	1	1
	布教所数						
合　計	寺院数	63	67	68	73	68	80
	布教所数	226	236	237	263	249	303

①『最近朝鮮事情要覧』大正十年〜十二年,『朝鮮要覧』大正十三年〜十五年(『資料集成』第二巻に収録)により作成。
②各年12月末の数字を示す。
③真言宗醍醐派恵印部は、1923年より真言宗醍醐派修験道と表記されている。
④設置数の少ない宗派は除外した。

可となった四九カ寺の内訳は、本願寺派一三、大谷派二、浄土宗一一、曹洞宗一三、日蓮宗四、法華宗一、新義真言宗智山派二、真言宗高野派三であった[135]。その後の主要な宗派の寺院数・布教所数の推移は、図表3のとおりである。

皮肉にも、最も早くから朝鮮布教に着手し膨大な資金を投入してきた大谷派にとって、総督府の指導への対応は特に難しいものとなった。とりわけ問題となったのが、別院の取扱いであった。大谷派は、京城・釜山・元山・仁川・鎮南浦の重要拠点に次々と別院を設置してきたが、総督府は一別院しか認めないという方針をとった。総督府は、京城別院のみを認め、これを通じて朝鮮国内の大谷派の全寺院・教会所を統制しようとしたと考えられる。しかし、宗派の代表であり本山本願寺の住職でもある法主が住職を兼務する別院は、在留邦人にとって権威の高いものと認識されており、その信徒を繋ぎ止めるためにも、その別院システムを変更することは困難な課題であった[136]。一方、同じ真宗でも遅れて朝鮮布教に参入した本願寺派は、圧倒的に多く在留邦人の信者を有し、その経済力を背景に寺院を建立したことで、比較的にスムースに総督府の方針に対応できたようである。

おわりに

一九一六（大正五）年二月、朝鮮総督府内務部長であった宇佐美勝夫は、訪問した大谷派の僧侶に対し、布教規則・神社寺院規則に対して宗教家に様々な意見や不満があろうことを認めた上で、「仏教家諸君を悪様には取扱ふ考へはない」と述べている。そして、日本の青年僧侶に対し、日本人の未だ入り込んでいないような地域で小学校教員の代理のような存在として「鮮人の友となり師となり兄弟となつていく覚悟を望む」との要望を示した[137]。この談話にも示されているように、総督府が日本仏教に望んだのは、朝鮮人に対し植民地経営への恭順を促すような教化活動を実施することであった。

そのために総督府は、神社寺院規則の運用によって、教団・本山利益のみを追求し、現地に根付いた活動を等閑視する日本仏教各宗派のあり方に是正を迫ったのであるが、その日本仏教各宗派のあり方こそは、国益のため朝鮮を植民地支配する総督府のあり方と何ら変わらないものであった。つまり総督府は、自らのあり方を棚上げにして、日本仏教の侵略行為を問題視したのであるが、もし宇佐美が望むように、日本仏教の青年僧侶が朝鮮人の「真の友」として活動したならば、必然的に朝鮮総督府への批判を強めていくことになったであろう。

しかし、日本仏教の側は、教団の現実的利益を度外視した活動には消極的であり、日本政府や朝鮮総督府の意向に反してまで朝鮮人本位の布教を推進するような姿勢を持ち合わせていなかった。個々の布教使の意識はどうであれ、日本仏教各宗派が独自の布教理念や布教伝道の志がきわめて希薄であったことは、すでに論じたとおりである。また総督府の側も上述のような矛盾を含む要求を、強く日本仏教側に迫ることはなかった。ところが、一九一八年三月に起こった三・一運動は、この状況を大きく変えることとなった。日本の植民地支配を根底から揺るがす事態に直面して、総督府と日本仏教とは協力して一定の対策を講じる必要性に迫られることになるのである。

［注］

（1）真宗大谷派の初期の布教に関しては、本書第一章を参照されたい。

（2）『明如上人伝』八三六頁（明如上人二五回忌法要寺務所、一九二七年）、『海外開教要覧（海外寺院開使名簿）』九八〜九九頁（浄土真宗本願寺派海外開教要覧刊行委員会、一九七四年）。ただし、一八八九年一二月発行の『海外仏教事情』五集には、「真宗本願寺派多聞速明は布教の為め五ヶ年前より魯国浦塩斯徳港に渡航し去る八月一日を以て帰朝せり」と記されており、実際に布教活動を始めたのは八四年頃であったと考えられる。また同誌は、多聞が「魯国の婦人少年にて仏教を信ずるもの益々増加する由」を語ったと報じていることから、現地人対象の布教活動も行われたようである。

（3）「西比利亞の布教」（『仏教』七二号、一九八三年七月二〇日）。シカゴ万国宗教会議に関しては、中西直樹編『仏教海外開教史資料集成（北米編）』第六巻所収「解題」（不二出版、二〇〇九年。後に中西直樹著『仏教海外開教史の研究』〈不二出版、二〇一二年〉に再録）を参照されたい。

（4）「加藤恵証西比利亞行の送別」（一八九三年七月七日付『京都新報』）。

（5）「加藤恵証氏西比利亞通信」（一八九三年八月四日・二〇日付『京都新報』）、「朝鮮元山通信」（一八九三年九月四日付『明教新誌』）、「加藤恵証氏の入韓」（一八九三年九月七日付『京都新報』）、「京城に於ける加藤恵証師」（一八九三年九月一八日付『明教新誌』）などの記事による。

（6）「加藤恵証氏の露鮮巡教の演話」（一八九三年九月二五日付『京都新報』）。講演の内容は、「加藤恵証氏の演説筆記」（一八九三年一〇月一日〜一九日付『京都新報』）に掲載されている。

（7）「朝鮮慰問使」（一八九四年七月二三日付『京都新報』）、「釜山通信」（一八九四年九月八日付『明教新誌』）、佐々木恵璋編『日清交戦法の光』四三頁（興教書院、一八九四年）。なお『日清交戦法の光』は、中西直樹編『仏教植民地布教史資料集成（朝鮮編）』第七巻（三人社、二〇一三年、以下『資料集成』と略称）に抄録されている。

（8）「慰問使僧の派遣」（一八九四年七月二七日付『京都新報』）、「本願寺朝鮮慰問使僧」（一八九四年七月三〇日付『京都新報』）、前掲『日清交戦法の光』三三頁。なお、本願寺派の戦時中の動向に関する先行研究として、遠藤一「本願寺派朝鮮開教への発端――従軍布教との関連を通して――」（小島勝・木場明志編著『アジアの開教と教育』〈法藏館、一九九二年〉所収）がある。

（9）「本宗報国義会起れり」（『日宗新報』五三七号、一八九四年八月八日）、「本宗教臨時報国義会」「渡韓派遣僧の確定」（『日宗新報』五三八号、同年八月一八日）、「日蓮宗の渡韓僧」（同年九月四日付『明教新誌』）。

（10）両派の軍事支援・軍隊布教活動に関しては、前掲『日清交戦法の光』及び服部来浄編『両門跡各師団鎮守府慰問紀要』（京都新報社、一八九五年）を参照。

（11）柱本瑞俊編『明如上人日記抄』後編、五五九〜五六〇頁（本願寺室内部、一九二七年、『資料集成』第七巻に収録）。また、加藤の「朝鮮従軍布教記」が一八九四年八月から九月にかけて『京都新報』に連載されている。

（12）「賑恤部の設置」（一八九四年九月一五・二五日付『浄土教報』）、「慰問使の派遣」（一八九四年一一月五日付『浄土教報』）、「浄土宗外征慰問使」（一八九四年一一月二八日付『明教新誌』）。

（13）土屋詮教著『明治仏教史』一三一頁（三省堂、一九三九年）。

（14）「僧侶従軍願の聴許」（一八九四年一二月一〇日付『明教新誌』）、「各宗従軍請願」（一八九四年一二月一一日付『京都新報』）。吉田久一は、一八九四年一二月末の葬祭布教師派遣の認可をもって従軍僧の正式な許可の最初としているが、すでに指摘したように、従軍僧はさらに早い時期に認可されている。また「葬祭布教師」派遣を申請した天台宗などはすでに一二月初旬に従軍布教の許可を得ているため、「従軍布教師の派遣申請」と「葬祭布教師の派遣申請」とは別物と考えるべきであろう（吉田久一著『日本近代仏教社会史研究』三七八～三八八頁、吉川弘文館、一九六四年）。

(15)「禅宗と征清従軍僧」（一八九四年一二月二二日付『明教新誌』）。

(16)「従軍僧の消息」（一八九五年一月一二日付『明教新誌』）、「従軍使僧の消息」（一八九五年一月一五日付『京都新報』）。

(17)「曹洞宗の従軍者」（一八九五年一月一〇日付『東京朝日新聞』朝刊）。

(18)「従軍布教師の部署」（一八九五年二月一四日付『明教新誌』）、「従軍僧の部署」（一八九五年三月八日付『京都新報』）。『京都新報』の報道によれば、この他本願寺派が名和淵海と下間凰城を派遣することとなり、以前に派遣した本願寺派の木山定生と浄土宗の従軍僧侶は部属を定めず活動していた。また一八九五年一月二一日には、日蓮宗妙満寺派が大本営に従軍布教の願い書を提出している（同年一月二六日付『明教新誌』）。

(19)前掲『日本近代仏教社会史研究』第二部後編、第三章　日清戦争と軍事保護。

(20)山縣玄浄著『鉄如意』五七～六三頁（一八九五年）。山縣は本書で具体的な慈善事業として、医療施薬と無料教育の実施を挙げている。また小栗栖香頂も民政庁の旁らに学校を設置して現地の年少者に日本語と仏教とを教授すれば、国家にも布教にも利益があると主張している（一八九五年一月一二日『明教新誌』）。

(21)鉄腸生「布教策」（一八九六年八月二〇・二二・二六日付『明教新誌』）。

(22)前掲『日本近代仏教社会史研究』第二部後編、第三章　日清戦争と軍事保護。

(23)加藤咄堂「朝鮮問題と仏教」（一八九四年六月二六日付『明教新誌』）。このほか加藤咄堂は、同年八月八日・一〇日付同紙にも「朝鮮革新の一策」を寄稿している。

(24)皆是生「日本仏教の新領地」（一八九四年九月一二日付『明教新誌』）。

(25)加藤文教「朝鮮仏教の衰頽に就て日本仏教家の奮起を望む」（一八九四年九月一四日付『明教新誌』）。このほか加藤文教は、「海外布教に就て一言す」（『日宗新報』四四六号、一八九二年七月三〇日）、「朝鮮布教に就て一言す」（『日宗新報』五五五号、一八九五年二月二八日）、「朝鮮の布教に就て日本仏教徒に檄す」（一八九七年一月二〇日付『明教新誌』）など多数の評論を仏教系新聞・雑誌に寄稿しており、『風俗仏教朝鮮対論』（一八九四年、『資料集成』第一巻に収録）、『韓国開教論』（一九〇〇年、『資料集成』第一巻に収録）などの著書もある。加藤の言説と活動については、第二章でも詳しく取り上げた。

(26) 長痩子「朝鮮国布教の第一着」（一八九四年一〇月二九日付『京都新報』）。

(27) 慶応義塾編纂『福澤諭吉全集』一四巻（時事新報論集七）、五八二〜五八四頁（岩波書店、一九六一年）にも収録。

(28)「宗教家に東洋伝道の必要を告ぐ」（一八九四年一〇月一一日付『読売新聞』朝刊）。この評論の一部を第二章に引用した。

(29)「新領地に於る社寺会堂の建立」（一八九五年四月二七日付『読売新聞』朝刊）。

(30) 前掲『明如上人日記抄』後編、五四九〜五五一頁。

(31)「藤島氏渡韓乃始末」（前掲『日清交戦法の光』所収、二二一〜二二二頁）、「聘問使僧」（一八九四年一〇月三〇日付『明教新誌』）。

(32) 前掲『明如上人日記抄』後編、五五一〜五五二頁。結局、藤島の朝鮮派遣を隠し切れなくなった本願寺側は、一二月になって宗派の機関紙『京都新報』に藤島の朝鮮派遣の内容を報告した（「龍谷彙報・朝鮮国王殿下よりの寄贈品」「藤島了穏氏渡韓の始末」〈一八九四年一二月一九日付『京都新報』〉）。しかし、この報道も事実誤認があることを藤島より指摘されている（「正誤」「藤島氏渡韓始末の補遺」、一八九四年一二月二五日付『京都新報』）。

(33)「大洲鐵然師の渡韓」（一八九四年一一月六日付『明教新誌』）、前掲『明如上人日記抄』後編、五五八頁。

(34) 前掲『日清交戦法の光』七五〜七九頁。

(35)「朝鮮開教濫觴の記」（上原芳太郎編『明如上人遺文抄』本派本願寺、一九三五年）、「大洲鐵然師の消息」（一八九四年一一月一八日付『明教新誌』）、「大洲鐵然師」（一八九四年一二月二日・八日付『明教新誌』）、「大洲鐵然氏の帰朝」（一八九四年一二月五日付『京都新報』）。

(36)「大学林に於る大洲氏の談話」（一八九四年一二月九日付『京都新報』）、「大洲鐵然師の談話」（一八九四年一二月一二日付『明教新誌』）。

(37) 前掲『明如上人日記抄』後編、五六四〜五六六頁。

(38) 大洲の計画のうち、布教使養成は、後述するように、現地に青年僧侶を派遣するのではなく、清韓語学研究所として国内に設置された。朝鮮人対象の教育機関は、日本仏教学堂という校名で京城に設置されるとの報道もあったが、実現しなかったようである（一八九五年一月一二日付『密厳教報』）。
(39) 『定期集会筆記』従第一二号至第一九号乙号　一八九四年九月。
(40) 「浄土宗臨時公会」（一八九四年一一月二四日付『明教新誌』）。
(41) 「朝鮮布教に就き高野山大学林生の嘆願」（一八九四年一一月二三日付『京都新報』）。
(42) 「海外布教の建言」（一八九四年一一月八日付『明教新誌』）、「海外布教建議」（一八九四年一二月六日付『明教新誌』）。
(43) 佐野前励の活動については、本書第二章でふれた。
(44) 一八九五年一〇月一日付『本山録事』、「開教事務局の設置」（一八九五年九月二八日付『明教新雑誌』）。
(45) 「清韓語学研究所開場式」（一八九五年九月一日付『京都新報』）。清韓語学研究所の開設に関しては、前掲『アジアの開教と教育』第二部第二章第二節に関係資料が掲載されている。
(46) 『定期集会筆記』従第一号至第廿一号、一八九五年九月。
(47) 一九〇四年六月五日付『中外日報』掲載の「清韓布教の今昔」は、清韓語学研究所が一年も経たずして閉鎖したと報じている。
(48) 南山本願寺編・発行『南山本願寺小史――本堂創建二十五周年記念――』四頁（一九三一年、『資料集成』第五巻に収録）、大谷派本願寺朝鮮開教監督部編・発行『朝鮮開教五十年誌』四八頁（一九二七年、『資料集成』第五巻に収録）。
(49) 「漢城学院」（一八九五年九月一一日付『京都新報』）、前掲『南山本願寺小史』六頁。『南山本願寺小史』によると、何らかの都合により開校は翌年に見送られたようであり、九六年に開校したとの新聞記事もある（「韓人布教」、一八九六年三月一一日付『京都新報』）。
(50) 河島研習編『釜山と東本願寺』四〇頁（大谷派本願寺釜山別院、一九二六年、『資料集成』第五巻収録）、前掲『朝鮮開教五十年誌』一五二頁。
(51) 橋澤裕子『日本仏教の朝鮮布教をめぐる一考察――奥村兄妹の事例を中心に――』（『朝鮮女性運動と日本（橋澤裕子遺稿集）』（新幹社、一九八九年）、前掲『朝鮮開教五十年誌』六四～七七頁、「大谷派の韓国布教」（一八九八年三月二五日付『教学報知』）、「朝鮮布教の困難」（一八九八年八月一七日付『教学報知』及び同月二〇日付『明教新誌』）などを参照。

(52) 前掲『明如上人伝』八三三頁、「本願寺布教使の遭難」(一八九六年三月六日付『明教新誌』)。また当時の朝鮮国内の反日状況は、高田栖岸の書簡に詳しく報告されている(一八九六年三月一・一一・一三日付『京都新報』)。
(53) 『定期集会筆記』従第一号至第廿一号 一八九五年九月。
(54) 一八九六年一一月一五日付『本山録事』。
(55) 『定期集会筆記』従第一号至第廿二号 一八九六年一一月。
(56) 「朝鮮京城に於ける僧侶」(一八九七年一一月二四日付『明教新誌』)。
(57) 「海外宣教会」(一八九七年五月二日付『明教新誌』)、「朝鮮開教大演説会」(一八九七年六月二四日付『明教新誌』)。
(58) 青柳南冥著『朝鮮宗教史』一四二~一四三頁、朝鮮研究会、一九一一年、『資料集成』第一巻に収録。『第二次統監府統計年報』(統監府、一九〇九年、『資料集成』第二巻に収録)。
(59) 「朝鮮日宗布教の統一」(一九一八年一〇月二九日付『中外日報』)。
(60) 前掲『南山本願寺小史』六~八頁、前掲『朝鮮開教五十年誌』四八~五四頁、一九六~二〇二頁。
(61) 「海外布教の全滅」(一九〇三年一二月二二日付『日出国新聞』、同月二四日付『中外日報』)。この報道には仁川の経費が記されていないが、合計すると一、三二〇円にしかならない。一九〇〇年度の韓国布教費が六、六五七円であったことと比べると、いかに大幅な減額であったかが知れよう(一九〇〇年一月一八日付『明教新誌』)。
(62) 「韓国布教一斑(続)」(一八九九年七月二五日付『教学報知』)。また中山は、本願寺派の大学林同窓会発行の『会報』(四号、一九〇〇年三月)に寄稿した「韓国通信」で、現地在留邦人の多くが山口・広島・大分・長崎出身者で本願寺派の門徒であるにもかかわらず、すでに大谷派に帰属しており、容易に布教の成果があがらないと報告している。本願寺派発行の『海外開教要覧(海外寺院開教使名簿)』(一九七四年)には、中山唯然の朝鮮布教在任期間は、一八九八年九月から一九〇二年一月までと記されている。ただし、前掲の『朝鮮宗教史』によると、本願寺派の釜山での布教は一八九五年八月に開始されたと記されており、中山以前に個人的な布教活動をするものがいた可能性もある。
(63) 『定期集会筆記』従第一号至第一二号 一八九八年一二月。
(64) 『定期集会筆記』従第一号至第一七号 一八九九年九月、『定期集会筆記』従第一号至第一四号 一九〇〇年一〇月。

(65)「西本願寺釜山別院の工事」(一九〇二年一〇月二三日付『中外日報』)、「本派釜山布教場類焼」(『教海一瀾』一五一号、一九〇二年一一月五日)、前掲『明如上人伝』八三三頁。
(66)「韓国布教一斑」(一八九九年七月二三日付『教学報知』)。
(67)三隅田の釜山布教に関しては、「韓国開教のはじめ(松前才助談)」(一九〇九年一〇月四日・一一日・一八日・二五日付『浄土教報』)、廣安真随著『浄土宗韓国開教誌』(浄土宗伝道会、一九〇三年、『資料集成』第七巻に収録)、「浄土宗釜山教会所の新設」(一八九七年一〇月一五日付『浄土教報』)、「韓国布教一斑」(一八九九年七月二三日付『教学報知』)を参照。
(68)「白井岩井両師の出発」「朝鮮国王に聖教を献ず」(一八九七年九月五日付『浄土教報』)、「両視察員の釜山安着」(一八九七年一〇月一五日付『浄土教報』)、「開教視察員の帰朝」(一八九八年一月二五日付『浄土教報』)などを参照。
(69)『浄土宗海外開教のあゆみ』二〇頁(浄土宗開教振興協会、一九九〇年)。
(70)藤本了泰著『浄土宗大年表(修訂版)』(山喜房仏書林、一九九四年)、「開教区監督の任命」(一八九八年九月五日付『浄土教報』)。
(71)「廣安真随氏の出発」(一九〇〇年四月二五日付『浄土教報』)、前掲『浄土宗海外開教のあゆみ』八七頁。
(72)「朝鮮僧の来朝」(一八九八年二月五日付『浄土教報』)、「留学の韓僧」(一八九八年二月一五日付『浄土教報』)、「韓国布教一斑」(一八九九年七月二三日付『教学報知』)。
(73)「韓人教化の開始」(一九〇〇年一二月一五日付『浄土教報』)、前掲『浄土宗韓国開教誌』六～八頁。
(74)廣安真随「宗教の必要」(一九〇〇年一二月一五日付『浄土教報』)、「韓国開教院の尊牌」(一九〇一年三月一五日付『浄土教報』)、「京城開教院の慶祝法会」(一九〇一年一一月一七日付『浄土教報』)、前掲『浄土宗韓国開教誌』二一～二二、二七頁、「獅谷仏定老師韓国布教日誌」(一九〇二年八月三・一〇日付『浄土教報』)。
(75)「開城日語学堂の開校式」(一九〇一年一〇月二〇日付『浄土教報』)、「韓国開教学堂」(一九〇二年四月一三日付『浄土教報』)、前掲『浄土宗韓国開教誌』八〇～八五頁、「水原華城学堂と浄土宗」(一九〇二年八月一七日付『浄土教報』)。
(76)「朝鮮における浄土宗」(一九〇二年一月一六日付『日出国新聞』)。前掲『浄土宗韓国開教誌』三〇～三一頁にも同様の記述がある。

(77) 高橋亨『李朝仏教』八六六～八六七頁（寶文館、一九二九年、『資料集成』第二巻に収録）、「朝鮮の僧兵設置」（一九〇三年一月二七日付『日出国新聞』）。

(78) 前掲『浄土宗韓国開教誌』二七～二九頁。

(79) 韓国京城仙波生投「京城教会の改革」（一九〇二年一二月二八日付『浄土教報』。この記事は、前掲『浄土宗韓国開教誌』にも一部が引用されている（四七～五〇頁）。

(80) 韓廷に提出した「浄土宗撮要」は、前掲『浄土宗韓国開教誌』に引用されている（三五～四二頁）。現地に配布されたと考えられる朝鮮語版『浄土宗綱要』（鶴谷誠隆・洪眞悟訳述）は、佛教大学図書館に一部が所蔵されている。また当時の経緯は、「韓国開教区の近況」（一九〇二年三月二日付『浄土教報』）にも報じられている。

(81) 前掲『浄土宗韓国開教誌』三〇～三二頁。

(82) 浅野研真著『日本仏教社会事業史』（凡人社、一九三四年）は、従軍布教使の数を六〇名であったとしている。宗派ごとの内訳は、本願寺派三八名、浄土宗五名、曹洞宗五名、真言宗四名、大谷派三名、日蓮宗・黄檗宗・真宗興正寺派・臨済宗妙心寺派・臨済宗建長寺派が各一名としているが、この数の根拠は不明である。しかし、一九〇四年六月二七日付『中外日報』によれば、本願寺派だけで九二名の従軍布教使が任命されており、実際は六〇名よりもさらに多かった可能性もある。

(83) 一九〇五年一二月九日、及び同月一六日付『本山録事』。なお、台湾に関しては、すでに一八九七年八月に「台湾布教監督職制章程」が制定されていたが（一八九七年八月二六日付『本山録事』）、一九〇六年七月に開教地監督規程が更改され、開教監督を置く区域は、北海道・台湾・清国・韓国・北亞米利加（アメリカ）に改められ（一九〇六年七月一四日付『本山録事』）、さらに〇七年五月に至り、清国・韓国・亞米利加の三区域となった（一九〇七年五月一一日付『本山録事』）。

(84) この時期の本願寺派の朝鮮布教と大聖教会の活動に関しては、第六章で詳しく取り上げた。

(85) 『宗報』五六号（本山文書課、一九〇六年八月三〇日）。

(86) 前掲『朝鮮開教五十年誌』五八～六三頁、前掲『南山本願寺小史』一三～二七頁。

(87) 前掲『南山本願寺小史』一〇頁、「京城別院内の韓人会」（一九〇五年四月八日付『中外日報』）、「大谷派の京城別院」（一九〇六年八月一四日付『中外日報』）。

(88) 前掲『南山本願寺小史』には、同仁学校という学校が設置されたと記されており(一二三頁)、一九〇五年四月八日付『中外日報』は、南山学校が〇四年六月に開校されたと報じている。
(89) 「海外宣教会の請願書」(『日宗新報』九五六号、一九〇六年四月三日)、磯野本精著『日蓮宗史要』一八三~一八四頁(日宗新報支社、一九一四年)。
(90) 栄井恵龍「日宗韓国開教談」(一九〇五年九月二七・三〇日付『中外日報』)、前掲『朝鮮宗教史』一四三頁。
(91) 前掲『朝鮮宗教史』一四八頁。
(92) 首藤静也報「韓人教会」(一九〇六年二月二六日付『浄土教報』)。
(93) 「京城に於ける仏教伝道」(一九〇五年七月一〇日付『中外日報』)。
(94) 「韓国に於ける浄土宗僧侶の乱暴」(一九〇五年一一月二日付『中外日報』)。
(95) 「韓国に於ける浄土宗の不評判に就て」(一九〇六年二月五日付『浄土教報』)。
(96) 前掲「京城に於ける仏教伝道」。
(97) 「韓国僧の浄土宗研学会」(一九〇六年三月一二日付『浄土教報』)。韓晳曦著『日本の朝鮮支配と宗教政策』六〇頁(未來社、一九八八年)には、「奉元寺僧李宝潭・華渓寺僧洪月初らと元興寺内に仏教研究会を設立」と記されている。
(98) 「韓僧日語学校の開始」(一九〇六年四月一六日付『浄土教報』)。
(99) 「韓国に於ける仏教徒の悪行為」(一九〇六年四月一三日付『中外日報』)。
(100) 前掲『朝鮮宗教史』は、明進学校の設立を一九〇七年六月設置と記しているが、前掲『浄土宗海外開教のあゆみ』では、一九〇六年三月設置としている。また当時発行の『浄土教報』は、学校名を一貫して「明新学校」としている。
(101) 前掲『李朝仏教』九二一頁、前掲『日本の朝鮮支配と宗教政策』六一頁。ただ、明進学校の廃校の時期は明確ではない。前掲『朝鮮宗教史』は、丁未政変(一九〇七年)後としているが、『浄土教報』によれば、一九一〇年までは存続していたようである(「韓国明新学校の近況」、同年二月七日付)。
(102) 前田慧雲談「困難なる朝鮮布教」(一九一〇年九月二一日付『中外日報』)。
(103) 『統監府法規提要』六九七~七〇二頁(統監府、一九一〇年、『資料集成』第七巻に収録)。

(104)「大谷派の京城別院」(一九〇六年八月一四日付『中外日報』)、「韓寺と東本願寺」(一九〇七年二月一三日付『中外日報』)。
(105) 前掲『朝鮮開教五十年誌』一九五〜一九六頁。
(106) 前掲『釜山と東本願寺』四二頁。「韓寺に転派せんとす」(一九〇九年一〇月一三日付『中外日報』)、「朝鮮寺院の併合」(一九一〇年九月二四日付『中外日報』)。大谷派の動向については、高橋勝「明治期における朝鮮開教と宗教政策——特に真宗大谷派を中心に——」(『仏教史研究』第二四号、一九八七年、後に前掲『アジアの開教と教育』に所収)に詳しい。
(107) 井上圓了談「朝鮮の宗教概観」(一九〇七年一月一日付『中外日報』)。
(108) 前掲『朝鮮宗教史』一三一〜二頁。江田俊雄「明治時代に於ける日本仏教の朝鮮開教」(『現代仏教』一〇周年記念特輯号明治仏教の研究・回顧、一九三三年七月)。この時期の本願寺派の動向に関しては、第六章に詳述した。
(109)「曹洞宗海外布教会」(一九〇〇年四月二六日付『明教新誌』)、「海外布教会釜山仮教場」(一九〇二年九月二日付『中外日報』)、村野孝顕編『仏教海外伝道史』八頁(北米山禅宗寺、一九三三年)。なお『仏教海外伝道史』は、中西直樹編『仏教海外開教史資料集成(北米編)』第三巻(不二出版、二〇〇八年)に収録されている。
(110) 武田範之の経歴に関しては、武田の詩文集『鰲海鉤玄』(一九一一年、『資料集成』第七巻に収録)の巻末に「小伝」が掲載されているほか、武田の伝記として、井上右著『興亜風雲譚』(平凡社、一九四二年)、川上善兵衛著、市井三郎・滝沢誠編『武田範之伝——興亜前提史——』(日本経済評論社、一九八七年)がある。また武田の遺した関係文書は、その弟子の川上善兵衛により「洪疇遺績」として編纂され、上越市薬師院に所蔵されている。後にこの資料は、成蹊大学の市井三郎らによってマイクロフィルム化され、そのフィルムなどが成蹊大学・アジア経済研究所などに保管されている(滝沢誠「武田範之文書「洪疇遺績」に就て」『近代日本右派社会思想研究』所収、論創社、一九八〇年)。
(111)「教学」(『宗報』二六六・二六九号、曹洞宗務局文書課、一九〇八年一月一日・三月一日)。
(112)「宗規十二号」(『宗報』二六八号、曹洞宗務局文書課、一九〇八年二月一五日)。
(113)「第十一次曹洞宗議会議事速記録」(『宗報』二六七号、曹洞宗務局文書課、一九〇八年二月一日)。
(114)(115) 曹洞宗による円宗「併合」に関わる経緯は、前掲『李朝仏教』九一八〜九二八頁、前掲『日本の朝鮮支配と宗教政策』六二〜六六頁、前掲『仏教海外伝道史』八〜一〇頁を参照。

(116)　寺刹令と同施行規則は、内閣官房局編『明治年間法令全書』(原書房、一九七四年)を参照。また『資料集成』第二巻・第三巻には、寺刹令と寺刹令施行規則の制定時とその後に改正された際の条文が掲載されている。改正の過程については、同巻「解題」を参照。

(117)　一九一一年九月に通牒された各道長官宛「寺刹令施行ノ旨趣告諭方」(前掲『李朝仏教』八八七〜八八八頁)は、寺刹令制定の趣旨が朝鮮寺院の維持存続にあるとしており、後に当時の朝鮮総督府学務局長であった武部欽一も、「寺刹令の発布と其の運用」(朝鮮総督府編『朝鮮』一九二号、一九三一年五月。後に『朝鮮総攬』〈朝鮮総督府、一九三三年〉に所収)で寺刹令の意義としてこの点を強調している。

(118)　前掲『李朝仏教』九二八〜九三〇頁、前掲『日本の朝鮮支配と宗教政策』六七〜七一頁。

(119)　「政府の朝鮮開教に対する措置を論ず」(一九一〇年九月二七日付『中外日報』)。

(120)　「朝鮮開教と四宗派の失敗」(一九一一年九月七日付『中外日報』)。

(121)　「朝鮮の布教制限」(一九一一年一月一七日付『中外日報』)。

(122)　大谷派の平松理英は、寺刹令後の状況を「朝鮮に於ける仏教各宗は一種の圧迫の下に置かれてある」と評している(平松理英(談)「朝鮮を視て慊らぬ諸点」、一九一一年一〇月二七〜三一日付『中外日報』)。

(123)　某朝鮮通「朝鮮布教の現状及び将来」(一九一一年七月二二日付『中外日報』)。

(124)　安藤鐵腸「朝鮮に於ける各宗」(一九一〇年一〇月九日付『中外日報』)。

(125)　句仏上人談「満韓巡教所感」(一九一七年六月一七・二〇日付『中外日報』)。また『中外日報』は、この発言に朝鮮人の側が反発したことを報じている(「侮辱された鮮僧　暗涙を呑んで語る」、一九一七年六月二三日付)。

(126)　浄土宗の道重信教開教使も、今後は日本語学校の普及に重点を置くべきだと述べている(「浄宗朝鮮開教方針」、一九一四年七月四日付『中外日報』)。

(127)　一九一八年七月四〜九日に『中外日報』に連載された「満鮮並支那布教　西本願には?」には、「朝鮮開教の現状は各宗共に内地人を抱き込む事に努力してゐるから、鮮人の方はお留守になりがちである」と記されている。

(128)　「朝鮮仏教の競争」(一九一六年四月二八日付『中外日報』)。

(129) 朝鮮布教に先鞭をつけた大谷派は、この頃から本願寺派に多くの在留邦人の信徒を奪われていったようである（「西派に圧倒されつゝある大谷派の朝鮮開教」、一九一二年七月四日付『中外日報』）。
(130) 「寺内総督暗殺の大陰謀と基督教徒」（一九一二年二月二二・二三・二六日付『中外日報』）、「朝鮮総督府の対宗教方針一変す」（一九一二年六月一五日付『中外日報』）。
(131) 布教規則と神社寺院規則は、内閣官房局編『大正年間法令全書』第四巻（原書房、一九八八年）を参照。また、『資料集成』第二巻・第三巻には、布教規則と神社寺院規則の制定時とその後に改正された際の条文が掲載されている。改正の過程については、同巻「解題」を参照。
(132) 平山洋「朝鮮総督府の宗教政策」（源了圓・玉縣博之編『国家と宗教――日本思想史論集――』思文閣出版、一九九二年）。
(133) 『朝鮮総督府施政年報（大正五年度）』三八〇～三八一頁（朝鮮総督府、一九一八年）。
(134) 「朝鮮総督府と曹洞寺院」（一九一六年三月二九日付『中外日報』）、「朝鮮寺院条例の欠陥」（一九一六年四月二三日付『中外日報』）、「朝鮮総督府の宗教行政」（一九一六年八月二日付『中外日報』）。
(135) 『大正六年最近朝鮮事情要覧』（朝鮮総督府、一九一七年、『資料集成』第二巻に収録）。
(136) 「朝鮮総督府の覚悟と仏徒の用意」（一九一九年五月一八日付『中外日報』）、「朝鮮布教は個人に限る　法主名義は許さぬ」（一九一九年五月二四日付『中外日報』）。
(137) 宇佐美勝夫「青年僧侶の自覚に在り」（一九一六年二月二五日付『中外日報』）。

第四章　文化政治と朝鮮仏教界の動向

──朝鮮仏教団の活動を中心に──

はじめに

一九一九（大正八）年の三・一運動に衝撃を受けた日本政府は、同年八月に長谷川好道を更迭し、代わって斎藤實を朝鮮総督に任命した。そして斎藤のもとで朝鮮統治は、武力支配に重きを置く「武断政治」から、朝鮮民族主義者の懐柔を目指した「文化政治」への方針転換が図られることとなった。

この文化政治において宗教施策が大きな位置を占めていたことは、同年八月の朝鮮総督府の官制改革で学務局に宗教課が新たに設置されたことからも容易に知れよう。もちろん宗教課において最重要課題とされたのはキリスト教対策であり[1]、その意味では、キリスト教宣教師の影響力と欧米からの圧力を重視する伊藤博文統監以来の基本方針に大きな変化があったわけではない。しかし、「斎藤實関係文書」に収められた翌二〇年の「朝鮮民族運動ニ対スル対策案[2]」を見れば、斎藤が天道教や仏教などの朝鮮在来の諸宗教を利用し、朝鮮民族主義運動を分裂・解体して「日本ノ羈絆ヲ脱シ独立ヲ恢復セント黽メツツアル」傾向を阻止しようとする考えを抱いていたことは明らかである。そして、こうした在来宗教の利用にあたって、特に注目されたのが朝鮮仏教の「御用化」であり、そのためには、総督府の統制や指導による直接的介入だけでなく、在留邦人や親日朝鮮人・親日団体の活用が積極的に図られ、日本仏教関係者もその一翼を担うこととなった。

ところで、総督府の側は、朝鮮仏教の御用化・日本化に日本仏教関係者を利用する必要性を意識していたが、かつて日本仏教各宗派による朝鮮寺院の争奪競争が問題となり、その活動を抑制してきた経緯もあった。[3] そこで文化政治下にあっては、宗派間の対立を超えた日本仏教の活用が企図され、朝鮮仏教が主体的に朝鮮総督府の方針に従う状況の醸成が目指された。こうした朝鮮総督府の意向を受けて組織されたのが「朝鮮仏教団」(「朝鮮仏教大会」として発足し後に改組)であった。朝鮮仏教団は、朝鮮在住の日本人が中心となり、日本政財界の支援・日本仏教関係者の協力を受け、朝鮮僧侶・信者の一部も取り込んで朝鮮仏教の御用化・日本化に向けて活発な事業を展開した。

本章では、この朝鮮仏教団の活動を中心として、文化政治とその下での朝鮮仏教と日本仏教の双方の動向も視野に入れながら、朝鮮仏教界の全般的傾向を概観したい。

一　文化政治下での宗教政策の転換と朝鮮仏教界

三・一独立運動後の朝鮮仏教の動向

斎藤實がいつごろから朝鮮仏教の活用を意図するようになったかは明らかでない。斎藤を朝鮮総督に任命した当時の首相原敬は、一九一九(大正八)年六月一〇日の日記のなかで、「耶蘇宣教師に関し伊藤、寺内は疎通に注意せしも、長谷川は此点に注意足らざりしは失策なり」[4]と記し、三・一運動の背景にキリスト教宣教師の存在を意識して、その対策を朝鮮施政の最重要課題とする認識を示している。当の長谷川好道も、同月提出の「事務引継意見書」の

「第五、宗教ニ関スル件」のなかで、キリスト教対策の重要性を長々と強調した上で、最後に仏教に関して、朝鮮仏教の社会的影響力が低いことを指摘し、日本仏教の朝鮮人教化が不振であることに不満を漏らして、次のように記述している。

朝鮮仏教ハ李朝ノ制圧ヲ蒙リ全然社会ト没交渉ノ状態ニアリ新政以来制ヲ定メテ擁護シ其ノ隆盛ヲ図リシカ因習ノ久シキ未タ社会ノ信望ヲ維キ難ク之カ教化ノ効ヲ俟ツハ前途遼遠ナリ。此時ニ際シ内地仏教団体ノ鮮人教化ニ尽クスモノナキハ甚タ遺憾ナキ能ハス(5)

また三・一運動の約一年前に、臨済宗妙心寺派の京城出張所長の後藤瑞巌は、当時の首相で初代朝鮮総督でもあった寺内正毅を訪問した際の模様を次のように語っている。

朝鮮人布教の効果を真に挙げようとすれば、先づ第一に鮮僧の教育をやらねばならぬ、如何程内地の僧侶が鮮地に往きて奮闘しても其の効果は鮮僧の活動に比すると劣るのである、そこで各宗共に自己の宗旨を鮮人に伝へて盛大を図るならば完全なる鮮僧教育の機関をつくるが何よりの捷径である。先達でも在京の砌に寺内伯にもおあひして語つたが、伯は「十分に鮮僧教育をやつてみたらどうだ」といはれた。(6)

後藤が自分の都合の良いように解釈した可能性もあるが、寺内正毅にせよ、長谷川好道にせよ、朝鮮仏教の教化にはあまり期待を寄せておらず、日本仏教各宗派の朝鮮仏教への侵略行動の問題性を認識しつつも、日本仏教による自主的な朝鮮僧侶教育・朝鮮人教化に期待する他ないと考えていたようである。

このような点を踏まえると、斎藤實も着任当初から朝鮮仏教の積極的利用を想定していなかったのかもしれないが、斎藤着任後の朝鮮仏教の動きには予断を許さないものがあった。三・一運動に際しての「独立宣言」に三三人の宗教家が「民族代表」として署名したが、そのほとんどが、天道教とキリスト教の関係者であり、仏教関係者は韓龍雲と白龍城の二名のみであったとされる。当初朝鮮仏教界で独立運動に関して積極的な動きが見られたわけではなかった。しかし、三・一運動は朝鮮僧侶にも民族的自覚を促す結果となったようである。一九一九年一二月には、白初月ら数名の僧侶が独立運動や上海の臨時政府を支援したとして検挙されている。京城本町警察署長の報告要旨によれば、白初月らは、独立運動や上海の臨時政府に対し「耶蘇教徒及天道教徒ハ盛ニ之カ後援ヲ為シツツアルニ独リ仏教徒ノミハ何等為スナキヲ大ニ遺憾トシ」、『革新公報』という出版物を秘密裡に刊行配布して、独立運動や臨時政府支援のための資金募集に従事していた。[7]

また三・一運動を機に総督府の朝鮮仏教施策に対する抗議活動も活発化した。一九二〇年に、韓龍雲を中心として政教分離・寺刹令廃止を目指す「朝鮮仏教青年会」が設立された。[8] さらに二一年一二月には朝鮮仏教維新会が組織され、[9] 千名を超える僧侶の署名を集めて、寺刹令の撤廃を求める陳情書を総督に提出した。[10]

総督府の仏教施策と朝鮮仏教界の対立

先述のような朝鮮仏教の動きに接し、斎藤實は強い危機感を抱いたものと考えられる。キリスト教・天道教に加えて、朝鮮仏教にまで民族主義的意識が広範囲に浸透すれば、諸宗教による朝鮮民族主義の連合運動へと発展しかねない。それを阻止するためには、早期に朝鮮仏教界の民族主義運動を分裂・解体させ、朝鮮仏教を御用化・日本

（図表４）仏教・神道・キリスト教の信徒数の推移（1916年〜 1924年）

	1916年	1917年	1918年	1919年	1920年	1921年	1922年	1923年	1924年
日本仏教信徒数（日本人）	104,104	111,263	116,652	126,689	137,063	138,953	146,925	157,044	169,252
日本仏教信徒数（朝鮮人）	6,470	123,347	7,790	17,996	11,054	11,863	17,897	18,801	12,380
朝鮮仏教信徒数（朝鮮人）	73,671	84,777	89,417	150,868	149,714	163,631	162,892	169,827	203,386
神道信徒数（日本人）	27,801	30,837	38,717	41,765	49,807	52,820	53,234	62,762	65,932
神道信徒数（朝鮮人）	8,553	8,412	8,482	5,953	6,819	7,189	6,294	6,534	9,239
キリスト教信徒数（朝鮮人）	279,586	270,698	315,377	292.141	319,357	350,537	366,270	357,881	342,716

①『朝鮮ニ於ケル宗教及享祀一覧（大正一五年八月）』、『朝鮮に於ける宗教及享祀一覧（昭和六年一二月調）』により作成。なお，この資料は、中西直樹編『仏教植民地布教史資料集成』（朝鮮編）第二巻（三人社、二〇一三年、以下『資料集成』と略記）に収録されている。
②大正一五年八月と昭和六年一二月調では、若干人数に差異が認められる。明らかな転記ミスと推察されるもの以外は、基本的に昭和六年一二月調の数値によった。

化する必要があると考えたのであろう。一九二〇年の「朝鮮民族運動ニ対スル対策案」は、こうした状況のなかで作成され、総督府の意向を反映し得る朝鮮仏教の統制機関とその支援団体の創設、そこでの親日主義の僧侶・信者の登用、さらには顧問格に在留邦人を置くことなどが構想された。

同年四月には布教規則が改正された。この改正により、教会所の設置などが許可制から届出制に変更されたほか、届出の手続きの簡略化が図られた。一見、宗教団体側の自主性を認めるような方向性が示された一方で、「安寧秩序ヲ紊スノ虞アル所為アリト認ムルトキ」に総督が教会所の使用を停止・禁止できる条項も追加された[11]。このように、総督府は実質的な介入権を強化させつつ、親日派の僧侶・信者による団体を組織させて朝鮮仏教の分裂工作を試みた。姜東鎮は、一九二〇年から二一年の間に親日派の朝鮮僧侶・信徒により組織された仏教団体として、「仏教振興会」「東亜仏教会」「仏教協会」などを挙げている[12]。

一九二二年に入ると、朝鮮仏教維新会の寺刹令撤廃運動が本格化し、総督府側の分裂工作もあって朝鮮仏教界の対立は激しさを増した。三月一九日には、京城覚皇寺で開かれた仏教維新会総会に参加するため各地から集った青年僧らが、親日派の巨頭で水原龍珠寺住持であった姜大蓮を弾劾する「鳴鼓事件」を起こし、多数の逮捕者を出した[13]。そうしたなかで、総督府の柴田善三郎学務局長は朝鮮仏教界の対立の調停に乗り出したが、寺刹令撤廃派に対して譲歩する案が示されるはずもなく、当然のことながら調停は失敗に終わった。

一方、朝鮮仏教の混乱にもかかわらず、図表4に見るように朝鮮仏教の信徒数は増加をし続けた。総督府からの追及を逃れるための民族主義者による偽装の可能性も考えられるが、民族主義的意識に目覚めた朝鮮僧侶の活動が一定の支持を集めた結果とも推察される。それゆえに総督府にとっても仏教対策は、一層重要性を帯びていったものと考えられる。

中央教務院の設立

総督府側は、朝鮮仏教界の対立の調停工作が不調に終わると、今度はその対立を新たな朝鮮仏教の統制機関を創設するための理由とした。一九二二年五月末、朝鮮仏教三十本山住持を招いて懇談会が開かれたが、その席で柴田善三郎学務局長は、朝鮮仏教の分裂の収拾を図るための提案を示した。その提案とは、一九一五年覚皇寺に設置された本山連合事務所の機能を強化して、新たに中央統制機関を創設し、その機関には全本山の財産の十分の二を拠出した約六十万円を基本財産とする財団法人をあてるというものであった[14]。朝鮮仏教の振興事業のための財源を確保し、三十本山合議による自治的統括機関を創設するという名目であったが、その内実は斎藤實の構想に沿って朝鮮仏教を御用化するための布石に他ならないものであった。

この案に対しては、仏教総務院派や仏教維新会などが直ちに反対運動を展開したが[15]、同年七月、柴田学務局長は、取材のために訪れた『中外日報』の記者に対し、次のように語っている。

実に朝鮮の仏教僧侶には困つたものだ、寺刹令を布いて十余年紛擾の絶へたことはない、折角纏まつたと思へば崩れる、仲よく共同提携しつゝあると思へば破綻する御承知の態だ、暗闘排擠反目如何にも手がつけられぬ状態だ、僧侶としての信仰見覚といふものがないといひたい、愚にもつかぬ勢力の争闘に日も亦足らず、終には自滅するより外に途がないような有様である、僧侶らしき信念のあるものとては実に僅少だ。如何にかして之を救済したいと考へてこの程から三十本山の住持を説いて本山末寺から醵金して財団法人を組織して之を中心核心として一集団を作つて仕事をさせたいと思いて調停奔走してる次第である、随分あやしげな僧侶もゐるのでなるべく擁護指導する決心でかゝつてるが、黙まつて見ると得手勝手な事ばかりいつてる、或は脅迫され或は架空な議論に迷妄する、だからといつて捨てたら到底彼等には自治の精神がないから何も出来ない(16)

また柴田善三郎は、寺刹令にも問題点のあることを認めて、次のように述べている。

成程三十本山といふのは或は当を得てゐないかも知れぬ、寺刹令を布く時内地の本末組織を参酌して作つたものだが、何んの見当にもあたらぬものが本山末寺の関係を成立してゐるものもあるかも知れぬ、しかし之を標準としても差支へる筈もない、漸次不備なものは合議の上完備して行くといふ持忍さはなく、たゞ叩き落すから落すといふ有様だから困る(17)

柴田は寺刹令撤廃論者にも一定の配慮を示すかのような発言をして、朝鮮仏教界の対立の調停者としての立場を装いつつも、寺刹令に代わる適切な制度がない以上、その不備を合議により改めていく統括機関の必要性を強調するのである。

この財団設立計画は、同年一二月に認可を受けて「財団法人朝鮮仏教中央教務院」として発足したが[18]、その直後に中央教務院に反対する総務院派は、教務院の置かれた覚皇寺の所有権をめぐって提訴し、法廷闘争に持ち込んで抵抗した[19]。その後も一九三〇年に韓龍雲を党首とする卍党を結成され、同党が政教分離・寺刹令廃止を綱領に掲げるなどして、総督府への抵抗は続けられたようである[20]。また中央教務院や本山住持の側も、必ずしも忠実に総督府の意向に従ったわけでもなかった[21]。そのため、総督府の側は、朝鮮仏教の御用化を側面から支援する民間団体を必要としたのである。

二　三・一運動後の日本仏教の対応

朝鮮人布教に向けた機運の高まり

三・一運動後に朝鮮仏教を取巻く状況が大きく変化するなかで、日本仏教の側はどのような対応を見せたのであろうか。三・一運動が起こると、日本仏教側はこの運動がキリスト教の策謀によるものであることを盛んに強調した。そして、日本仏教の朝鮮人信徒のなかには、この運動への加担者がいないだけでなく、日本仏教の布教活動が運動鎮圧に大きく貢献していると主張した[22]。日本仏教側は、植民地支配への貢献度をアピールすることで、総督府のキリスト教優遇策を仏教優遇策に転回させる絶好の機会と受け止め、朝鮮人布教に取り組む必要性を改めて痛感したと考えられる。

すでに三・一運動の起きる直前には、日本仏教の側も朝鮮人対象に本腰を入れる必要性を感じはじめていたようである。例えば、浄土真宗本願寺派は、在留邦人向けの布教が定着しつつあった状況を受け、一九一八（大正七）年五月に弓波瑞明執行（石川勝光寺）を満州・朝鮮に派遣した。現地の教状を視察した弓波は、帰国後、『中外日報』の取材に対し次のように語っている。

満鮮布教の第一期は既に終り今や第二期に入らんとして居ます。満鮮布教の第一期は只移住内地人の尻を追ふて年忌仏事を勤めたに過ぎませぬ、第二期は第一期の如く移住民を目的でなく、満鮮人の布教を如何にするかと云ふことが問題であります。(23)

この視察を受けて、同年七月には、朝鮮・満州の開教総長を本山に招集して「満鮮開教協議会」が開かれた。協議会では当面の布教計画を決議したが、そのなかには次のような方策も含まれていた。

現在朝鮮人開教の機関たる大聖教会を改善して益々其拡張を謀ることが今日の急務である、これが開教の方法は鮮人の子弟を内地に留学させて日本語を修得させ、夫から帰国して鮮人開教に従事させる方法を設け、又一方には日本人の子弟を朝鮮に派遣して半年間位は主とし鮮人風俗習慣を見習はして夫から後ち鮮人の寺に入つて朝鮮語を研究して鮮人開教に従事することとする(24)

（図表５）真宗大谷派・浄土真宗本願寺派の信徒数の推移（1917年～1925年）

	1917年	1918年	1919年	1920年	1921年	1922年	1923年	1924年	1925年
大谷派（日本人信徒数）	30,423	29,099	30,667	29,907	30,149	30,758	31,229	31,529	33,358
大谷派（朝鮮人信徒数）	517	615	818	1,542	1,541	1,669	4,973	5,722	7,722
本願寺派（日本人信徒数）	40,913	43,287	50,322	54,012	55,717	58,941	61,397	61,363	62,604
本願寺派（朝鮮人信徒数）	6,045	1,001	5,942	2,269	2,432	2,508	1,178	3,442	3,154

『朝鮮ニ於ケル宗教及享祀一覧（大正一五年八月）』（『資料集成』第二巻に収録）により作成。

三・一運動後には、朝鮮人布教者の養成に向けた日本仏教各宗派の取り組みも本格化した。最も迅速かつ積極的な対応を示したのが、大谷派と浄土宗であった。大谷派は、一九一九年より毎年、五名ずつの朝鮮人を京都の真宗中学に留学させ、将来は同派の僧侶として朝鮮人布教に従事させることとした。この計画に対して総督府も賛同し、同年最初の留学生の人選は総督府の協力によりなされた[25]。一方浄土宗は、すでに開城学堂などの教育機関を朝鮮国内に設立していたが、一層の教育事業の充実を図り日本語教授と普通教育を通じて、朝鮮人の布教補助者を得ることを企図した[26]。

この時期には、過去の宗派対立による苦い経験から、各宗協調路線による活動も生まれた。韓国併合の直後、特に真宗大谷派と本願寺派とは朝鮮布教での指導権をめぐって激しい対立を繰り広げたが[27]、この頃には両派提携の雰囲気が生じ、一九二〇年三月には、現地の監獄教誨に関する研究・意見交換をするため「教務研究会」が組織された[28]。この時期、本願寺派が前述のような布教計画を立案しながら、積極的に朝鮮人布教に取り組む姿勢を示していないのも、すでに在留邦人対象の布教で安定した基盤を築いていたことに加えて、大谷派との提携により朝鮮人布教を手控えた可能性も考えられる。図表5に掲出した両派の信徒数の推移から、三・一運動以降に大谷派が朝鮮人布教に、本願寺派が在留邦人布教に力点を移していった様子が把握できる。

こうした両派の協調の路線は他の宗派にも波及し、平壌では各宗連合による朝鮮人の教化機関として「平壌仏教会堂」が設立された(29)。

仏教朝鮮協会の設立

日本国内でも、各宗関係者により、朝鮮教化の研究と実施を支援する動きがあった。一九一九年六月一三日、朝鮮視察を終えた浄土宗の椎尾弁匡の呼びかけに応じ、仏教連合会・東京の各宗務所・宗派関係学校・東京仏教護国団・大日本仏教青年会・仏教青年伝道会・仏教青年婦人会の代表者、朝鮮布教経験のある各宗の有志約三十名が、東京神田の明治会館に参集して協議会を開き、朝鮮教化に関する研究・実施機関を設置することを決議した(30)。同月一九日に会員総会を開いて会名を「仏教朝鮮協会」とし、朝鮮人教化のために様々な事業展開をすることとなり、以下の「仏教朝鮮協会趣意書」を発表した。

> 日韓併（マヽ）行後歳を閲みすること茲に十星霜未だ内鮮同胞の精神的融合同化の完からざるものあるは現代の恨事にして教化の任に在る仏教徒として忸怩の念なき能はず今や欧洲の戦乱終熄し世界改造の時機に当り内は国民思想を帰一し外東西文明を調和し人類の平和と福祉の増進を理想とする日本仏教徒たるもの迩より遠に及ぼし韓土同胞の啓沃に貢献せずして可ならんや内外の情勢と内鮮仏教の歴史と将来に鑑み有志胥謀り茲に本会を設立し半島仏教に対し報恩反始の赤誠を竭し所期の目的を貫徹せんと欲す冀くば江湖同感の士奮て協賛せられんことを(31)

また協会設立の中心的役割を果たした椎尾弁匡は、日本仏教が朝鮮仏教との相互理解と提携事業を進めていく上で、日本仏教の宗派性が妨げになるとして、次のように述べている。

換言すれば各宗派それ自身に於て幾多の教化事業を選んで居りますけれども、それと相俟つて、而して又さう云ふ一派一宗の片寄つた事務に関係なく、仏教全体としての朝鮮の仏教、宗派的色彩極めて少ない朝鮮の仏教に対しまして、日本の如き宗派的色彩の多い仏教を以て向ふと云ふ事は面白くないと云ふ理解の下に、日本仏教の共通の大精神に基いて、朝鮮仏教の共通の大精神と真に理解し提携しやうと云ふ主旨の下に動いて居りますのが、此仏教朝鮮協会でありまして、此仏教朝鮮協会は同教同胞の精神に依つて、更に一層の理解を求め、而して更に一層提携の歩を進めたいと云ふのが、主なる目的であります。(32)

ところが、実際には各宗派機関の協力なくして、事業を実動に移すことは不可能であった。そこで、同月二一日に各宗との交渉のための委員会が築地本願寺で開かれ、将来朝鮮布教に従う意志のあるもの（宗立大学又は専門学校卒業生以上）を各宗派より東京に派遣して協会の事業に従事させることを決し、仏教連合会を通じて各宗派に協力と人選とを依頼した。(33)しかし、仏教朝鮮協会にそうした要求を各宗派に強要する権限があるはずもなく、東西本願寺が賛否を見合わせるなど各宗の協力を得るのは容易なことではなかったようである。(34)

仏教朝鮮協会の事業展開

仏教朝鮮協会は、設立の翌年の一九二〇年三月二五日から四月一五日までの三週間、「内鮮同朋の精神的融合に寄与」を目的として「朝鮮教化講習会」を東京神田表猿楽町にて開催した。科目と講師（科外講義を除く）は以下のとおりであった。(35)

一、朝鮮教化の理論
　統治　法学博士　有賀長雄
　教化（朝鮮教化の現状）　総督府派遣講師
二、朝鮮の産業政治医事　総督府派遣講師及拓殖局派遣講師
三、朝鮮の民族
　人類学上　東京帝国大学講師・京都帝国大学教授　鳥居龍蔵
　生理学上　京都帝国大学教授・医学博士　石川日出鶴丸
　心理学上　大邱普通学校長・文学博士　高橋　亨
　社会学上　東京帝国大学教授・文学博士　建部遯吾
　警　務　上　平壌高等法院・前検事長　向井　巖
四、日韓史　前東京帝国大学教授・文学博士　白鳥庫吉
五、朝鮮史　東京帝国大学助教授　池内　宏
六、朝鮮の芸術、建築
七、朝鮮の人文地理　早稲田大学教授　志賀重昂
八、朝鮮の仏教　文学博士　高橋　亨
九、仏教上より見たる日韓関係　東京帝国大学教授・文学博士　村上専精
十、朝鮮と儒道教二教　今関天彭

十一、朝鮮の基督教
十二、朝鮮の特質　　　東京帝国大学教授・文学博士　藤岡勝二
十三、朝鮮の文学　　　李王家職　国分象太郎
十四、現代思想批判　　東京帝国大学教授・文学博士　姉崎正治
十五、教化史上の仏教　宗教大学教授・文学博士　椎尾弁匡

この講習会にどれだけのものが受講したかは詳らかではないが、講師には各分野の専門家・大学教授のほか、朝鮮総督府関係者の派遣も予定しており、日本政府・朝鮮総督府の支援もあったと考えられる。この年には、朝鮮文化展覧会・講演会、朝鮮布教従事者の懇談会なども開催したが、この頃に在日朝鮮人が急増するなかで(36)、仏教朝鮮協会の事業はその支援活動へと重点を移していったようである。同年六月には人事相談部を開設して東京在住の朝鮮人の職業紹介や宿泊所の斡旋の事業に着手した。さらに一九二三年には授産所も開設し、後に朝鮮人学生の寄宿所も運営したようである(37)。一九二六年には、東京市に対して朝鮮語や朝鮮の習俗に通暁した方面委員を採用するように建言書を提出している(38)。

しかし朝鮮人から見れば、総督府政務総監と密接な連絡調整を図りつつ(39)、「内鮮融和」を目的に掲げる仏教朝鮮協会の事業が、日本の朝鮮支配に加担するものであることは明白であった。一九二七年には協会の経営する寄宿舎女子同朋園で三名の女学生が投身自殺する事件が起こり、協会は反親日団体から厳しい攻撃に晒され、その活動が大きな成果を上げることはできなかったようである(40)。

仏教社会事業の推進

三・一運動後に日本仏教側の朝鮮人布教は活発化したが、図表4（169頁）に見るように、日本仏教が多くの朝鮮人信者を獲得するには至らなかった。

また一九二〇年には、臨済宗妙心寺派が朝鮮仏教との密接な提携を企画したことが、朝鮮三十本山を自宗の支配下に置く計画と受け止められ、朝鮮仏教からの反対運動が起きた(41)。妙心寺派側はこれを否定しており(42)、真偽のほどは詳らかでないが、朝鮮仏教側に日本仏教各宗派への不信感が根強いことを示した出来事といえるであろう。将来的に日本仏教の布教者とすべく日本国内の宗門関係学校に入学させた留学生も、日本仏教に不信感を抱く周囲の批判や圧迫を受けて途中退学するものが多く、朝鮮人布教者を養成することも容易なことではなかった(43)。

総督府としても、キリスト教の牽制・懐柔策、朝鮮仏教の振興・利用策に比べると、日本仏教の直接的な朝鮮人布教に多大の成果が期待できないことを理解していたであろうが、朝鮮人側に日本仏教の動向が総督府と一体のものと理解されている以上、何らかの対策を講ぜざるを得なかった。そこで、日本仏教による朝鮮人の宣撫工作として重要視されたのが、社会事業の推進であった。当時、総督府が日本仏教による社会事業への取り組みを重視したことは、一九二一年一月に総督府が刊行した『大正十年最近朝鮮事情要覧』掲載の「（ホ）宗教団体の社会事業」のなかの次の一文からも明らかである。

宗教団体の社会事業は主として外国宣教師の手に依つて経営せられた学校、病院等各種社会的施設の見るへきもの尠からす彼等か先つ社会的事業を以て日常生活上の実際的要求を満たさしめ徐徐に民心に根底ある基礎を築きて宗教の宣布に着手する熱心と努力とは偉とすへきものあり之に反し内地人宗教家の社会的施設は只龍山に仏教各派か行路病者収容所を設け一箇年七千円余の経費を投して二十名内外の患者を収容せる関城に浄土宗の経営に係る商業学校ある外一二孤児院を有するに過きす今後内鮮宗教家の努力を要すへきは主として此の点に在るを認め本府に於ては相当の援助を与ふへき旨を示して宗教団体に対し其奮起を促し最近浄土宗に於て簡易夜学校及人事相談所設置の計画あり又大谷派本願寺等に於ても青年会館を建設して各種の社会事業を経営せんとする計画を進めつつある(44)

ここでもふれられているように、日本仏教のなかで、総督府の奨励策に積極的な対応を見せたのは大谷派と浄土宗であり、当時設立された代表的な仏教社会事業施設に、大谷派の「向上会館」と浄土宗の「和光教園」があった(45)。向上会館は、大谷派朝鮮開教監督溪内弌恵の発起により、一九一九年より設立準備が始められた。その設立に際し、総督府も会館設立の用地を貸与し、事業内容の検討にも参画するなどして支援した(46)。二一年六月には、向上会館の活動計画が具体化して趣意書を発表、六万円余りの寄付金を集め同年一〇月に会館を起工、翌年八月に完成した。まず同年一〇月に産業伝習部を開設し、洋服・洋靴の製造に関する授産事業に着手し、後に修学部・宗教部も設けた。一方和光教園は、浄土宗の朝鮮開教区長兼開教院住職であった久家慈光により二一年一〇月に開設され、当初設けられたのは学園部・教化部・宿泊部であった。学園部は、近隣の不就学児童を中心に無月謝で教育を施し、文房具なども支給した(47)。その後、紹介部・相談部・救護部・授産部なども設け総合的社会事業を実施した。この和光教園の設立に際しても、総督府から用地が無償貸与され、総督府旧庁舎建物の一部も無償譲与された。また翌年には宮内省より奨励金の交付を受けたのを始め、国庫・総督府・道庁からの補助金も受けた。

しかし、これら日本仏教関係者の諸事業が、朝鮮仏教の指導や朝鮮人の布教・感化の面で大きな成果を収める見込みはなかった。それゆえ総督府にとって、朝鮮仏教の御用化・日本仏教に向けて活動する新たな協力団体の必要性が増していったと考えられる。

三　「内鮮融和」運動の組織化と朝鮮仏教大会

中村健太郎の経歴

朝鮮総督府は、朝鮮仏教の統制機関として中央教務院を設立したが、反対派の粘り強い抵抗があり、朝鮮仏教全体を完全に「御用化」するには至らなかった。また日本仏教は朝鮮仏教の懐柔に利用価値があると考えられたが、個別宗派が朝鮮仏教に直接介入することが却って朝鮮側の反発を増幅させることは、過去の経験からも明らかであった。そこで総督府は、日本仏教の宗派性を極力控えさせるとともに、実業界・教育界など日韓の有力者を総動員して、朝鮮仏教の自主的かつ協和的雰囲気を演出して懐柔する方策が目指された。そうした目的に沿って設立されたのが朝鮮仏教団であった。ここでは、朝鮮仏教団の設立と活動を論ずる前に、そこでの中心的役割を果たした中村健太郎（号「三笑」）という人物の経歴を簡単に紹介しよう。(48)

中村健太郎は、一八八三（明治一六）年に熊本市池上町に生まれた。熊本尋常小学校を経て済々黌に進学し、一八九九年七月に熊本県派遣朝鮮留学生の第二期生（一〇名）のひとりとして朝鮮に渡った。現地では、京城南山の麓の日本人居留地の東端にある「楽天窟」を宿舎として生活しながら、朝鮮語を中心として英漢、数学などを三年間学んだ。留学生は、引き続き朝鮮で就職する義務があり、中村は朝鮮人教育家で親日家でもあった中泰休という人物が平壌で経営する日本語学校「洛淵義塾」で教員として勤務し、約一年後に京釜鉄道会社に測量班書記として入社した。当時京釜鉄道は建設中であり、中村は朝鮮各地を測量のため出張し、現地の有力者の知遇を得るとともに、朝鮮の風俗を調査研究した。

日露戦争がはじまると、熊本県派遣朝鮮語留学生の多くが通訳として従軍したなかで、中村は請われて漢城新報社の朝鮮文の主幹となり、戦争報道などで活躍した。戦後、統監府が設置されると、東京警視庁の警務部長であった丸山重俊が韓国政府の警務顧問（後に警視庁を設置し警視総監に就任）に就任した。警務顧問は、韓国内務大臣の所管として国内の各道から内務大臣に上申される書類すべてに目を通す必要があり、朝鮮文の新聞雑誌の検閲も役目としていた。このため熊本県出身であった丸山重俊から、朝鮮語に堪能な同郷の中村に翻訳官となるように要請があり、中村はこれを受諾して警務顧問事務の補佐に従事した。しかし、韓国併合に前後して韓国政府の警視庁は廃止となり、丸山重俊も島根県知事に転任した。中村も持病の坐骨神経痛の悪化のため、総督府の任官を辞退し一時療養に専念した。

ところで、かつて中村が朝鮮文主幹を務めた『漢城新報』は、伊藤博文によって一九〇六年に『大同新報』と合併され統監府の機関紙となり『京城新報』に改められた。総督府設置後も『京城新報』はその機関紙とされたが、寺内正毅はその経営を徳富蘇峰に懇請し、蘇峰は監督となり、社長には『国民新聞』の政治部長であった吉野太左衛門が就任した。蘇峰は、朝鮮新聞の買収を行い総督府の言論統制に協力したが、買収した新聞のうち唯一残した『毎日申報』（朝鮮文）の主宰を同郷の中村に要請し、病気の癒えた中村もこれを引き受けた。ちなみに『毎日申報』は、『大韓毎日申報』として一九〇四年に英国人ジャーナリストのアーネスト・ベセル、梁起鐸（後に大韓民国臨時政府大統領）らにより創刊され、日本の朝鮮侵略を批判する論陣を張ったが、京城日報社に買収されてから、『毎日申報』と改められ、『京城日報』の姉妹紙として朝鮮総督府の機関紙となった。

その後一年ほど経って、京城日報社の社長が阿部充家（号「無仏」、国民新聞副社長）に交代した。阿部は鎌倉円覚寺の釈宗演について禅道に通じた人物であり、朝鮮仏教の振興にも積極的であった。阿部は、朝鮮仏教の振興について総督・政務総監に種々進言し、三十本山住持とも密接に交流した。中村は阿部の通訳・接待係を務める内に三十本山住持と親密になり、中村自身も禅に関心を抱き、阿部の勧めもあって臨済宗妙心寺派京城別院の後藤瑞巌のもとで禅の修業と仏教研究を行うようになった。

三・一運動が起こると、中村はその実態を把握すべく、釜山から京城へと至る各地を視察し、一九二〇年七月に朝鮮民衆側の動向を伝えるため斎藤實総督に面会を求めた。その際に斎藤より勧誘を受け、翌月に朝鮮総督府の事務官となり、一九二三年八月まで在職し、その間に同民会・朝鮮仏教団の設立に関わった。朝鮮語に堪能で朝鮮の地方の事情にも詳しく、かつ三十本山住持とも親交のある中村は、総督府の意向に沿って、朝鮮仏教の「御用化」を側面支援する民間団体の推進役として適任であった。斎藤が初対面であった中村を直ちに総督府事務官に採用したのも、自らの構想を実現化するための適材と見たからであろう。

同民会の設立

朝鮮仏教団に先行して朝鮮で設立の準備が進められた団体に同民会がある。同民会は、内鮮融和と東亜民族の結束を目的に掲げ、朝鮮における実業家・宗教家・教育家その他あらゆる方面の有力者を網羅した団体であり、朝鮮仏教団との関係も深く、両団体とも朝鮮総督府の支援を受け、中村健太郎が設立の中心的役割を果たした。まずは同民会の設立の事情から見ていこう。

中村の回想によれば(49)、同民会の設置は、皇民会の幹部であった北条時敬（元学習院院長）・宮岡直記（海軍中将）らが斎藤實総督を訪問したことを機縁にはじまった。この訪問は、北条の遺稿集『廓堂片影』によると、一九二一年六月のことであり、[50]北条らの訪問の目的には、皇民会の支部を朝鮮に設置することもあったようである。北条らとの会合には、警務局長の丸山鶴吉のほか、朝鮮人側からは具然寿・申錫麒・高義駿らが招待されて同席した。同会支部の朝鮮設置を提案する宮岡らに対して、斎藤は「どうだ朝鮮人を多数網羅するにはある既成団体の支部では駄目であろう。別に新たに皇民会の趣旨と同様は《(ママ)》姉妹団体をこしらえた方がよかろうと思う。」[51]と述べたという。

皇民会は、一九二〇年七月に設立された。発足当時の設立趣旨などは詳らかでないが、同志社大学人文科学研究所所蔵の『皇民会報』三号（一九二一年七月発行）によれば、第一次世界大戦後の国内状況を国家存亡の危機と見る認識から組織されたようである。すなわち、戦後の権利意識・個人主義の高揚、労資対立・階級闘争の激化を「思想の悪化」によるものととらえ、国民が一致団結して国防の整備と国力の充実に努めるために、皇民としての自覚を鼓吹すべく各地を講演し、支部を組織していったようである。中心的メンバーには、大迫尚敏（海軍大将）や宮岡直記ら軍人が多く、北条時敬ら学者や実業家も参加していたようである。[52]

中村が同民会の設立に着手したのは、北条らの訪問の直後で、二年後にその事業に専念するため総督府を退職したものと推察される。中村は最初に丸山鶴吉警務局長より斎藤實総督が皇民会のような内鮮融和のための団体の創立を希望しているので、創立趣意書を起案するように指示を受け、その草案を提出した。中村が提出した草案にどの程度の変更が加えられたかは不明であるが、一九二四年四月の発会式に際して発表された「同民会創立趣意」では、「欧洲の大戦乱は数年の前に終熄せりと雖も、列強競争の形勢は更に緩和せらるゝ所なし」と欧米列強への脅威に言及した後に、その時代状況を乗り切るため国民の団結の重要性を次のように指摘している。

然るに内は融和の実未た全からすして、動もすれは徒に感情に趁せて互に相離反し、反目嫉視せんとする傾向あり、外は矯激浮薄の思想澎湃として迫り、将に我か至純の東洋思潮を蠱毒せんとす、茲に於て其の結合を堅うし、互に相砥礪し相扶持して、勤勉努力の風習と剛健誠実の気象とを養成し、以て百年の大計を樹つるは、洵に今日に於ける急務なり(53)

斎藤総督の提案で会の名称は「同民会」と決まり、さらに斎藤から民間有力者と調整するように指示を受けた。中村は朝鮮殖産銀行頭取の有賀光豊、京城商工会議所会頭の釘本藤次郎、漢城銀行頭取の韓相龍、農林会社長の佐藤虎次郎、中枢院参議の申錫麟ら日朝の有力者に働きかけ、その賛同を得て有賀を中心に発起人会が開催された。この発起人会で佐藤虎次郎・申錫麟・中村の三名が実行委員に選任された。実行委員の三名は、さらに斎藤総督より内鮮融和の徹底を図るため日本国内での協力を得るようにとの助言を受け、東京に赴いて政財界の有力者を訪ね協力を求めた。まず渋澤栄一を訪ねて賛成者名簿に署名を得て、続いて、徳川家達・徳富蘇峰・犬養毅・内田良平・安達謙蔵・濱口雄幸らからも署名を得た。一カ月に及ぶ東京での運動により、百余名の賛同を得て、京城に帰り報告会を開くと、多数が参集し会員も急増し、このときに役員を改めて選定し直して、李載克を会長に、佐藤虎次郎を副会長に、申錫麟と中村が常任理事に就任した。

その後の一九二四年には、中村は小林源六より朝鮮仏教大会の運営についての協力要請を受けたようである。同民会の設立事業を推進中であった中村は少し躊躇したが、丸山鶴吉警務局長に相談したところ、両団体が「内鮮融和」の促進に相乗効果を生むであろうとの助言を得て、小林の懇請に応じることとなった(54)。二四年二月に佐藤・申・中村の三名は再度東京に赴き、同民会の資金募集活動を行ったが(55)、この際には朝鮮仏教大会への協力要請も併せて行ったようである。[56]この同民会の資金募集活動では、渋澤より五〇〇円、三井・三菱より各五〇、〇〇〇円をはじめ、六大都市を巡回して資金を募集し、五月までに三十余万円の寄付を集めて京城に帰った。

こうして同年四月一五日、同民会の発会式が朝鮮ホテルにて挙行された。同会役員として、会長に北条時敬、副会長に李戴克（男爵）と安藤又三郎（満鉄京城管理局長）が就任し、顧問に朴泳孝（侯爵）・徳川家達（公爵）・李完用（侯爵）・宋秉畯（伯爵）・渋澤栄一（子爵）ら日朝の有力者が名を連ね、綱領として次の三項目を掲げた。

一、大局に高処して内鮮融和の徹底的実行を期す
一、質実剛健の気風を養ひ軽佻浮薄の思潮を排す
一、勤勉万行の風を起して放縦惰弱の風を戒む[57]

中村の回想録『朝鮮生活五十年』によれば、発会後に朝鮮全土に支部組織活動を展開し、各道の道評議員と協議を重ね、各道評議員のなかから支部長・副支部長・理事・評議員・幹事の役員を委嘱することにした。三年後には朝鮮全道に支部を設置し、その組織網を活用して講演会・研究会・座談会を盛んに実施した。

朝鮮仏教大会の設立

「内鮮融和」を掲げて設立された同民会に対し、朝鮮仏教大会はその仏教版とでも言うべき団体であった。以下にその設立経緯を概説しよう。

朝鮮仏教大会の設立を発起した小林源六は、三重県津市出身で一九〇四年に朝鮮に渡り、丁字屋百貨店を経営す

る実業家として現地で成功を収めた人物であった。熱心な仏教信者でもあった小林は、一九二〇年の秋、京城に仏教大会を起こし仏教によって朝鮮人を指導したいという李元錫の話を聞いて共感し、私財を投じて朝鮮仏教大会を結成した。李元錫は、一八八六年に朝鮮に生まれ、明心居士を称する在家信者であり、仏教系の能仁女子学院に校長として勤務したほか、李完用主宰の仏教擁護会常務幹事や本願寺派朝鮮教会の常務委員なども務めた人物であった。[58] 結成当初の朝鮮仏教大会は例会や講演会、敬老会、共同墓地での法要の開催などを主な活動としていた。[59]

中村の回想録『朝鮮生活五十年』によれば、朝鮮仏教大会の結成に先立って、李元錫の意見に賛同した斎藤實総督は、当時小林の招きで京城に来ていた大西良慶（清水寺貫主）、小林源六、山口太兵衛、釘本藤次郎ら民間有志数名を官邸に招き仏教振興に関して懇談したという。この頃に斎藤實が記した前述の「朝鮮民族運動ニ対スル対策案」のなかには、「仏教ノ振興ヲ促進スルヲ以テ目的トスル団体ヲ設ケ之ヲ以テ総本山ノ擁護機関タラシムルコト」という一項目があり、これは朝鮮仏教大会のような団体を想定していたと考えられる。一九二二年一一月、朝鮮仏教大会は、京城妙心寺で理事会を開き、続いて朝鮮ホテルで正式な発会式を挙げた。その際には本会の顧問李完用、総督府の柴田学務局長ら有識者五十余名が参会した。[60]

一九二四年に入ると、前述のように同民会の中村健太郎も会の運動に参画し活動が本格化していった。中村は、地方の有力者に説いて同民会支部を朝鮮全土に設立させたものの、自発的な運動の広がりを期待できず、積極的に活動する団体へと育成することも困難なことを熟知していたと考えられる。[61] それに比べると、朝鮮仏教という既成団体を活用できる朝鮮仏教大会の方がはるかに成果を期待できると考えたであろう。以降、中村は朝鮮仏教大会の活動へと精力を傾注していくこととなった。一月に総会を開催して積極的な運動方針を定め、小林からその活動資金として一〇万円が寄付された。[62] 二月に朝鮮仏教大会の小林源六（総務）と李元錫（副会長）とは、日本国内で同民会の資金募集を行う中村に同行し、日本国内の各宗務機関や仏教連合会などを歴訪し協力を要請した。大会の事業の目玉の一つとして、朝鮮人青年を日本国内の各宗大学・専門学校に毎年五〇名ずつ留学させ、一〇年間で五〇〇名の布教師を養成することが企画されており、その実現のためには、国内の仏教各派の協力体制が不可欠であった。[63]

小林源六・李元錫らが帰鮮した五月には、朝鮮仏教大会の機関誌『朝鮮仏教』が創刊された。[64] 当初『朝鮮仏教』は一枚刷のパンフレットであったが、斎藤實総督の助言を受けて雑誌に変更し、[65] 中村は主幹として雑誌の編集・発行人を務め、後に発行元が会社組織（朝鮮仏教社）になると、中村はその社長に就任した。

四　日本政財界の支援と朝鮮仏教団への改組

財団法人化に向けた機構整備

一九二四（大正一三）年五月二四日、朝鮮仏教大会は総会を開いて、財団法人組織に改組していくことを決め、会館建設のため京城茶屋町に用地を買収した。こうして発表された「法人組織趣旨」は以下のようなものであった。

李朝五百年の政策は一般民衆より宗教的信仰を滅却せしめられたる結果延いて現代の思想が法律及び物質に偏執し道徳を無視する傾あり殊に近来欧州戦乱の世界的思想動揺の余波を受けて思想界は益々悪化し種々の弊害を醸し今や盛んに思想の善導を絶呼せらるも多くは理想に止まり一つも実現の方法を見出さない。之れはどうしても我が国体に適当する宗教の力に俟たねばならぬ。然るに朝鮮の仏教界を観るに李朝五百年間圧迫の結果九百の寺院と七千の僧侶とは山中に隠れ所謂山林仏教となつて社会民衆と没交渉となり一般民衆は仏教の慈光に浴する事が出来ぬ。之れに反し基督教は鮮内到る処の重要地に礼拝堂を設置し盛んに活動せしめて居る。之れが為め或る一部の朝鮮の民心は基督教に依りて指導せ《（ママ）》され朝鮮人の霊界は外国人に依りて支配さるゝ観がある若し現状の儘に放任して顧みなかつたらば我が至純の東洋思想は遂に外来思想の為めに蹂躙せ《（ママ）》されて仕舞ふ恐れはありはすまいか。其他各種の宗教の如きは悉く之れ宗教類似の団体で民衆の指導に任ずる資格に乏しく却つて迷信を助長する傾があり實に朝鮮民衆の一大危機と謂はねばなりませぬ[66]。

外から欧米列強の脅威と内なる「思想悪化」への危機意識を煽りつつ、国民団結・「内鮮融和」の必要性を指摘する点では、皇民会や同民会と同様の考えに立つが、具体的に朝鮮仏教の復興を通じて、それを達成しようという点と、そのためにキリスト教への対抗意識を強調している点に朝鮮仏教大会の特色があるといえよう。

この年の八月には総会を開いて会則を変更し、大会の目的を「本会ハ広ク朝鮮ニ仏教ヲ普及セシメ人心ヲ教化善導シ福祉増進ヲ図ルヲ目的トス」（第二条）とした。役員には、会長に李允用（男爵）が、副会長に韓昌洙（男爵）と前田昇が、常任理事に小林源六・李元錫・中村健太郎が就任した。また相談役に、李完用（侯爵）・朴泳孝（侯爵）・宗秉畯（伯爵）らに加えて、清浦圭吾・渋澤栄一・下岡忠治らが名前を連ねており、その他、評議員・相談役にも朝鮮側と日本側の有力者が就任した[67]。会の役員に親日の朝鮮人有力者を総動員し、朝鮮人の主体的な仏教振興運動であるかのように見せかけながらも、副会長に朝鮮憲兵隊司令官（陸軍少将）であった前田昇が、常務理事に総督府と関係の深い中村が、相談役に朝鮮総督府政務総監である下岡忠治が就任し、総督府当局が会の運営を誘導する体制が敷かれていた。

一方、日本仏教各宗派の関係者としては、久家慈光（浄土宗開教区長）、後藤瑞巌（妙心寺派布教監督）らが相談役に加わっていたが、あまり多くの日本仏教関係者が参画していたわけではなかった。過去の経緯から、日本仏教の介入が朝鮮国内の反発を招くことを考慮してのことであったかもしれない。大会は、八月の総会開催後に施薬部を設けて医療救護活動にも着手した。(68)

日本政財界・日本仏教界の支援

一九二四年八月の総会に前後して、李元錫・中村健太郎・小林源六の三名の常任理事は東京を訪れ、大会の実動に向け各方面に協力要請を行った。九月には斎藤實総督の紹介により、(69)清浦圭吾・徳川家達・渋澤栄一・道重信教（増上寺貫主）・徳富蘇峰らを訪問して賛同を得た。さらに渋澤栄一・宮尾舜治（東洋拓殖株式会社総裁）・美濃部俊吉（朝鮮銀行総裁）の呼びかけによって財界の有力者二十余名が東京銀行倶楽部に集まり、大会に対する資金面での支援について相談するため「内鮮懇話会」が開催された。(70)朝鮮と関係の深い日系企業は、朝鮮仏教団の活動が朝鮮世情の安定に結びつくことを期待したと考えられる。懇話会はその後も継続して開かれ、同年一一月には、日本銀行・三井合名会社・南満鉄道会社・三菱合資会社が各五、〇〇〇円、第一銀行・日本興行銀行・横浜正金銀行・大倉組・王子製紙会社・村井銀行・東京商業会議所・日本郵船会社などが各二、五〇〇円を拠出し、内鮮懇話会のメンバーで計六五、〇〇〇円の寄附を決定した。(71)

朝鮮仏教大会に対しては、日本政府も支援の姿勢を示した。特に積極的な姿勢を示したのは、文部省宗教局長の下村寿一であった。李元錫らは下村を介して岡田良平文相や加藤高明首相とも面談し、支援の約束を取り付けた。(72)これに先立つ同年二月、日本国内では、清浦圭吾首相が神道・仏教・基督教の代表者を官邸に招き、国民精神の作興・思想善導についての懇談会が開催されており、日本国内でも社会主義運動の抑止に宗教の政治利用が画策されていた。(73)この招待会をめぐっては、宗教家側からも反論が出て大きな成果を収めるには至らなかったようだが、下村は、国家目的に沿った超宗派的体制を構築する上で、朝鮮仏教大会の事業支援が有効に機能すると考えたのかもしれない。

一方、日本仏教の側は、一〇月二〇日に開催された仏教連合会の幹事会で、朝鮮仏教大会への応援を決めたが、日本仏教全体としての支援体制や具体的支援内容は明確に示されなかった。(74)仏教連合会に各宗派を強権的に指導する力はなく、宗派間の協力体制を構築することは容易ではなかった。そこで、下村寿一宗教局長は、同月三〇日に各宗派の代表者を文部省宗教局に招集して、具体的な実行案を提議した。そこでは、日本仏教界の有力者を顧問に迎えること、朝鮮人青年を各宗派大学へ留学させること、朝鮮僧侶の日本仏教見学への補助、教化・社会事業の実施案などが示されていた。(75)下村の各宗派へのこうした積極的介入は奏功し、日本仏教各派も朝鮮仏教大会への支援策の具体化へと動きだした。一一月には京都方広寺で仏教連合会の東西幹事会が開催され、朝鮮仏教大会事業協賛について協議したが、そこでは、①各宗派管長が大会顧問に就任すること、②仏教連合会幹事が大会の相談役として指導援助すること、③常任顧問として大西良慶（清水寺住職）を推薦し京城に派遣すること、④各宗派大学への朝鮮留学生受入れの経費を各宗派で予算化しその人数を大会側に通知すること、⑤その他必要に応じ随時援助すること、が決議された。(76)

大会顧問に大西良慶が推薦されたのは、宗教局側が提示した「仏教顧問に対する希望条件」である「イ内地仏教界に於ける権威者たること、ロ宗派を超越すること、ハ身体強健にして活動力あること、ニ朝鮮の仏教を終生の事業として一身を犠牲とする覚後《マヽ》あること」(77)に合致していたためであり、中村も次のように回想している。

大西大僧正が、各宗管長を代表して仏教団の教務顧問に推薦されたのは、大西大僧正が、法隆寺管長であり、法隆寺は聖徳太子の建てられた日本最古の寺であるばかりでなく、他の宗派の如く、宗派のむつかしい関係がないというのが、仏教団の如き、各宗共通の仏教運動には、私も適任者であるというにあつた。(78)

朝鮮仏教大会は、朝鮮仏教の振興を目的に掲げていたが、それは決して朝鮮独自の仏教を意味するものではなかった。「内鮮融和」に資するような日本化した朝鮮仏教が目指され、それに向けて日本仏教が指導的役割を担うことが期待された。大会の目玉事業に掲げられたのも、朝鮮人青年を日本国内の各宗大学・専門学校に留学させ、一〇年間で五〇〇名の布教師を養成することであり、その実現のためには、国内の仏教各派の協力体制が必要不可欠であった。ところが、日本仏教の宗派性はその妨げとなるものであり、文部省の意向もあって、極力宗派性を排除した協力体制が図られたのである。

財団法人朝鮮仏教団への改組

中村ら三名が朝鮮に帰って後、一二月二日に大会会館で大会の理事会が開催され、次いで六日に朝鮮ホテルで役員会が開催された。李元錫・小林の両名が東京で政財界から受けた支援内容を詳細に報告すると、場内に歓呼のどよめきが起き、財団法人への改組が決議された。(79) 臨席した大会の顧問でもある朝鮮総督府の下岡政務総監は、次のように述べて朝鮮仏教団の活動への期待を表明した。

どうぞこの事業をして、真に仏教に依つて、朝鮮に於ける我々同胞の融和及び朝鮮統治の大なる助けも得られるといふことになれば、実にお互ひの仕合せこれに過ぎないことであらうと思ひますから、諸君の双肩に荷はれて居る責任は重大であることを自覚されて、私は将来の御努力を大に望む次第であります(80)

年が明けて一九二五年三月に開催された理事会では、会の名称を「朝鮮仏教団」と変更することが決議された。朝鮮仏教大会という名称が一時的な会合を想定するものであり、恒常的活動を続ける団体として適切でないということが主な理由であった(81)。同年四月頃には、日本国内に派遣する留学生を次の三種とし、その学資の全額を支給することを決定した。

一、(甲種学生)年齢十八歳以上三十歳以下にして高等普通学校卒業又は之と同等以上の学力を有するものを内地仏教専門学校に派遣し同校卒業後更に一ヶ年内地寺院に於て布教師として必要なる実習を為さしむるもの
二、(乙種学生)年齢一十五以上三十五歳以下にして普通学校卒業又は之と同等以上の学力を有し現に僧籍に在る者を内地各宗本山に派遣し指定の寺院に於て布教師として必要なる訓育を受けしむるもの
三、(高等学生)甲種学生中品性志操卓越し且つ学術優秀の者を選抜し仏教大学に入学せしめ卒業後更に約一ヶ年し指定の寺院に於て布教師として必要なる実習を為さしむるもの(82)

翌月には留学生の選考を行い、五月二〇日には甲種学生三名、乙種学生二名が京城を出発し、東京の駒澤大学・宗教大学・立正大学で学ぶこととなった。翌年にも五名の留学生を京都の大谷大学・龍谷大学に送る予定であった(83)。

これと前後して同年五月六日付をもって、朝鮮仏教団は総督府より財団法人として認可され、翌月には、京城ホ

テルで財団成立披露会が開かれた。披露会では、朝鮮仏教団の設立者として小林源六が挨拶を述べ、副会長の前田昇が欠席の李允用会長に代わり「財団法人設立の経過」を説明した。[84] 続いて斎藤實総督が次のように祝辞を述べ、朝鮮仏教団への賛意を表明した。

唯今本団の設立者並に団長としての前田閣下のお話があり、又それに対して祝辞が時實知事より出た通りであります。で、更に私が蛇足を加へる必要はないと思ひますが、この事業の甚だ必要にして、我々の希望に副うて居ることであるといふことを一言付加へたいと思ふのであります。どうぞ皆様も賛成者として御署名になつて居る方であらうと思ひますが、私も賛成者の一人であります。お互に充分に努力して、本団の事業の遺憾なく行はれることに努力致したいと思ひます。一言賛意を述べて置きます。[85]

他に野中鮮銀総裁をはじめ各方面の名士新聞雑誌記者など百余名が参会したが、本来主役であるはずの朝鮮人の姿はあまり見えず、総督府関係者ばかりが目立つ披露会となった。

朝鮮仏教団の事業実態

朝鮮仏教団の運営資金は、日本銀行・三井合名会社・南満鉄道会社・三菱合資会社などの日系企業からの寄付に依存していた。主たる事業である日本国内への留学生派遣事業は、文部省宗教局の積極的仲介により日本仏教各派が協力することとなった。この他の事業として、日本仏教側から派遣された大西良慶らによる巡講があり、春季と秋季には連日のように朝鮮各地で講演が行われた。その記録である『四大徳巡講誌』によれば、[86] この巡回講演は、四名の講師によって朝鮮全道各地で開催され、延回数は二千五百回を超えている。講師と巡講期間は次のとおりであった。

村瀬乗信　一九二一年一一月一四日〜一九二三年　四月二六日
金　益昇　一九二二年一一月二三日〜一九二八年一一月　九日
酒井至誠　一九二四年一一月二八日〜一九二八年一〇月二五日
大西良慶　一九二五年　九月二六日〜一九二八年　七月　四日

上記の四名の内、村瀬は、比叡山で天台を、法隆寺で倶舎・唯識を学んだ後、特定の寺院に止住せず、工場布教や日曜学校開催などの宗教活動を展開していた。酒井は仏教への造詣は深かったが、僧籍には入らず居士として各宗の学匠碩徳に聴聞して研鑽を積んできた人物であった。この二人は三重県の出身であり、朝鮮仏教団の設立者で同郷の小林源六が招聘したと考えられる。唯一の朝鮮人である金益昇は、京城に生まれ、慶応大学を卒業後に元山港監理・議政府参書官兼調査課長・外部交渉局長などを歴任する一方で、本願寺派の大聖教会総務となり、朝鮮仏教団評議員でもあった。金以外の日本人三名は、宗派性の希薄な人物が選ばれていたが、巡講は日本語で行われたようであり、朝鮮人感化に大きな成果を上げたとは考えにくい。

日本への留学生事業が順調に進展すれば、朝鮮人布教による新たな展望も見込まれたのかもしれない。しかし、毎年五〇名派遣の当初の見込みは、計画具体化の段階で一〇名に減らされ、さらに予算の都合から五名に減員された。結局目標の五〇〇名にははるかに届かず、中村の回想によると総数で三十余名にとどまったようである。[87]単純計算すれば、一〇年実施計画も、七年ほどで打ち切られたことになる。また留学生のなかには僧籍編入を拒否するものも相当数いたようであり[88]、日本仏教に学び、真に布教者となる志を有する人物を得ることは容易ではなく、事業計画は頓挫していったと考えられる。

日本仏教見学団の派遣も実施されたが、所詮は朝鮮仏教の日本化を目的としており、日本仏教への反感を和らげることに多大の効果はなかったであろう。他にも釈尊絵伝や経典を頒布する文書伝道、敬老会・施薬などの社会事業なども行われ[89]、日本の浅草寺をモデルに、本尊に聖徳太子像を、脇侍に観音像と太子の師である朝鮮僧侶・慧慈像を安置した堂舎を中心とする宗教街を京城長谷川町に造る計画もあった[90]。

しかしいずれも、朝鮮人の主体性を無視した事業内容であり、当初こそ朝鮮仏教団に期待したものの、そのありように失望する朝鮮僧侶もいたようである。例えば、安錫淵という人物は、機関誌『朝鮮仏教』に寄稿した文のなかで次のように述べている。

朝鮮仏教団が組織され仏教雑誌が発刊さるゝや、随つて半島宗教界は無限光明を普放するだろうと想像し、随喜に堪へなかつた。然し朝鮮仏教誌は余り好感を与へられなかつたと云ふのは、個人の愚見でもあろうが、「朝鮮仏教」と題し朝鮮仏教の復興を唱へながら、而も朝鮮の僧侶とは、提携せず、握手を欲しても居ない。又は朝鮮人を本位とせずして、投稿や購読方までも日本を土台としてゐる[91]

三浦参玄洞の文化政治批判

日本人僧侶のなかには、こうした朝鮮人側の反応に気づくものもいた。例えば、大谷派の藤波大圓は、「内鮮融和」

「鮮人教化」という言葉に朝鮮人は反発を感じており、その背景に日本人側の一種の優越感があると指摘している。しかし一方で、在留邦人布教が国家の海外発展に貢献する一面があるのだから、日本仏教に対する国家の保護がもっと得られてもよいはずだと述べている。(92) この藤波の主張は、朝鮮人の不満を認識しながらも、国家発展の一翼を担うという意識を離れることができなかった日本仏教の宗門人としての限界をよく示しているといえよう。

仏教者のなかには、文化政治のあり方に批判的認識を抱くものがいなかったわけではない。『中外日報』の記者であった三浦参玄洞（本願寺派僧侶）は、一九二八年三月同紙に発表した論説(93)のなかで、「現在半島の政治が必ずしも全朝鮮民族の満足を得て居ると解し難い」と総督府の施政に疑問を投げかけた上で、前京城日報社長副島適正の意見を引用して、次のように論じている。

氏（筆者注＝副島適正）は更に云ふ。

「抑も斎藤総督は新附の民に対し温情溢るゝものがあり、内鮮人に徳望高かつたのである、然もこの温情と徳望とを以てしても朝鮮人に独自存立の意想が根強く植付けられ又共産主義と民族観念か牢乎として抜くべからざる潜勢力を有つに至つたのは何故であらうか、最早や個人的の徳望だけでは朝鮮人の思想の偏頗を如何ともすることが出来ないのである、人格的の力よりも実質的の施設を要求されつゝあるのである、「善政」の制度化を必要とする時代になつたのである」。

吾人はこの一節を深く注視すべきである。所謂温情主義や抱込主義を以て撫つけやうとした過去の朝鮮政治は遂に失敗に終つたのである。

三浦参玄洞は、さらに続けて次のようにいう。

殖民地に於ける資本家階級の専制行為は東西共に軌を一にするものであるが如斯んば明治大帝併合の御精神が果して何処に残つて居るかを訝らざるを得ない、少数内地人の利害が与論として総督府を動かし多数朝鮮人の生存権を脅かすやうではどうして内地に親しむ心が起らう。

ここでは、日本人の権益の保全・拡大のみに終始し、朝鮮人本位の立場を考慮しない総督府のあり方が厳しく批判されている。韓国併合の精神を理想化しているようにも見えるが、その実現の不可能さを考慮すると、韓国併合自体の批判にも繫がりかねない主張ともいえる。また三浦は、総督府支配への反対勢力への弾圧にも次のように述べている。

不良を裁く前に裁くもの先づ自らの僻見曲視を撿めねばならぬ、不当なる言論は決して大衆を動かすものではない、神経過敏の為に妄に弾圧を加ふるときは自らの恐怖心の為に自らを滅ぼす結果に陥ることは朝鮮も内地も同然だ。

しかし、朝鮮総督府内はもちろん、日本仏教界にも、こうした意見に耳を傾けるものはなく、形式的な「内鮮融和」事業が次々に推進されていったのである。

五　朝鮮仏教大会の開催とその反響

朝鮮仏教大会計画の浮上

一九二五（大正一四）年より朝鮮仏教団は、朝鮮各道の道庁所在地に支部を設置することに着手した。同年に平壌・新義州・大邱・釜山に支部を設置したのをはじめ、二六年には光州・全州・清州・海州に、二七年には春川・羅南・咸興・公州に設置され朝鮮全域での支部設立を実現した。[94] しかし、皮肉にもこの間に、二〇万人を超えた朝鮮仏教の信徒数は減少に転じ、同時に日本仏教の朝鮮人信徒数も減少しつつあった。

仏教信徒数の減少の背景には、朝鮮仏教団の活動が朝鮮人本位ではないことが次第に明らかとなり、朝鮮人の仏教に対する失望が広がっていったことがあると推察される。日本仏教の影響によって朝鮮僧侶の妻帯問題が顕在化し、これに関わる朝鮮仏教の混乱が影響したことも考えられよう。[95]

こうした状況を受けて、朝鮮仏教団が新たに企画した事業が「朝鮮仏教大会」の開催であった。一九二七年二月、前田昇副団長は上京し、仏教連合会と朝鮮仏教大会の開催に向けて交渉した。[96] 朝鮮仏教大会は、一九二五年に開催された「東亜仏教大会」[97]にヒントを得て、朝鮮仏教団の低迷を打開する事業として浮上したものであった。前田副団長は、大会の開催が朝鮮仏教と日本仏教の提携を促進し、朝鮮における仏教振興に資するであろうという確信を次のように語っている。

この大会は確かに半島仏教の一大エポックを画するものと信ずる。御承知の如く内地の仏教各宗は朝鮮に布教してゐるが事情やむを得ないとはいへ只自己の宗旨の為めに没頭し朝鮮仏教者は山林にかくれ、かくて両者の間に何等の交渉がない我が朝鮮仏教団は成立以来内地人は勿論朝鮮人そのものに仏教を復興すべくその前衛軍を承つて来、本部がやうやく基礎を固めて一昨年から支部を全道に置くために力をそゝぎ本年をもつて十三道全部に完成しいよ〳〵来年度から真の活動期に入るのである、この時に際しての仏教大会は必ず将来の通仏教の上に成果をもたらすものと信ずる(98)

大会の開催意図と朝鮮仏教側の反応

一九二八年九月には、朝鮮仏教団、朝鮮三十一本山の代表機関である中央教務院、日本仏教各宗派の連合機関である京城各宗連合会の三団体の主催により、朝鮮仏教大会を開催することが正式発表された。発表直後の第一回準備委員会で、大会要項が決定され、その主旨目的を「本会は内鮮仏教徒の交情親睦を厚くし朝鮮に仏教普及を促進する為相提携して協力進歩の道を図り以て半島文化の発達に資し民衆の福祉増進に貢献するを目的とす」と定め、日程も翌二九年開催と決定した。朝鮮仏教団の前田昇副会長が座長に就任し、その後も終始、朝鮮仏教団が中心となり大会準備が進められたようである。(99)

朝鮮仏教団が大会を企画したのには、どのようなねらいがあったのであろうか。朝鮮仏教団の中村健太郎は、一九二八年一〇月『朝鮮仏教』の社説(100)のなかで、中央教務院、京城各宗連合会、朝鮮仏教団の三団体の主催により朝鮮仏教大会が開催されることに賛意を表明した上で、「此の仏教大会は、半島に於ける仏教三団体の連合主催とは云ふものゝ、その主人公は、何としても朝鮮三十一本山でなければならぬ。」と述べている。朝鮮仏教側の主体的な会合としなければ、朝鮮仏教の振興は期待できないというわけである。さらに中村は、次のようにも述べている。

半島に於ける仏教の三団体が連合して、朝鮮仏教大会を主催し、朝鮮三十一本山の住持が主人役となり、内地に於ける各宗各派の管長、文部省の当局者、斯界の学者、仏教連合会の幹部及び各宗の教学部長並に各宗教大学の学長其他を招待して、朝鮮に於ける仏教興隆の方法を研究しやうとするのは、誠に時宜を得た好個の誠事と謂はねばならぬ。

つまり、中村の期待する朝鮮仏教の主体性とは、日本仏教に学ぼうとする積極的姿勢と考えられているのである。そのため、大会の開催準備作業において最も重要視されたのは、日本仏教各宗派管長が渡鮮する際の日程調整にあったようである。こうした日本側からの要求が、朝鮮仏教の主体性を無視したものであったことは言うまでもないが、そうした総督府・日本側の主体的従属要求に抗するかのような事件が大会の準備作業中に起きている。

一九二九年一月、朝鮮仏教七千名の僧侶代表が京城覚皇寺に集まり、第一回禅教両宗僧侶大会が開催された。この僧侶大会は名目上、朝鮮仏教僧侶が総督府の意向に従って、自発的に朝鮮仏教の根本法規である宗憲や中央教務院院則、集会法などを議するために集まったものとされていたが、その実は総督府の宗教統制に反抗し、朝鮮民族の独立運動に加担する目的をもっていたようである。[101] 中村は、直ちに『朝鮮仏教』に「朝鮮七千の僧侶に警告す」を発表し、加担者を強く非難したが[102]、日本国内の『中外日報』は、この事件に関して、次のような朝鮮仏教団の関係者の談話を掲載した。

朝鮮三十《ママ》本山の教務院が朝鮮独立運動の陰謀に加担したことが世間を騒がして居るが、其後右につきて朝鮮仏教団関係で常にその方面と関係のある某氏の語るところによれば、何も別に新しい事として騒ぐ程の事もないだらう、それ程全鮮に亘つてかうした系統的な思想があることは既に知られて居る、ことに教務院がこの陰謀に加担して居ることも知らぬは官憲のみで他には周知的な事である。(103)

朝鮮仏教大会の開催

一九二九年一〇月一一日から三日間の日程で朝鮮仏教大会は開催された(104)。大会の参加者は総数六百名を超える大規模なものであり、特に日本仏教各宗派の管長や要職者約八十名が招待され参加したことは注目される。これに対し朝鮮仏教寺院の住持は二一名の出席にとどまっており、この点にも朝鮮仏教界と日本仏教界の大会に対する温度差がうかがえる。

大会開催に要した経費は一〇、五一三円であったが、日本仏教関係者がほとんどを占める招待者関係経費(宿泊・旅費、自動車経費、歓迎費)が四、二七五円と、全体の四割以上に及んでいる。収入の九割方は有志者の寄附によるものであったが、寄附者名簿に名を連ねたほとんどが日系企業や日本人であり、朝鮮人らしき寄附者は李王家のほか数名に過ぎなかった。

大会一日目には、一同が朝鮮神宮を参拝した後、まず総督府大ホールで商議会が開催された。商議会では座長に大西良慶が選任され、続いて役員が委嘱され、顧問に児玉秀雄(朝鮮総督府政務総監)と朴泳孝(朝鮮総督府中枢院副議長)が、会長に圓山全提(臨済宗大徳寺派管長)が、議長に祥雲晩成(日本仏教連合会幹事)、副議長に姜大蓮(龍珠寺住持)がそれぞれ就任した。この顔ぶれを見ても、大会が総督府と日本仏教の主導により、大物親日家の協力を得て進められたことが理解できよう。

商議会閉会後、直ちに大会に移り会長による開会の辞に続いて、斎藤實総督が次のように祝辞を述べ、大会を機に「内鮮融和」の進展することへの期待を表明した。

（前略）惟フニ我国ノ現情ハ真摯熱誠ナル宗教家ノ奮起ニ俟ツモノ頗ル多シ殊ニ思想ノ善導並ニ内鮮同胞ノ融和ノ如キハ宗教ノ力ニ依リ始メテコレガ完璧ヲ期シ得ベシ各位冀クバ今次ノ会同ヲ機トシ各般ノ問題ヲ討議研究セラレ半島仏教ノ隆盛ヲ図リ国運ノ進展ニ寄与セラレンコトヲ一言以テ祝辞ニ代フ

午後には議事に入り、主催団体側が提出した「吾人仏教徒は一層の親睦を図り朝鮮に於ける仏教の普及興隆に努め以て精神文化の発揚に貢献せむことを期す」という決議案が満場一致で可決され、各人の意見発表、提案がなされた。しかし、具体的方策として示されたのは、道重信教（増上寺貫主）の次の提案くらいであった。

一、朝鮮全土に民衆的仏壇を安置すること
二、京城府内に内鮮共学の宗教大学校を設立すること

道重の提案の後、祥雲晩成は他にも意見や提案があるも時間の都合上議事を終了する旨を告げ、高橋亨（京城帝国大学教授）の講演に移り大会一日目を終了した。二日目には殉難横死無縁各霊法要などが挙行され、三日目に朝鮮三十一本山側の歓迎会が京城郊外の華溪寺で開催され大会は終了した。また一日目と二日目の夕刻からは、講演会が京城公開堂で開催され、渡邊海旭・高楠順次郎らが講演した。

朝鮮仏教大会の反響

朝鮮仏教大会に関する評価にはさまざまなものがあった。大会に際し、主催者側の朝鮮仏教団の機関誌『朝鮮仏教』は、「朝鮮現時の状勢を打破し、旧套を蟬脱して仏教革新の一新起元を画する一大好機を与ふるもの」と位置づけた(105)が、一般の世論において、その評価は必ずしも芳しいものではなかった。

椎尾弁匡は、「内鮮融和」の実現に向けた朝鮮仏教協会の活動が有効な成果を収めていない経験を踏まえ、「堅実な基礎と、反省と、努力とを度外しては、漠然たる大言も壮語も大会も、徒労に帰するものと考へられ、多くの期待を掛け得ない。」と、その成果に疑問を呈した(106)。大会の成果を評価する意見もあるにはあった。吉田無堂という人物は、大会が朝鮮仏教に自信と自覚とを与えたとした上で、開会式に先立って日朝仏教界の代表者が朝鮮神宮に参拝したことを取り上げ、敬神思想の普及による「内鮮融和」の促進を期待している(107)。しかし、こうした評価が、朝鮮仏教と朝鮮人の立場を無視したものであることは言うまでもない。京城仏教専修学校講師として多少なりとも朝鮮仏教の実情を知る河村道器（曹洞宗）は、日本と朝鮮の仏教者が一堂に会した点で、両者の親睦には一定の成果があったかもしれないが、具体的な朝鮮仏教の振興策が示されなかったことから「失敗に近い」という厳しい評価を下している(108)。

『朝鮮仏教大会紀要』には、時間の都合で意見・提案を当日発表できなかった数名の提出文書も記載されている。そのなかの一人である石井教道（大正大学教授）は、次のように記している。

現代は徒らに過去を物語る時ではなく、現在並将来の朝鮮文化発展に対して仏教徒は如何なる役目をなすべきであるかといふ実際問題について議せられねばならぬ状態にあるのである。さうした予想の下に吾人は非常な興味と貧弱ながら自分だけの抱負とをもつて午後の会議に列席した訳である。然るに事実はその予想を裏きり、僅か議長の指名に依る二三の意見、それも百済時代の仏教の授受や、古代朝鮮仏教の盛華を物語る程度であつて、現時並に将来の問題に対する具体案件について何等発表の無かつたのには聊かアッケに取られた訳である。

大会では、大会の方針に批判的な意見、朝鮮仏教と日本仏教が提携して総督府批判へと結びつく可能性のあるような意見、逆に朝鮮仏教の反発を煽るような意見は極力発表できないように仕向けられたと推測される。その意味で大会において、真に朝鮮仏教と日本仏教の対話が図られ、朝鮮仏教振興の具体策が論じられることはなかった。いずれにせよ、日本仏教各宗派の管長や教団要職者が多数朝鮮を訪れたことで、日本仏教の朝鮮布教に関する関心が高まったことだけは事実のようである。現地でも、朝鮮仏教大会に先立って、全鮮真言宗信徒大会や曹洞宗布教師大会などが開催された。[109] 浄土宗開教総長の久家慈光は次のように述べ、大会を機に日本仏教の朝鮮布教が活発化することへの期待を表明している。

こんど仏教大会に参列せられる内地の方々には、この機会になるべく朝鮮各道を廻って実際の民情を視察して貰ひ内地仏教徒としてどういふ風に教線を敷いて行くかといふ大体の見とほしをつけて戴きたい。[110]

しかし、日本仏教に学ぶことの強要を趣旨とする大会が、朝鮮仏教の側に大きな変化をもたらすものとはならなかったようであり、図表6（191頁）に見るように、朝鮮仏教・日本仏教の信徒数はその後も低迷し続けた。大会直後、

（図表６）仏教・神道・キリスト教の信徒数の推移（1924年～1931年）

	1924年	1925年	1926年	1927年	1928年	1929年	1930年	1931年
日本仏教信徒数（日本人）	169,252	190,480	186,187	170,553	250,297	255,885	256,332	268,113
日本仏教信徒数（朝鮮人）	12,380	15,747	8,685	9,199	7,433	7,560	7,156	6,836
朝鮮仏教信徒数(朝鮮人)	203,386	197,951	170,213	189,670	166,301	169,012	139,406	141,836
神道信徒数（日本人）	65,932	74,527	75,810	67,182	67,199	68,519	67,451	67,770
神道信徒数（朝鮮人）	9,239	9,142	9,299	11,277	12,580	7,922	11,258	13,046
キリスト教信徒数（朝鮮人）	342,716	356,283	293.470	259,074	280,774	306,862	308,080	338,463

『朝鮮に於ける宗教及享祀一覧（昭和六年一二月調）』（『資料集成』第二巻に収録）により作成。

アメリカでの株価暴落に端を発した世界恐慌が日本と朝鮮の経済界にも大きな打撃を与え、朝鮮仏教団の経済的支援が途絶し、そのことも影響したと考えられる。また翌月に光州学生事件が起き、抗日運動が高まりを見せるなかで、「主体的服従」要求を掲げる朝鮮仏教団の活動は何ら機能しなかったと推察される。

朝鮮仏教普及会の結成

朝鮮仏教大会は一時的に日本仏教各宗派に朝鮮布教への関心を呼び起こしたが、「内鮮融和」を掲げ日本側の主導で行われる事業が、朝鮮人に大きな支持を得ることはできなかった。

こうしたなか、一九二九年一二月、朝鮮人による朝鮮仏教の振興を目的に掲げ、李允用を会主に、李元錫を副会長として、新たに「朝鮮仏教普及会」が組織された(111)。朝鮮仏教団の朝鮮側の中心人物であった李允用と李元錫とが新たな団体を立ち上げたのは、朝鮮仏教団が朝鮮人からの支持を失いつつあったためと考えられる。朝鮮仏教普及会の目指したのは、朝鮮人を主体とした仏教普及活動の推進であった。その趣旨書には、次のように記されている。

本会は思想善導の為め観音経及び其他仏書を流布し一般家庭に仏壇を安置し毎朝御経を読誦せしめ且つ全鮮に巡回講演をなし仏教の大慈悲心と三宝四恩の精神を普及し以て半島二千万の同胞を匡救し共存共栄の福祉を増進せんと発願せり有志諸賢幸に我が朝鮮を理解し同情して邦家の為め仏法の為め御賛成の栄を賜らば国家民衆の慶幸これに如かざるなり(112)

朝鮮仏教団が朝鮮仏教と日本仏教との提携を主たる事業としたのに対し、朝鮮仏教普及会は、仏壇安置の奨励や観音経の配布などの具体的事業展開を目的とした。

朝鮮仏教大会が朝鮮仏教の日本化に向けた起爆剤とならなかったことを受けて、親日の朝鮮人信者による独自の宗教活動を通じて仏教振興の普及を目指したのであろう。朝鮮の一般家庭への仏壇安置の奨励は日本仏教を手本とし、大会での増上寺の道重信教の提案を受けてのものであろうが、観音経の配布は朝鮮仏教に観音信仰が強いことに着目した事業であった。発足と同時に発表された「朝鮮仏教普及会は何をするのであるか」に、その事業計画が次のように説明されている。

朝鮮四万戸に一戸一部づゝを頒布するには四百万部を要しますが、其四分の一、乃ち百万戸に観音経一部宛寄贈し得たとすれば一戸平均五人として五百万の同胞に仏縁を結ぶ次第で精神的大事業の遂行と称すべきであります。されば朝鮮仏教普及の第一着手として百万部の観音経を全鮮の同胞に頒布する目的を以て先づ内地の善男善女より施主の署名せる観音経の寄贈を請ひ、其数約数万部に達せば各道知事、府尹、郡守、警察署長、面長其他地方官民有力者の参列を乞ひ全鮮各地に於て頒布式を挙行し適当に之を頒布し更らに第二回第三回と漸次歩を進めて彼岸に達せむとするのであります。[113]

観音経配布のための資金は、日本国内の寄付によることが示されており、その頒布式は行政と一体になって行う計画であった。さらに徳川家達、清浦圭吾、木辺光慈、山下現有、加藤精神、北野元峰、秋野孝道、道重信教、佐伯定胤ら、日本の政治家・各宗派の有力者を顧問に迎えており、朝鮮人本位を標榜しながら、その内実は朝鮮仏教団と同じく、朝鮮人の主体的活動と言えるようなものではなく、朝鮮仏教の御用化・日本化を目指す総督府の協力団体に過ぎないことは明白であった。

しかも満州事変後に、朝鮮仏教普及会の李元錫は、個別に日本仏教各宗派と提携することも計画した。一九三一年一一月頃、李は柴田一能らと「日蓮各宗朝鮮仏教普及会」の設立に向けて懇談した。近く日蓮宗各派の有力者を集めて日蓮宗々務院で創立会を開催し、「日蓮主義を以て朝鮮に仏教普及すること」を目的に掲げ、「教会所設置、人材養成、経典頒布、講演会及映画、文書伝道及其他宣伝事業、社会事業」の事業を展開する予定であった。また、全体の朝鮮仏教普及会とも連携し、将来的には宗派ごとに朝鮮仏教普及会を組織する計画であった。[114]しかし、翌年に満州国が成立すると、日本仏教の関心は満州布教へと向けられ、宗派ごとの朝鮮仏教普及会の組織は実現しなかったようである。

おわりに

一九三二年一二月、朝鮮仏教普及会は「東亜仏教協和会」と改名され、「内鮮の融和と日満親善を図るため」の団体へと改組された。この会では、会長李允用、副会長李元錫のほか、副総裁に床次竹二郎と水野錬太郎とが、常務顧問に大迫尚道（陸軍大将）が就任するなど、日本国内の政治家・軍人による介入が強化された。東京日比谷で挙行された発会式で、永井柳太郎拓務大臣は次のような祝辞を寄せた。

現下の状勢に鑑み我国社会各階級を通ずる質実真摯なる思想の涵養帝国全領域に渉る融和結合の観念の強化を以て急務と信ずるものにして殊に帝国内外の事態に照し内鮮融和日満親善の促進は必要最も切実なるものあるを認むこの秋に当り仏教界の先覚諸氏が時局に惟みる所あり決然起つて本会を興し躬を街頭に出でゝ国民精神振起の任に当らんとするは誠に適切有意義の美挙にしてその世道人心に裨益し邦家の隆昌に貢献する所蓋し甚大なるものあるを信じて疑はず[115]

一九三三年一月には、東亜仏教協和会の主催により、丸の内東京会館において「日満鮮懇談会並に時局懇談会」を開催した[116]。この懇談会には、中央朝鮮協会・東洋協会・日満中央協会・満州国協和会の四団体の支援があり、満州・朝鮮から参加したものもあったようである。

このように十五年戦争下に、「内鮮融和」に向けて日本政府・軍部の一層のテコ入れが強化されるなかで、もはや手を変え品を変えて朝鮮人を取り込もうとした工夫は放棄され、声高にスローガンを叫び強要するものへと、活動は終始していったのである。

【注】

（1）初代の宗教課長であった半井清も、後に「それはやはりキリスト教を政治的に重要視していたわけですね。ですから宗教課のできた目的も、朝鮮の政治に最も重要な一つのポイントであつたキリスト教対策ということがあつたわけです。」と回想している（近藤釼一編『朝鮮総督府資料選集　斎藤総督の文化統治』、友邦シリーズ第一六号、友邦協会、一九七〇年）。また斎藤自身もキリスト教宣教師の懐柔に腐心したことは、姜東鎮著『日本の朝鮮支配政策史研究――一九二〇年代を中心として――』の第一章第二節の「三、朝鮮総督斎藤實の宣教師懐柔政策」に詳しく論じられている（東京大学出版会、一九七八年）。

（2）「朝鮮民族運動ニ対スル対策案」（国立国会図書館憲政資料室所蔵「斎藤實関係文書」所収）。本資料は、中西直樹編『仏教植民地布教史資料集成』（朝鮮編）第四巻（三人社、二〇一三年、以下『資料集成』と略記）に収録されている。

（3）この点に関しては、本書第三章を参照されたい。

（4）原奎一郎編『原敬日記』第五巻、一〇四～一〇五頁（福村出版、一九八一年）。原敬が斎藤に示したとされる朝鮮統治に関する私見でも、キリスト教宣教師対策は大きく取り上げられているが、特に仏教に言及した箇所はないようである（『子爵斎藤實伝』第二巻、四五一～四五九・五五五～五七八頁、財団法人斎藤子爵記念会、一九四一年）。

（5）「長谷川総督の事務引継意見書（一九一九年六月）」（『現代史資料（25）朝鮮（一）三・一運動（一）』、五〇〇頁、みすず書房、一九六六年）。

（6）「鮮僧教育難」（一九一八年五月二二日付『中外日報』）。

（7）「斎藤総督赴任後における民族運動類纂（一九一九年八月～一二月）」（前掲『現代資料（25）』六〇八～六〇九頁）。

（8）朝鮮仏教青年会の設立年に関して、高橋亨が「一九二一年」とし（『李朝仏教』九四八～九四九頁、寶文館、一九二九年、『資料集成』第一巻に収録）、韓皙曦が「一九二〇年」とし（『日本の朝鮮支配と宗教政策』二三九頁、未來社、一九八八年）、金海鎮が「一九一五年」としている（『仏教と朝鮮文化』三六頁、在日本朝鮮仏教徒連盟、一九五八年、『資料集成』第一巻に収録）。ここでは、次の注（9）との関係から、ひとまず韓皙曦の説によった。

（9）朝鮮仏教維新会の設立年に関しては、武部欽一が「一九二〇年」とし（「寺刹令の発布と其の運用に就いて」、『朝鮮』一九二号、一九三一年五月)、韓晳曦が「一九二一年一二月」とし(前掲書)、江田俊雄も「一九二一年」とし(「朝鮮の仏教」、『講座仏教』Ⅳ、大蔵出版社、一九五八年)、金海鎮が「一九一五年」としている(前掲書)。ここでは、典拠が明記されていないが月まで特定していることと、江田の記述と年が一致することから、韓晳曦の説によった。

(10) 署名した僧侶の数に関しては、高橋亨が「千二百余名」とし(前掲書)、武部欽一が「二千三百余名」とし(前掲論文)、韓晳曦が「二千七百名」としている(前掲書)。

(11) 布教規則については、制定時と改正後のものが『資料集成』第二巻に収録されている。

(12) 前掲『日本の朝鮮支配政策史研究』第四章第一節の「三、宗教団体の分裂・御用化による民族主義者の排除」(四〇八～四一〇頁)を参照。

(13) 前掲『日本の朝鮮支配と宗教政策』七〇頁。

(14) 「朝鮮仏教協調するか、三十本山住持会議と学務局長の調停」(一九二二年六月三〇日付『中外日報』)。財団の基本財産に関して、高橋亨は「全鮮寺刹所有収益財産ノ約十分一ニ該当スル六十万千四百円」としており、設立過程で柴田の提案に多少の変更があったようである。詳しくは、前掲『李朝仏教』九四一～九四三頁を参照。

(15) 「朝鮮の三十本山連合に反対運動が起る」(一九二二年七月一九日付『中外日報』)。

(16) (17) 「朝鮮の仏教問題　朝鮮総督府学務局長談」(一九二二年七月二二日付『中外日報』)。

(18) 「朝鮮仏教の覚醒、三十本山連合中央教務院設立教育布教の実現」(一九二三年一月二一・二三日付『中外日報』)、前掲『李朝仏教』九四一～九四三頁。

(19) 「朝鮮宗教界の紛乱」(一九二三年六月一五日付『中外日報』)。

(20) 前掲『日本の朝鮮支配と宗教政策』七〇頁。

(21) この点は、本論でも後に取り上げるが、韓晳曦も本山住持のなかにも朝鮮総督に朝鮮仏教の自治を直言するものがいたことを指摘している(前掲『日本の朝鮮支配と宗教政策』七〇～七一頁)。

(22) 当時の『中外日報』にそうした記事や論説が多く掲載されている。例えば、元山別院上野輪番(真宗大谷派)「吾が同胞の自覚と新同朋の諒解に訴ふ」(一九一九年三月二八日付同紙)、「鮮人教化の成果、暴動加盟者なし」(一九一九年四月一〇日付同紙）など。

(23)「満鮮仏教管見」（一九一八年六月二六日付『中外日報』）。弓波の視察日程は、「弓波執行の満鮮視察」（『教海一瀾』六二五号、一九一八年五月三一日）を参照。この視察については、弓波の漢詩集『孤嶺集』（顕道書院、一九三二年）所載の「年譜」にも記されている。また、一九一〇年にも弓波は、朝鮮布教の推進を提唱する『朝鮮に対する我仏教徒の責任』という小冊子を執筆している（『資料集成』第七巻に収録）。

(24)「満鮮開教決議」（一九一八年七月一四日付『中外日報』）。

(25)「鮮僧の養成」（真宗大谷派『宗報』大正八年六月号、一九一九年六月）、「大派鮮人教化」（一九一九年九月六日付『中外日報』）。

(26)「浄宗朝鮮開教の進展」（一九一九年七月二〇日付『中外日報』）、「浄土宗が将に着手せんとする朝鮮教化の新事業」（一九一九年一〇月二一日付『中外日報』）。

(27)「朝鮮両本願寺軋轢」（一九一〇年九月五日付『中外日報』）、「朝鮮僧の引張凧」（一九一一年四月二七日付『中外日報』）。

(28)「朝鮮東西本願寺の握手」（一九二〇年三月一六日付『中外日報』）。

(29)「各宗連合鮮人教化機関、平壌仏教会堂設立」（一九二〇年三月一三日付『中外日報』）。

(30)「朝鮮教化研究会」（一九一九年六月一七日付『中外日報』）。

(31)「仏教朝鮮協会成る」（一九一九年六月二四日付『中外日報』）。また具体的事業内容については、「仏教朝鮮協会事業要目」（一九一九年六月二六五日付『中外日報』）を参照。

(32) 椎尾弁匡「対鮮所感」（横井誠應編『朝鮮文化の研究』仏教朝鮮協会、一九二二年、『資料集成』第四巻に収録）。

(33)「仏教朝鮮協会と各宗」（一九一九年六月二五日付『中外日報』）。

(34)「朝鮮協会と両本願寺」（一九一九年七月三日付『中外日報』）。

(35)「朝鮮教化講習会（広告）」（一九二〇年二月一八日付『中外日報』）、「朝鮮教化講習会」（『法華』第七巻第四号、一九二〇年四月）。『大正十年最近朝鮮事情要覧』四二九頁（朝鮮総督府、一九二一年、『資料集成』第二巻に収録）には、第一回講習会が五月に開催されたと記されており、予定より延期して開催されたのかもしれない。なお、関係資料の講師氏名に誤記が多く含まれているため、本文では役職から推定して訂正した。

（36）樋口雄一著『日本の朝鮮・韓国人』（同成社近現代史叢書④、二〇〇二年）によれば、在日朝鮮人の数は、一九二〇年に約三万人であったのに対し、十年後の一九三〇年には三〇万近くに急増しており、実数はさらに多かったと推測されるという（二三頁）。

（37）「仏教朝鮮協会々報」（前掲『朝鮮文化の研究』）、「仏教朝鮮協会　本年度の計画」（一九二一年一月一二日付『中外日報』）、「仏教朝鮮協会、授産所開設」（一九二三年六月二一日付『中外日報』）。

（38）「仏教朝鮮協会が東京市長に建言」（一九二六年一二月一五日付『中外日報』）。

（39）「朝鮮教化と各宗、水野総監との会同」（一九二二年四月二三日付『中外日報』）、「仏教朝鮮協会と有吉総監の接見」（一九二二年一二月三日付『中外日報』）。

（40）「反親日団体にをびやかされる仏教朝鮮協会」（一九二七年五月三一日付『中外日報』）。

（41）「日鮮仏教提携反対、鮮人学生の運動」（一九二〇年六月二六日付『中外日報』）、「朝鮮寺院と妙心派」（一九二〇年七月二日付『中外日報』）、「妙心派の計画せる朝鮮卅本山帰属失敗、海印寺李晦光の暗中飛躍」（一九二〇年一〇月七日付『中外日報』）、「対鮮教化運動の障害、妙心寺派の野心」（一九二〇年一二月二二日付『中外日報』）。

（42）「朝鮮に野心なし、妙心寺執事長弁明」（一九二〇年一二月二四日付『中外日報』）。

（43）「朝鮮仏教学生教養難、他の留学生から圧迫で」（一九二一年四月二九日付『中外日報』）。

（44）前掲『大正十年最近朝鮮事情要覧』四二八～四二九頁。

（45）向上会館・和光教園については、「大谷派本願寺の向上会館」「和光教園の視察」（『朝鮮』七七号、一九二一年、『資料集成』第四巻に収録）、『向上会館設立趣意書』（一九二〇年、『資料集成』第五巻に収録）、「向上会館の現況」（『覚醒』一三巻五号、一九三二年五月、『資料集成』第五巻に収録）、柴田玄鳳著『浄土宗開教要覧』（浄土宗宗務所教学部、一九二九年、『資料集成』第七巻に収録）を参照。また当時の仏教社会事業に関する先行研究として、尹晸郁著『植民地朝鮮における社会事業政策』（大阪経済法科大学出版部、一九九六年）がある。

（46）大谷派本願寺朝鮮開教監督部編・発行『朝鮮開教五十年誌』一七〇～一九〇頁（一九二七年、『資料集成』第五巻に収録）、

「総督府大谷派の為に鮮人教化費を計上す」（一九二〇年九月一九日付『中外日報』）、「朝鮮に於ける大谷派の社会事業と打合せ」（一九二一年三月三日付『中外日報』）。

(47) 荻野順導（和光教園主事）「物神両方面の救済を目的として」（『朝鮮社会事業』七巻六号、一九二九年六月）。

(48) 中村健太郎の経歴に関しては、『在朝鮮内地人紳士名鑑』（朝鮮公論社、一九一七年）、中村健太郎「無言の教化」（同編『斎藤子爵を偲ぶ』朝鮮仏教社、一九三七年）、中村健太郎著『朝鮮生活五十年』（青潮社、一九六九年）を参照。

(49) 前掲「無言の教化」、前掲『朝鮮生活五十年』八三～九三頁。

(50) 西田幾多郎編『廓堂片影』七二六・八八一頁（教育研究会、一九三一年）。また同書によると、北条は一九二〇年七月に皇民会評議員に委嘱されており、その後頻繁に国内各所を講演に訪れている。これは皇民会の講演活動のためであったと考えられ、朝鮮視察も皇民会活動の一環としての意味もあったと考えられる。ただし、宮岡直記が同行したという記録は見出せなかった。

(51) 前掲『朝鮮生活五十年』一一五頁。

(52) 三武錠編『愛国運動団体年鑑』（昭和九年度版）、（桜花倶楽部、一九二四年）。『皇民会報』三号（一九二一年七月）には、会長である亀岡豊二の論説「国民覚醒の時」や会の活動「記事」が掲載されており、そこから会の概要が把握できる。

(53) 『渋澤栄一伝記資料』第三一巻、七六二頁（渋澤栄一伝記資料刊行会、一九六〇年）。

(54) 前掲『朝鮮生活五十年』九五頁。丸山鶴吉も、朝鮮仏教の復興と日本仏教の活動に大きな期待を抱いていたようである（朝鮮総督府教務局長丸山鶴吉「朝鮮の人に真の宗教心を植付けたい、内鮮仏教徒の覚醒と奮起とを望む」、一九二三年一一月二〇・二一日付『中外日報』）。

(55) 東上に先立ち同年一月に渋澤栄一に宛てた書翰をはじめ、それ以降の同民会の関係資料が前掲『渋澤栄一伝記資料』第三一巻に収録されている（七六〇～七六七頁）。なお、中村は東京での同民会の資金募集の活動時期を「大正一二年」としているが（前掲『朝鮮生活五十年』八八頁）、『渋澤栄一伝記資料』によれば「大正一三年」のことであり、中村の記憶違いと推察される。

(56) 「朝鮮に起つた同民会（運動の理想は宗教的民族結合）」（一九二四年二月二六日付『中外日報』）。

(57) 前掲『渋澤栄一伝記資料』第三一巻、「同民会の発会式」(『朝鮮仏教』一号、一九二四年五月)。
(58) 小林源六の経歴に関しては、『朝鮮人事興信録』一六九～一七〇頁(朝鮮新聞社、一九三五年)を参照。李元錫の経歴に関しては、『仏教年鑑』昭和一二年版(仏教年鑑社)、『宗教年鑑』昭和一四年版(有光社)を参照。
(59) 中村三笑(健太郎)「朝鮮仏教団の法人組織」、小林源六「私の感謝生活」(ともに『朝鮮仏教』一四号、一九二五年六月)。
(60) 「愈々具体化した朝鮮仏教大会」(『朝鮮仏教』一号、一九二四年五月)。
(61) 李元錫によれば、中村は朝鮮仏教団に関わりはじめた頃に「同和会の運動は大分成績は善いが未だ結果が出来ないので困る」と李に話している(李元錫「仏教大会東上運動に就いて」、『朝鮮仏教』九～一一号、一九二五年一～三月)。
(62) 前掲「朝鮮仏教団の法人組織」。
(63) 「朝鮮仏教興起運動は一種の水平運動である、朝鮮仏教大会一行は語る」(一九二四年三月四日付『中外日報』)、「愈具体化されて来た内鮮仏教徒の提携」(一九二四年三月二〇日付『中外日報』)。
(64) 『朝鮮仏教』は、『韓國近現代佛教資料全集』第二五～三六巻(民族社、一九九六年)に復刻・収録されている。また朝鮮仏教社の発行した書籍として、前掲『斎藤子爵を偲ぶ』、小山文雄著『神社と朝鮮』(一九三四年)などがある。
(65) 前掲「無言の教化」。
(66) 「財団法人組織計画、朝鮮仏教大会の事業」(『朝鮮仏教』二号、一九二四年六月)。
(67) 「朝鮮仏教大会彙報」(『朝鮮仏教』五号、一九二四年九月)。
(68) 「施薬部の開設」(『朝鮮仏教』五号、一九二四年九月)、「施薬部に薬品寄贈」(『朝鮮仏教』六号、一九二四年一〇月)。
(69) 中村健太郎は、斎藤實の朝鮮仏教団への支援について次のように述べている。

この朝鮮仏教団の運動は、内地まで手を延ばすこと〻なつたが、それにも子爵の裏面的御援助が非常に多かつた。徳川公や、清浦伯や、渋沢子やその他中央の有力者の賛成を得たのは、全く子爵の御声がかりの賜ものであつた(前掲「無言の教化」)

また副会長であった前田昇も、次のように回想している。

子爵御在任の当時、私が丁字屋の小林君や、中村健太郎君などゝ共に、朝鮮に於ける仏教運動に奔走した当時の如き、

陰に陽に、子爵の指導援助を受けたことは、実に大なるものがあつた（前田昇「終始一貫の温情」、前掲『斎藤子爵を忍ぶ』所収）

(70) 前掲『朝鮮生活五十年』、前掲「仏教大会東上運動に就いて」、『渋澤栄一伝記資料』第四二巻（一九六二年）、「実業界巨頭連の朝鮮仏教大会後援」（一九二四年九月二三日付『中外日報』）の記述による。

(71) 前掲『渋澤栄一伝記資料』第四二巻、「朝鮮仏教大会の財団企画経過」（一九二四年一〇月一九日付『中外日報』）、「朝鮮全土を佛教化する日が来たと李元錫氏語る」（一九二五年五月六日付『中外日報』）。

(72) 前掲「仏教大会東上運動に就いて」。下村は、財界の「内鮮懇話会」にも出席している（前掲『渋澤栄一伝記資料』第四二巻）。

(73) 天岡大器「教家招待に就いて各派代表に訴ふ」（一九二四年二月一五・一六・一七日付『中外日報』）、「首相招待会に対する宗教家側の意見」（一九二四年二月一五日付『中外日報』）、「首相の宗教家招待会」（一九二四年二月二二日付『中外日報』）、比屋根安定著『宗教史』（現代日本文明史　第一六巻）三九三～三九四頁（東洋経済新報社、一九四一年）。

(74) 「仏教連合会幹事会で朝鮮仏教大会応援」（『朝鮮仏教』六号、一九二四年一〇月）。

(75) 「仏教大会実行案」（『朝鮮仏教』八号、一九二四年一二月）。

(76) 「東亜仏教大会と朝鮮仏教大会後援決る」（一九二四年一一月二八日付『中外日報』）、「朝鮮仏教大会彙報」（『朝鮮仏教』九号、一九二五年一月）。

(77) 前掲「仏教大会実行案」。

(78) 前掲『朝鮮生活五十年』九五～九六頁。

(79) 「感謝と希望に燃えた朝鮮仏教大会の集り」（一九二四年一二月一七日付『中外日報』）、「朝鮮仏教大会彙報」（『朝鮮仏教』九号、一九二五年一月）、前田昇「朝鮮仏教大会の名称変更に就て」（『朝鮮仏教』一二号、同年四月）。団則、役員の構成は、『朝鮮仏教』一三号（同年五月）に掲載。

(80) 下岡政務総監の演説「朝鮮仏教大会に望む」（一九二四年一二月一七日付『中外日報』）。

(81) 「朝鮮仏教団彙報」（『朝鮮仏教』一五号、一九二五年五月）。前掲「朝鮮仏教大会の名称変更に就て」。

(82)「朝鮮仏教大会の新留学生運動」(一九二五年五月二日付『中外日報』)。
(83)「朝鮮仏教団彙報」(『朝鮮仏教』一五号、一九二五年六月)、「朝鮮全士を仏教化する日が来たと李元錫氏語る」(一九二五年五月六日付『中外日報』)。
(84)「財団法人朝鮮仏教団寄附行為」(『朝鮮仏教』一四号、一九二五年六月)、前田昇「財団法人設立の経過」(『朝鮮仏教』一五号、一九二五年七月)。
(85) 斎藤實「本団のために努力せむ」(『朝鮮仏教』一五号、一九二五年七月)。
(86) 小林源六編『四大徳巡講誌』(財団法人朝鮮仏教団、一九二九年)。
(87) 前掲「財団法人設立の経過」、前掲『朝鮮生活五十年』九七頁。
(88)「内地仏教は永遠の大策として朝鮮の居士仏教を作振せよ」(一九二六年四月一六日付『中外日報』)、「朝鮮仏教団留学生が僧籍編入を忌避」(一九二七年二月五日付『中外日報』)。
(89)「朝鮮仏教団事業、本年の概況」(一九二五年八月三〇日付『中外日報』)、「朝鮮仏教団彙報」(『朝鮮仏教』二二号、一九二六年二月)。
(90)「京城に太子堂を建立し大乗主義で内鮮融和を」(一九二四年九月五日付『中外日報』)、「朝鮮京城に民衆的な宗教市街を作る計画」(一九二五年八月三〇日付『中外日報』)、「京城の太子街着々進む」(一九二六年一一月一八日付『中外日報』)。なお、この計画は京城の建築業者が組織する「太子会」という団体が、法隆寺の佐伯定胤管主を招いたことに端を発し、後にその事業計画を朝鮮仏教団が引き継いだようである(「朝鮮仏教大会彙報」、『朝鮮仏教』六号、一九二四年一〇月)。
(91) 安錫淵「吊故鄭昌朝君」(『朝鮮仏教』二六号、一九二六年六月)。
(92) 藤波大圓「朝鮮地方視察記」(『真宗』三〇五・三〇六・三〇七・三一〇・三一一号、一九二七年三・四・五・八・九月)。
(93) 三浦参玄洞「台中の不祥事件につき朝鮮統治に三省を要求」(一九二八年七月四・五・六日付『中外日報』)。なお、引用されている副島適正の出典に関しては不明である。
(94) 中村三笑「半島仏教の興隆と朝鮮仏教団」(『朝鮮仏教』四四号、一九二七年一二月)。
(95) 僧侶妻帯の可否は、『朝鮮仏教』でも、二七・二八号(一九二六年七・八月)に特集記事が組まれたのをはじめ、度々問題として取り上げられている。この問題については、前掲『李朝仏教』でも触れられている（九五一～九五四頁）。

(96)「近く朝鮮京城に於て内鮮仏教大会を開催」（一九二七年三月一日付『中外日報』）。

(97)東亜仏教大会に関しては、峯玄光編『東亜仏教大会記要』（仏教連合会、一九二六年）を参照。また、本書の一部を、『戦前期仏教社会事業資料集成』第一巻（不二出版、二〇一一年）に収録し、大会の開催の意図や時代背景について本書解題で解説した。

(98)「朝鮮半島未曾有の計画、全朝鮮仏教大会に就き前田朝鮮仏教団副団長談る」（一九二七年三月一九日付『中外日報』）。

(99)佐々木浄鏡編『朝鮮仏教大会紀要』其一準備記事（朝鮮仏教団、一九三〇年、『資料集成』第四巻に収録）、「朝鮮仏教大会綱要」（『朝鮮仏教』五八号、一九二九年三月）。

(100)中村健太郎「『朝鮮仏教大会』の開催を賛す」（『朝鮮仏教』五三号、一九二八年一〇月）。

(101)中村健太郎「朝鮮仏教興隆の機運」（『朝鮮仏教』五七号、一九二九年一月）、李宗教課長（談）「朝鮮仏教宗憲制定運動」（『朝鮮仏教』五九号、一九二九年四月）。

(102)中村健太郎「朝鮮七千の僧侶に警告す」（『朝鮮仏教』五九号、一九二九年四月）。

(103)「朝鮮民族解放運動と教務院の関係」（一九二九年三月二一日付『中外日報』）。

(104)以下の朝鮮仏教大会に関する記述は、前掲『朝鮮仏教大会紀要』による。

(105)「朝鮮仏教大会を前にして」（『朝鮮仏教』六五号、一九二九年一〇月）、前掲『朝鮮仏教大会紀要』にも再録。

(106)椎尾弁匡「朝鮮仏教大会への希望」（一九二九年一〇月九日付『中外日報』）、前掲『朝鮮仏教大会紀要』にも再録。

(107)吉田無堂「朝鮮仏教大会私見」（一九二九年一二月三～五日付『中外日報』）、前掲『朝鮮仏教大会紀要』にも再録。

(108)河村道器「朝鮮仏教大会私言」（一九二九年一一月五日付『中外日報』）、前掲『朝鮮仏教大会紀要』にも再録。

(109)「全鮮真言宗信徒大会」（一九二九年一〇月一一日付『中外日報』）、「朝鮮仏教大会に先立つて曹洞宗布教師大会」（一九二九年一〇月一三日付『中外日報』）。

(110)「朝鮮仏教大会を機に語る」（『朝鮮仏教』六五号、一九二九年一〇月）。

(111)「朝鮮全土に仏教を振興させやうと生まれた朝鮮仏教普及会」（一九三〇年六月二二日付『中外日報』）。

(112)(113)「朝鮮の仏教は朝鮮人の手でと奮起した朝鮮仏教普及会」(一九三〇年六月二九日付『中外日報』)。
(114)「日蓮主義の旗の下に朝鮮仏教普及会生る」(一九三一年一一月一二日付『中外日報』)。
(115)「内鮮融和と日満親善を目し、東亜仏教協和会生る」(一九三二年一二月二五日付『中外日報』)。
(116)「日満鮮人が一堂に会し、時局に就て懇談」(一九三三年一月一五日付『中外日報』)。

第五章　一九三〇年代朝鮮総督府の宗教施策と日本仏教
――心田開発運動と真宗大谷派の動向を中心に――

はじめに

一九二〇年代の朝鮮仏教界にあっては、「文化政治」を推進する朝鮮総督府の意向を受けた朝鮮仏教団が、朝鮮仏教の振興を通じて「内鮮融和」の実を挙げるべく種々の事業を展開した。(1)これに対し、日本仏教各宗派は、宗派を超えた朝鮮仏教団の活動に協力する姿勢を示す一方で、真宗大谷派や浄土宗などが社会事業に従事したが、総じて宗派としての布教活動は低調であった。(2)また朝鮮仏教団の活動は、朝鮮仏教界の民族主義勢力を分断し、一部の朝鮮僧侶や信者層を取り込むことに成功したが、朝鮮仏教界全体の御用化・日本化を達成したわけではなかった。特に一九二九(昭和四)年一〇月開催の朝鮮仏教大会以降、朝鮮仏教団の活動は不況と反日運動の高まりのなかで停滞を余儀なくされていった。

これに対し朝鮮総督府は、一九三一年九月に満州事変が起こると、朝鮮半島を大陸での軍事行動の重要拠点と見る立場から各種産業の振興を図るとともに、朝鮮民衆を戦争遂行に動員していくための教化活動を推進した。こうして、三二年一一月から国民精神作興運動が推進され、三六年一月からは心田開発運動が実動に移されていった。

さらには日中戦争の長期化にともなって、三八年八月に国民精神総動員朝鮮連盟が結成され、四〇年一〇月には国民総力朝鮮連盟へと改組され、総力戦に向けた体制が整備されていった。そこでは諸宗教への介入も強化され、もはや朝鮮仏教の自主的振興策や、欧米列強からの圧力を意識したキリスト教の懐柔策などを配慮する意識は薄れ、皇民化政策が性急かつ画一的に強要されていったのである。

こうしたなか、かつてのように朝鮮側の反発を意識して、日本仏教側に宗教的侵略行動の自粛が求められた状況は変化し、天皇制イデオロギーの分担者を自認する日本仏教各宗派の布教活動は活発化していった。なかでも真宗大谷派は、積極的な朝鮮人布教を推進するとともに、総督府の支援を受けて朝鮮在来の宗教団体を傘下に収め教勢を拡大した。朝鮮人側も総督府の皇民化政策が強硬に推進されるなかで、日本仏教の傘下に入ることで、その保護を求めたものと考えられる。

本章では、一九三〇年代の朝鮮総督府の宗教施策を概観しつつ、その下での真宗大谷派の動向を中心として、十五年戦争下における日本仏教の朝鮮布教の一端を明らかにしていきたい。

一　朝鮮仏教界の停滞

日本仏教・朝鮮仏教の朝鮮人信徒数の推移

一九二〇年代前半、朝鮮仏教と日本仏教の朝鮮人信徒数はともに急増した。図表7は第四章で掲出した図表4（169頁）と図表6（191頁）の朝鮮人信徒数の推移のみを抽出したものである。数値が極端に変動している年度があり、誤記が含まれている場合や調査データが実態とかけ離れていた可能性も考えられる。しかし、一九二二年から二四

（図表7）朝鮮人の日本仏教・朝鮮仏教の信徒数の推移（1916年～1931年）

	1916年	1917年	1918年	1919年	1920年	1921年	1922年	1923年
日本仏教信徒数	6,470	123,347	7,790	17,996	11,054	11,863	17,897	18,801
朝鮮仏教信徒数	73,671	84,777	89,417	150,868	149,714	163,631	162,892	169,827

	1924年	1925年	1926年	1927年	1928年	1929年	1930年	1931年
日本仏教信徒数	12,380	15,747	8,685	9,199	7,433	7,560	7,156	6,836
朝鮮仏教信徒数	203,386	197,951	170,213	189,670	166,301	169,012	139,406	141,836

第四章掲載の図表4と図表6より、朝鮮人の日本仏教信徒数と朝鮮仏教信徒数のみを掲出した。

年にかけての朝鮮人信徒数の増加は、文化政治下での朝鮮仏教団の朝鮮仏教振興策と日本仏教の社会事業とが一定数の朝鮮人に評価された結果とも推察される。

　ところが、一九二〇年代後半には、日本仏教・朝鮮仏教ともに大きく信徒数を減らす結果となった。その背景には、日本仏教や朝鮮仏教団の諸事業が、真に朝鮮人本位とするものではないことが明確になっていったことに加えて、不況による資金不足のため事業が縮小されていったことなどが考えられる。

　さらに日本仏教の朝鮮人信徒の推移を宗派別に示したのが、図表8である。この図表から、一九二〇年代前半の日本仏教の朝鮮人信徒数の増加が、真宗大谷派と浄土宗によるものであったことがわかる。一九二一年に大谷派が「向上会館」を、浄土宗が「和光教園」を設立して以降、両宗派が社会事業に取り組んだ結果によるものと考えられるが、一九二〇年代後半に両宗派は信徒数を大きく減らし、特に大谷派の信徒数減少は著しいものがあった。

大谷派と本願寺派の教勢

一九二〇年代前半、大谷派は向上会館での社会事業を通じて、着実に朝

（図表８）日本仏教各宗派の朝鮮人信徒数の推移（1922年～1931年）

宗派名	1922年	1923年	1924年	1925年	1926年	1927年	1928年	1929年	1930年	1931年
大谷派	1,669	4,973	5,722	7,722	706	1,178	596	508	429	162
本願寺派	2,508	1,178	3,442	3,154	3,927	2,988	1,616	1,694	2,040	1,631
山元派	296	296	296	296	121	30	2	1		
日蓮宗（計）	548	316	448	351	242	141	453	605	620	625
浄土宗	11,600	10,600	1,500	3,157	2,499	3,553	3,884	3,712	3,192	2,850
真言宗（計）	338	284	139	223	813	194	251	345	321	1,120
曹洞宗	825	985	732	736	363	457	630	541	441	329
臨済宗（計）	103	160	90	98	14	652		132	91	93
日本仏教計	17,897	18.801	12,380	15,747	8,685	9,199	7,433	7,560	7,156	6,836

①『朝鮮ニ於ケル宗教及享祀一覧（大正一五年八月）』、『朝鮮に於ける宗教及享祀一覧（昭和六年一二月調）』、『朝鮮に於ける宗教及享祀一覧（昭和一六年一二月調）』により作成。なおこの資料は、中西直樹編『仏教植民地史布教資料集成』（朝鮮編）第二巻（三人社、二〇一三年、以下『資料集成』と略記）に収録されている。
②上記①の資料には、若干人数に差異が認められる年度があるが、基本的に後に刊行された資料の数値によった。
③日蓮宗（計）には日蓮宗、法華宗、本門法華宗・顕本法華宗（本化正宗）を含む。真言宗（計）には智山派・豊山派・古義真言宗・醍醐派・醍醐派修験道を含む。臨済宗（計）には妙心寺派と東福寺派を含む。
④その他、真宗仏光寺派・真宗興正派・真宗木辺派・黄檗宗・天台宗は少人数であるため除外した。

鮮人信徒を獲得していった。ところが、図表8に見るように一九二五年に八千人近くまで増加したのをピークに減少に転じ、三一年には一挙に一六二人まで落ち込んだ。

向上会館は、設立当初こそ授産事業が一定の成果を収めたが、一九二五年頃から次第に経営が行き詰まっていったようである。また二五年の九月には、大谷光演が海外投資事業の失敗により法主職を引退する事件が起こった[3]。負債の総額は六五〇万円にも上る巨額なものであり、限定相続とすることで負債の全額を引き継ぐことは回避されたものの[4]、負債の原因が中国天津付近の綿花栽培や朝鮮の山林経営への投機によるものであったため[5]、朝鮮布教への教団支出予算も減額を余儀なくされたと考えられる。特に向上会館での洋服・洋靴の製造に関する授産事業（男子洋服部）では、生徒に工賃も支払っていたことから、二五年一月に段階で負債が一二、三〇〇円余りに達していた。主任の青森徳英は、事業内容を記載した「向上会館参観の栞」という冊子を作成・配布し、日本国内で有志の寄付を募る「愛鮮運動」を展開した。(6) しかし、折からの不況により現状を打開するには至らなかったようである。三〇年には、光州学生事件に連動して、附設の向上女子技芸学校で同盟休校が発生しており、(7) 向上会館はかつてのように、大谷派の朝鮮布教の広告塔として機能しなくなっていった。結局、向上会館は三〇年九月に男子洋服部を廃止し女子技芸学校の継続維持に努めることとなり、大谷派本山と有志の協力によって同年末に漸く負債の整理を終え、財団組織を解体して大谷派の直営とした。しかし、大谷派自体の教団財政も厳しく、活動は停滞していったようである。(8)

一九二七年は、奥村圓信らが釜山に上陸し朝鮮布教に着手してから、五〇年目を迎える節目の年であった。大谷派では、同年一〇月に京城別院で五〇周年の記念法要を行い、これに併せた記念事業として、朝鮮真宗婦人会の結成、寿光会（向上会館宗教部による朝鮮人対象の日曜講演）の開設、朝鮮語聖典の編纂などの事業に着手し、また記念出版として『朝鮮開教五十年誌』を刊行した。(9) しかし同じ頃、朝鮮人の信者組織「同朋教会」への補助金も停止せざるを得なくなり、同朋教会は壊滅的状況に追い込まれていった。(10)

一方、同じ真宗でも本願寺派の方は、経済的に豊かな在留邦人の支援もあり、一九二六年には朝鮮人経営の実践女学校を買収して、「龍谷女学校」を設置した。(11) 翌二七年度に二一〇名の入学志願者があり、その内の一〇〇名を入学させた。入学生は朝鮮人四割、日本人六割であり、最初両者でグループが分かれる傾向にあったが、同一の制服を定めたところ、そうしたことがなくなったという。(12) 本願寺派の場合は、同校を通じて比較的裕福な親日家を取り込むことで、大谷派ほど信者数が減少しなかったと考えられる。いずれにせよ、全般的に朝鮮人布教は低調であり、こうした社会事業や教育事業などの付帯事業によって信徒数が変動したことが、いかに真の信者を獲得していなかったかを如実に物語っていると言えるであろう。

二　大谷派の教勢挽回に向けた施策

大谷派法主夫妻の朝鮮巡教

一九二九年八月、大谷派法主大谷光暢（闡如、東本願寺二四世）と智子裏方ら一行は朝鮮へと向けて京都を出発した。本来ならば、二七年の五〇周年記念法要の際に渡鮮するはずであったが、二五年の海外投機失敗による前法主の引責辞任とその後の宗派内の混乱もあり、渡航を延期したものと考えられる。この年一〇月には朝鮮仏教大会も開催され、これに先立って、若い法主夫妻が海外にまで出向いて布教活動を行うことが、宗派の刷新を内外に印象付けることになると考えられたと推察される。

光暢夫妻は、釜山・京城・新義州・平壌・龍山・仁川・元山・群山・全州・論山など、主要な大谷派の別院・布教所のある地域を三週間にわたって巡教した。朝鮮滞在中、光暢・裏方はそれぞれ講話を一九回行い、李王家・総督府・各種学校・向上会館・刑務所も訪問した。[13]随行長を務めた河崎顕了（滋賀長浜覚応寺）は、帰国後に『中外日報』の記者に朝鮮での感想を語っている。そのなかで、慰問先の京城西大門の刑務所だけで、朝鮮人思想犯が八百名も収容されていることに言及し、次のように述べている。

> 朝鮮内にある識者はいづれも眼ざめ行く朝鮮人の思想に非常な危惧を感じて内鮮融和の方途は仏教によるの外なしといふことを異口同音に語つてゐた（中略）この上は本山当局及び開教使諸君がかゝる大きな期待に対して充分に宗門の立場から本気な努力を以て伝道に力を致さねばならぬ事と考へる。[14]

巡教に同行した大谷派宣伝課主任の竹中慧照は、「一二の小さな例外はあるにせよ、仏教各宗の所謂開教なるものは、所謂朝鮮在留内地人に対する布教であつて、朝鮮人に対するそれではない」と、日本仏教の朝鮮人布教が振るわないことを指摘し、今後の布教に必要になるものとして、布教使の朝鮮語能力や巡教的精神、朝鮮語の印刷物などを列挙している。また、特にキリスト教が物質的恩恵を与えることで朝鮮布教を拡大させてきたことにも留意すべきであると述べている。(15)

大谷光暢自身は朝鮮巡教での感想を次のように語っている。

朝鮮全土を巡つて感じた事は開教の要諦は一時的な腰かけでは駄目でどうしても開教使は任地に永住する覚悟で無くてはならぬといふことが第一である。総督や政務総監の談にも異質の内鮮融和は仏教信念の鼓吹によるの外なしといふ事で自分としても本山当局に帰つて一層の努力をせねばならぬと考える。夫れから派内のどんな小さな布教場に行つても開教使たちの多年の努力の跡が縷々と示されてゐたのは満足に思つた。(16)

光暢のいう開教使の永住化は、従来の大谷派の朝鮮布教の基本方針の部分的修正を企図するものであったと言えなくもない。すでに本書で指摘してきたように、早期から莫大な経費を投入して朝鮮布教に取り組んできた大谷派は、布教施設を本山直轄のものと考える意識が強く、布教所の責任者も本山からの任命により短期間に交代することが多かった。このため専従住職の任命を求める総督府からも、正式に寺院としての認可を得られずにいた。(17)この問題を打開するため、光暢の来鮮に先立って一九二八年一〇月に開催された全朝鮮の教場主任と信徒の代表者会では、寺院制度を採用して開教使の永住的制度の樹立を必要とすることで意見の一致を見ていた(18)。

こうした意味で大谷派は、大谷光暢夫妻の朝鮮巡教を機に朝鮮に根を下ろした布教へと、一歩踏み込む姿勢を示したと言えるであろうが、上述の三名の意見から、それまでの布教の問題点を検証し、朝鮮人の置かれた立場を考慮するという姿勢をうかがうことはできない。あくまで総督府支配の安定化に貢献することに照準が向けられ、そのために朝鮮人の取り込みを目指した軌道修正ということができよう。

朝鮮人布教者の登用と開教団総会

一九二九年一一月、向上会館の教務主任で聖典の朝鮮語訳に従事していた李智光と、論山同朋教会主事をつとめる金貞黙の二人が来日し、東本願寺で得度式を受式した。両名はかねてより大谷派での得度を希望していたが、光暢夫妻の朝鮮巡教を機に大谷派が便宜を図ることになり、その希望が実現したようである。得度の後に、光暢は両名に接見して教法のため奮闘するよう激励したという(19)。

一九三〇年に入ると、大谷派は朝鮮での教勢挽回に向けた新たな施策に着手した。朝鮮開教監督部は、三〇年度の事業計画として、別院での朝起講演会の開催、女子青年会の組織、小学校教員の信仰座談会の開催のほかに、「鮮化教化　従来よりもさらに一歩進めて徹底を期すべく、向上会館の如きも社会事業方面に伸張すること。」が掲げられた(20)。同年七月以降には、馬山・醴泉・新都内の三布教所の新設に着手した。この内の新都内は忠清南道論山郡にあり、前年の一一月に得度した金貞黙が主幹を務める論山同朋教会が存在する場所であった。論山同朋教会は、かつて朝鮮人信者約三千人を数え、金貞黙は一九二七年に新都内普通学校(後に新都内布教所附属「私立新成学校」)を設立して校長を務め、地方農村児童の教育に尽力していた。この金定黙を開教使に任命し、さらに大谷大学を卒業した黄滋淵も新都内に派遣して、布教者も信者も朝鮮人という布教所を開設したのである。[21] 大谷派開教監督部がこの新都内布教所を設置した背景には、「第一鮮人布教は鮮人の手によること、第二将来は一部落一布教所の方針をもつてすゝむこと、第三此等の方針を実現せしむる為めに新都内布教所はその試作田なること。」[22]という方針があった。

一九三二年五月には、四日より三日間の日程で大谷派朝鮮開教団総会・布教考究会が京城南山別院で開催された。初日（四日）午前に開かれた布教考究会には、本山から特派された河崎顕了、総督府の林学務局長・大原行刑課長も臨席して四時間にわたって協議がなされた。午後には開教団総会協議会で、本山から提示された「鮮人教化に関する諮問案」である「一、鮮人部落進出の方法如何」「二、間接布教の適切なる方法如何」について活発に協議された。続いて二日目（五日）には、諮問案の根本方策の講究のための特別委員会が開かれ、長時間にわたる協議の結果、次のような具体策が提示されて意見の一致をみた。

内地の小学校に相当する朝鮮の普通学校は義務教育でないから初等教育が完全に普及して居ないから、或る一定の時機を見て鮮内部落に私塾の如きものを各布教所で開設し鮮童教育に従事し日本語等を教授すること（以下省略）[23]

会議が総督府学務課長らの臨席の下で始まったことを見ても、総督府の強い指導があったことが推察され、大谷派側もその意向に沿って皇民化教育の先鞭を担おうとする姿勢を示したものと考えられる。そして、最終日（六日）には答申案を決議して全会議日程を終了した。その答申案には、鮮人教化の上に言語、風俗、習慣を異にするを以て朝鮮開教以来既に五十有余年を過ぎ居るも未だその決定を見ざるは開教の第一線に当る我等の遺憾とするところなるも独り我が派のみならず、内地人の宗教団体は等しくこの悩みを抱き居るものなり。然るに、本年度の総会に際し本山当局より本問題に対し御諮問ありたるにつき我等開教使員は過去の経験に徴し、現在の情勢に鑑み当面の実行として先づ国語を解する鮮人を中心として左記各項中地方布教所の実情の許す範囲に於ける実動開始を意図せんとす

と記され、その具体的な実施項目として、次の項目が掲げられた。

一、各別院布教所に於いて簡単な鮮人布教所を新設すること
一、普通学校卒業生の指導をなすこと
一、年一回以上の鮮人青年講習会を開催すること
一、鮮人少年を小使として使用し之に宗教的教養を加ふること
一、朝鮮仏教渡日の記念法要日を制定し鮮人に案内すること
一、鮮人布教（現在就任者）を巡回布教せしむること
一、鮮人有志と積極的交際をなすこと
一、簡単なる学術講習所設置のこと
一、朝鮮在来の宗教及び民間の信仰を調査すること
一、民間に隠れたる鮮人の篤信篤行の妙好人を表彰すること(24)

朝鮮人布教者の養成

一九三二年開催の開教団総会では、さまざまに朝鮮人対象の事業計画が立案されたが、その中心課題は朝鮮人主体の布教所を各地に設置することにあった。そのモデルケースが新都内布教所であり、三一年五月には、さらに朝鮮人留学生・高忠業が大谷大学専門部を卒業して新都内布教所在勤となったが[25]、新都内のような布教所を各村落に設置していくためには、なお多くの朝鮮人布教者を得る必要があった。

一九三四年には、七月七日より三日間の日程で、朝鮮開教監督部の主催による全朝鮮人僧俗大会（第一回朝鮮僧侶並信徒大会）が新都内布教所・同附属新成学校において開催された。朝鮮僧侶・信徒主体の同派最初の大会であり、こうした大会の開催は他宗派でも例をみない。この時点で、新都内を中心として八、九カ所の布教主張所が設置され、朝鮮人開教使が六名、夏期学校在学生が八名おり、その数はさらに増加傾向にあったようである[26]。

この頃には朝鮮語『真宗宝典』が編纂刊行され、一九三四年七月二〇日には朝鮮人布教者のさらなる増員を期して「朝鮮僧侶養成所規程」が制定された。この規程では、目的に「朝鮮人ニシテ本宗僧侶タラントスル者ニ対シ必要ナル教育ヲ施ス」（第二条）を掲げ、入所資格は「朝鮮人ニシテ真宗僧侶ヲ志シ志操堅固品行方正身体健全年齢満十五歳以上ニシテ普通学校卒業以上ノ学力ヲ有シ朝鮮開教監督部管内大谷派開教使員ノ推薦アル者ハ入所ヲ許可ス」（第七条）と定められていた。養成所の開催期間は毎年七月下旬より四〇日間であり、修身・真宗学・仏教学・国語漢文・声明作法・教導の科目が教授され、期間中には京城南山の大谷派別院に宿泊して寺門生活の実際的訓練も行われた。所長は栗田恵成開教監督が兼務し、開設当初から一〇名の入所者があった[27]。

ところで、朝鮮人布教者の養成は、それ以前にも各宗派や朝鮮仏教団などが幾度も手がけ失敗してきた事業であり、その原因には人材を得難いこともさることながら、日本の教育機関での修学に莫大な経費と長い時間を要する

（図表9）日本仏教各宗派の朝鮮人信徒数の推移（1932年～1941年）

宗派名	1932年	1933年	1934年	1935年	1936年	1937年	1938年	1939年	1940年	1941年
大谷派	596	769	836	652	525	699	1,973	11,581	12,512	7,608
本願寺派	2,616	2,455	2,506	3,324	2,314	3,218	3,163	2,148	3,024	2,934
山元派	26	34		1,300	1,280	400	410	400	350	350
日蓮宗（計）	1,082	1,304	1,431	1,423	1,517	1,824	1,166	1,143	2,239	2,185
浄土宗	769	574	793	1,158	995	411	422	1,359	1,092	1,382
真言宗（計）	1,531	1,338	1,873	2,669	3,829	4,003	3,813	16,543	16,642	5,394
曹洞宗	787	1,432	1,497	3,459	3,177	3,538	3,908	3,743	5,911	6,017
臨済宗（計）	84	201	561	647	293	1,220	365	479	583	1,365
日本仏教計	7,601	8,276	9,594	14,704	13,949	15,429	15,304	37,517	42,559	27,829

①『朝鮮ニ於ケル宗教及享祀一覧（大正一五年八月）』、『朝鮮に於ける宗教及享祀一覧（昭和六年一二月調）』、『朝鮮に於ける宗教及享祀一覧（昭和一六年一二月調）』（『資料集成』第二巻及び第三巻に収録）により作成。
②上記の資料には，若干人数に差異が認められる年度があるが、基本的に後に刊行された資料の数値によった。
③日蓮宗（計）には日蓮宗、法華宗、本門法華宗・顕本法華宗（本化正宗）を含む。真言宗（計）には智山派・豊山派・古義真言宗・醍醐派・醍醐派修験道を含む。臨済宗（計）には妙心寺派と東福寺派を含む。
④その他、真宗仏光寺派・真宗興正派・真宗木辺派・黄檗宗・天台宗は少人数であるため除外した。

ことがあった。これに対して、大谷派の採ったのは、現地朝鮮で簡易な講習会を開いて、朝鮮人布教者を養成しようというものであった。見方によっては、現状に即した手法とも言えるかもしれないが、自宗の教義を真に理解する布教者を時間と手間をかけて育成していく方向性を放棄してまで、性急かつ拙速に教勢の伸張を目指した方策と見る方が妥当であろう。

しかし、こうした大谷派の取り組みにもかかわらず、図表9に示した朝鮮総督府の調査を見る限り、大谷派の信徒数が飛躍的に増加することはなかった。それほどに朝鮮人の日本仏教に対する不信感は強いものがあったといえよう。

三　心田開発運動とその展開

宇垣総督と国民精神作興運動

一九三〇年頃から大谷派の朝鮮人布教は活発化したが、同時期に総督府の教化施策・宗教政策にも変化があらわれはじめた。一九三一（昭和六）年六月、宇垣一成が朝鮮総監に就任した。宇垣は、恐慌により深刻な打撃を受けた農村の振興を中心課題に掲げるとともに、同年九月に満州事変が起こると、朝鮮を「大陸前進兵站基地」と位置づけ、有事の際に大陸での経済的自立を支える拠点として各種産業の振興を促した。こうした産業に関する施策のほか、三二年には、国民精神作興詔書の出された一一月一〇日（三二年）を起点として数日間にわたって「国民精神作興運動」を展開し、以下のような実施項目を示した。

（イ）忠君愛国の本旨に基き、共存共栄の精神に則り、内鮮人一致協同、公民としての訓練を積み、社会の進歩改善を図らしむること。
（ロ）不言実行万相を静観し、依頼心を排除し克己忍苦の修練に耐へ、自力更生の潑溂たる気力を養はしむること。
（ハ）産業の発達を図り、消費の合理化に努め、以て新たなる生活の基本を確立せしむること。
（ニ）社会連帯の意識を明にし、共同協力の美風を助長し、特に郷土聚落の振興に力むること。
（ホ）弛緩廃頽の気風を掃蕩し、緊張努力の精神を振起し、特に官公吏及教育宗教に従事するものは、自己の使命に鑑み率先奮起に努むること。
（ヘ）経済生活の道徳的意義を明にし、教化の運用をして国民の実生活に即せしむること。(28)

この国民精神作興運動は、一九二九年八月に「思想国難、経済国難」の克服を目標に掲げて文部省の提唱により始められた「教化総動員運動」を参考にしたと考えられ、実施項目を見ても産業の振興・経済的復興を精神面から支えることに主眼が置かれていたことがわかる。そのために官署・学校・会社・銀行・大商店・神社・寺院・教会・青少年団体・教化団体などを動員することが計画されていたが、その主たる活動は、これら諸団体で国民精神作興詔書・総督の声明書の朗読会を開催することであり、その他に示された具体的活動内容は講演会・座談会・映画会の開催、国旗の掲揚くらいのものであった。[29] また特に宗教を動員していくような方向性は示されていない。[30] ひとまずは経済的復興の達成が目的である以上、強圧的な教化活動はかえって朝鮮民衆の反発を招く可能性もあり、ある程度自主性に委ねる方針が採られたのかもしれない。

しかし一方で、朝鮮民衆の統合・動員の妨げになると考えられたキリスト教には、強硬な姿勢も見せた。図表10に見るように、キリスト教は朝鮮人信徒数で仏教・神道を圧倒し、仏教信徒数の低迷を尻目にさらに信徒数を増加させつつあり、その教勢拡大に総督府当局は警戒心を募らせていたものと考えられる。国民精神作興運動に先立つ一九三二年九月、平壌瑞気山で「満州出征戦没将士慰霊祭」が挙行された。その挙行に際し、平安南道学務課は、従来黙許してきた私立学校の不参加を認めない方針を示した。これを契機に神社参拝を拒否するキリスト教主義学校に対し、校長の更迭や廃校を迫る施策が推進されていった。[31] これ以降、総督府は教勢を拡大し続けるキリスト教を牽制しつつ、国家神道の下に諸宗教を従属化させることで朝鮮民族の再統合を目指す方向性を次第に顕在化させていったのである。

心田開発運動の始動

一九三〇年代後半に入り産業の振興・経済的復興策が一段落すると、総督府は、諸宗教による一致協力体制の構築に向けた動きを見せはじめ、そのために「心田開発運動」[32]を推進していった。「心田」という言葉が、いつ頃から

（図表10）仏教・神道・キリスト教の信徒数の推移（1928年～1941年）

	1928年	1929年	1930年	1931年	1932年	1933年	1934年
日本仏教信徒数（日本人）	250,297	255,885	256,332	268,113	214,539	233,474	258,378
日本仏教信徒数（朝鮮人）	7,433	7,560	7,156	6,836	7,601	8,276	9,594
朝鮮仏教信徒数（朝鮮人）	166,301	169,012	139,406	141,836	118,497	128,035	146,727
神道信徒数（日本人）	67,199	68,519	67,451	67,770	68,663	72,403	82,629
神道信徒数（朝鮮人）	12,580	7,922	11,258	13,046	15,470	15,817	18,648
キリスト教信徒数（朝鮮人）	280,774	306,862	308,080	338,463	366,863	414,642	433,769

	1935年	1936年	1937年	1938年	1939年	1940年	1941年
日本仏教信徒数（日本人）	270,284	271,675	288,472	294,426	296,620	300,243	311,652
日本仏教信徒数（朝鮮人）	14,704	13,949	15,429	15,304	37,517	42,559	27,829
朝鮮仏教信徒数（朝鮮人）	167,730	175,392	193,967	194,633	198,047	194,820	195,269
神道信徒数（日本人）	91,471	90,385	75,257	74,933	78,326	76,263	75,244
神道信徒数（朝鮮人）	21,754	19,980	16,450	21,043	20,481	20,429	17,846
キリスト教信徒数（朝鮮人）	459,429	482,497	492,103	493,809	502,288	501,095	447,415

『朝鮮に於ける宗教及享祀一覧（昭和六年一二月調）』（『資料集成』第二巻に収録）、『朝鮮の宗教及享祀要覧（昭和一六年一二月調）』（『資料集成』第二巻に収録）により作成。

朝鮮で使われはじめたのかは不明である。文化政治の下で同民会・朝鮮仏教団の設立に関わった中村健太郎は、『朝鮮生活五十年』のなかで、朝鮮仏教団の設立に先立って、斎藤實総督と大西良慶や小林善六らによる会合があったことにふれ、次のように記している。

その席上、内鮮融和と、仏教振興について話が出たことは言うまでもない。その頃から朝鮮の心田開発という言葉が生まれた。そして心田開発がやがて斎藤総督の朝鮮心田開発の政策ともなって大きく打ち出されることになった。(33)

この会合が開かれたのは一九二〇年であったと推測され[34]、中村の思い違いの可能性もあるが、文化政治当初から「心田」という言葉が使われていた可能性も考えられる。

いずれにせよ、心田開発運動の構想が最初に公的な場で明示されたのは、一九三五年一月一六日から三日にわたって開催された道参与官会議であったようである。この会議では、打合せ事項として次の三点が提示された。

一　儀礼準則施行の件
二　農村漁村の振興に関する件
三　道民の信仰に関する件

会議日程は、一日目に総督訓示、農村振興関係の打合せ、二日目に儀礼準則関係の打合せ、三日目に信仰関係の打合せと注意・希望事項の指示などが行われた。宇垣一成総裁は会議の冒頭の訓示のなかで、三の「道民の信仰に関する件」に関して、宗教教化の重要性を指摘しつつ、「心田」という言葉を用いて次のように述べている。

次に朝鮮に於ける一般民衆の精神生活、殊に信仰に関して各位の注意を喚起致したいと思ひます。朝鮮は往時宗教殷盛を極めて、夫れが民衆生活並に社会文化に多大の寄与を為し来つたことは各位の夙に熟知せらるゝ所でありますが、其の後漸次衰微の傾向を辿り、且つ反面に於ては各種の蒙昧なる迷信の台頭を見、其の弊害の及ぶ所寔に深刻なるものあるに至つたのであります。而して今日斯の如き結果を招来したる由来に付ては、此の際十分に討究して今後の善処方を決定せねばなりませぬ。将又世界の現状を見まするに、欧米各国に於きましては、個人主義を基調とする物質文明の破綻に悩むこと既に久しく、而も其の根柢には深く社会の各機構に侵入して、容易に抜くべからざるに苦みつゝあるのであります。予は疆内の民衆をして其の覆轍の患なからしめんが為、従来屢注意を喚起すると共に、最近数年来物質上の安定充実を図ると同時に、特に精神作興に力を致し来つたのでありまするが、更に此の際一般民衆をして健全なる信仰心を喚起し之を培養し、動もすれば乾燥無味に陥り、或は荒み勝にならんとする民衆の心田に潤ひを加へ、喜んで業に励み、生を楽しみ、所謂物心両方面より、安心立命の境地に到達せしめんことを望んで已まざるものである（以下略）[35]

また宇垣一成は、「産業が勃興し経済が順調に赴くとき、そこに必ず人心は荒怠弛緩し、生活は驕奢浮華に陥り、事業は放漫粗笨に流れ、而も一度不景気の襲来に際会せば、忽ち社会、経済、思想の各方面に憂ふべき事態を惹起するに至り易い」とも述べている。経済復興策が一定の成果を収めたのを受け、人心の引き締めを期すとともに、さらなる「大陸前進兵站基地」としての充実を図るため、諸宗教利用に踏み込んでいったのである。

道参与官会議の二週間後の一月三一日には、心田開発運動の第一段階として各方面の意見を徴収して具体的方策を策定するため、まず京城府内の各寺院住職らを招待し、総督府より渡邉学務課長・巖社会課長らが出席して「仏教懇談会」が開催された。会ではいずれもが、宇垣総督の心田開発策に賛同する意見を述べたようである。次いで二月二日に「神道懇談会」が、同月六日に「固有信仰懇談会」が、同月九日に「基督教懇談会」が開催された。さらに三月六日には、朝鮮仏教中央教務院評議会が開かれたのを機会に三十一本山の住持を総督官邸に招待し、朝鮮仏教の復興などについて宇垣一成総督を交えて協議がなされた[36]。同年四月発行の朝鮮総督府の機関誌『朝鮮』は、朝鮮宗教特輯号と銘打って発行されたが、そのなかで渡邊豊日子学務課長は、「信仰心の啓培に就いて」という論説を寄稿している。そこでは、「社会の完全なる文化、民衆の真実の幸福は決して物質文明のみに依つて得らるゝものではない。必らず精神生活の之に併行するを必要とする」とした上で、精神生活の向上刷新には宗教が大きな力を有し、官庁の施策だけでは到底十分な成果を収めることができないと述べ、宗教界への協力と発奮とを促している。[37]

心田開発運動の展開と敬神思想

一九三六年一月一五日宇垣総督臨席の下、京城府民会で総督府主催の心田開発委員会が開かれ、心田開発運動の基本要綱を決定し、一月三〇日付をもって政務総監より「心田開発施設に関する件」[38]が通牒された。この通牒では、

時局に鑑み朝鮮の特殊事情に稽へ一般民衆の精神を作興し心田を培養して信仰心を扶植し、敬愛の念を涵養し確乎たる人生観を把握せしめ、安心立命の境に導くは朝鮮統治上各般の施設を行く上に於て将又民衆の生活の基礎を鞏固にし之をして永遠に幸福、且有意義ならしむる上に於て最緊切の事項たり

と、その趣旨が述べられ、目標として次の三項目が掲げられた。

一　国体観念を明徴にすること
二　敬神崇祖の思想及び信仰心を涵養すること
三　報恩、感謝、自立の精神を養成すること

さらに実行に関しては、次の二項目が掲出され、別途、地方で運動を推進する際の基準となる具体的な細目も明らかにされた。

一　宗教各派並に教化諸団体は相互連絡提携し以て実効を挙ぐること
二　指導的立場に在る者は率先之に努め範を衆に示すこと

一九三五年一月に心田開発運動の構想が示されて以降、この通牒によって実施案が具体化する一年の間に、日本国内でも国体明徴をめぐる一連の事件が起こった。まず三五年二月に貴族院で天皇機関説が問題となり、八月に岡田良平内閣が「国体明徴に関する声明」を発し、さらに一〇月に「国体明徴のために執りたる処置概要」が発表されて再度強く天皇機関説を否定する第二次声明が出された。総督府が心田開発運動の実施案を具体化していく上で、こうした日本国内の動向の影響を受けたことは間違いないであろうが、総督府が直接介入して諸宗教の協力体制を構築しようとする場合、国体観念と敬神崇祖の思想が中核に据えられることは当然の帰結であったとも言える。

このため、心田開発運動の推進にあたって諸宗教の関係者が総動員されたが[39]、国体観念と敬神崇祖の思想に積極的な恭順姿勢を見せないキリスト教徒は総督府の攻撃対象とされた。総督府は、宗教家の巡回講演やラジオ放送に続いて、三月には運動の趣旨を徹底するためパンフレット『心田開発』を刊行し数万部を各所に頒布したが[40]、そこでは、上述の三項目の目標を解説した上で、次のように述べて、キリスト教の神社参拝拒否の姿勢を強く警告している。

次に注目すべきは、耶蘇教関係者の神社参拝問題である。(中略)世の耶蘇教信者の中に、万一此の本質を弁へずして、神社に参拝することを以て自己所属の教義に戻るものの如く思惟する者ありとせば、甚だ遺憾のことである。(中略)然るに宗教者にして神社参拝を肯せざるが如きに於ては、是は即ち国体観念を没却し、国憲を解せず、国民道徳の何物たるかを知らぬ譏を免れ得ないであらう。[41]

心田開発運動への批判

心田開発運動は、敬神思想が中核に据えられたことで、その運動推進とともに、朝鮮神宮の参拝者数は急増し、大麻の頒布を受けるものも増加した。[42] しかし、それは表面上のことであって、日本国内に比べ宗教人口が少なく、敬神思想・神社崇拝に対する意識も異なる朝鮮にあって、そのイデオロギー浸透には、国内以上に困難な事情があったようである。

心田開発運動が実動に移された半年後、総督府嘱託の安龍伯は、「心田開発指導原理の再吟味」を『朝鮮』に発表している。[43] そこでは、「心田開発の問題が提唱されてより、その語義及び目的の説明は、論者によつて区々であった」と、理念の統一性を欠くことが指摘され、その運動を産業経済発展の手段と位置づけたり、既成宗教の復興運動と同義にとらえることが批判されている。その上で、朝鮮人の精神文化の歴史と現状を分析し、心田開発の指導原理となり得るものを考察している。まず仏教に関しては、「民衆の仏教に対する理解は、未だ見るべきもの無く、僧侶自身の宗教的活動も、未だ民衆に呼び掛けるにふさはしきものたるべく準備されていない」といい、さらに敬神思想についても次のように述べて斥けている。

若し朝鮮に固有信仰があつたとすれば、結局それは此等の敬神観念の絡み合つたものが、その根本を為したものに外ならない。たとへそれが儒教思想の入らない前に、行はれて居つたにしても、今になつてそれを現実形態に於て抽出することは、至難の業に属し、又左程の実益も伴はれないものと思惟される。

安龍伯は、儒教精神が人倫関係や祖先崇拝の面で朝鮮人に与えてきた影響を重要視し、儒教に影響を受ける以前の敬神思想を抽出することは不可能であるという。そして「心田」という言葉も『礼記』礼運篇に由来すると考えるのが妥当との見解を示している。さらに教育勅語の根本精神も儒教そのものとは言えないものの、「固有道徳と融合渾化せる儒教精神」であり、その意味において、儒教精神を基調とする朝鮮の伝統的な精神文化と相通ずると指摘し、次のように結論づけている。

此の見地よりして、私は朝鮮の心田開発は、須く儒教原理を中心として、教育勅語の御聖旨に依つて、進めて行くべきものと信ずるのである。

教育勅語を持ち出すことで、当局の方針への批判と受け止められることの回避を図ったのかもしれない。しかし、安龍伯の論説は、敬神思想や神社参拝の強要を受け容れる精神的土壌が、決して朝鮮民衆にはないことを鋭く内部から告発したものと言えるであろう。

心田開発運動は、三六年八月に宇垣に代わって朝鮮総督に就任した南次郎によって継承されたが、こうした事情もあって、運動は次第に停滞していったようである。総督府に宗教事務嘱託であった吉川萍水は、雑誌『躍進時代』

に発表した評論(44)のなかで、心田開発運動を次のように評している。

朝鮮に心田開発運動が提唱されそれが実行に移されてから、かれこれ二年半になる、何事でも同じだが、スタートを切つてから二年半にもなれば当初の熱もソロ〳〵熱が冷める頃で、最近は『鮮満一如』の新題目の蔭に心田開発がホンの少し気息奄々としてゐるのではないかとさへ疑はるゝ位である。

また吉川は、前述の総督府作成の心田開発運動に関するパンフレットの問題点にも言及して、次のように指摘している。

総督府で出したパンフレットで心田開発運動の三大目標なるものを見ると、先づ第一に『国体観念の明徴』の項がある。現下の日本は祭政一致を内閣の政綱に掲げる位だからまづ国体明徴と来るのは当然だが、それが余りに当然すぎて心田開発運動の、第一に国体明徴を持つて来ては何となく其れに圧倒され他の宗教心の涵養なんかは伴食に陥つた恰好になる。

国体観念の明徴を自明の前提としつつも、それを露骨に掲げることは、宗教心の涵養にかえって逆効果であるというのである。そして、露骨な国家主義の強要が、信仰心の発揚にマイナスに作用することを次のように述べている。

近頃は何宗教によらず二言目には国家々々と云ふ傾向があつて、従来の信仰による安心立命とか法悦とか云ふ点は余り力説されない。（中略）一にも二にも国家々々では、宗教家が国家に阿つてゐるやうで耳障りになること甚しい。中には第一義であるべき筈の神仏なんか善良な国民を養成する一手段であるかの如く聴者の耳に響くお説教さへある。本末転倒とは正に此のことだらう。

四　国民総動員体制と大谷派の動向

心田開発運動と大谷派の対応

一九二九年八月の法主夫妻の渡鮮以降、朝鮮人布教に尽くしてきた大谷派の栗田恵成開教監督は、一九三四年の年頭にあたって、次の二つの活動綱領を掲げた。

一、聖徳太子の遺業を偲び非常時と云はれるこの際吾等真宗教徒の進むべき道を正しく明かに踏むべきこと

二、精神耕作第一年として克己の精神を涵養すること(45)

このうちの二の「精神耕作」では、非常時突破に向けて各自が「克己」運動を持続していくことを目指して、標語や小冊子の配布や講演会が開催された(46)。この「精神耕作」運動が、翌年に総督府の肝いりでスタートした心田開発運動のモデルとなった可能性も考えられる。

心田開発運動が始動した後も、日本仏教各宗派のなかで、最も積極的に呼応したのも大谷派であった。一九三五年に入ると、大谷派朝鮮開教監督部は総督府が建設を進められつつあった満浦線に沿って、朝鮮北部から満州まで

の間に布教拠点を築く計画を立て、まずその要所である江界に布教所を設立した(47)。そして、さらなる教勢拡大と朝鮮民衆の信仰確立に向けての事業を推進すべく、朝鮮総督府学務課と連携して心田開発運動に乗り出すこととなり、一九三五年六月から寵含雄（前大谷大学教授、大谷派布教研究所常任参与）が朝鮮各地を巡講した(48)。その巡講に先立って、五月三日・四日の両日に第一四回大谷派朝鮮開教団総会が開催され、その初日に栗田恵成団長より、次の事業案が提起され了承された。

心田開発の声に応じ鮮内主要都市に寵含雄師が巡講せらるゝ事になつたが幸にも日程が本総会と一致したので、総督府社会課、京城府、京城教化団体連合会の後援を得、本団主催にて本夕午後八時より府公会堂に於て講演会を開催する(49)

総会では、「心田開発運動の具体的方策」に関しても審議され、同年六月末に開催された第二回朝鮮僧侶並信徒大会でも、この議題は審議されている(50)。

しかし、こうした総督府と密接な協調関係の下で推進された大谷派の布教活動は、相変わらず多くの朝鮮人信徒を獲得することができなかった。図表10（235頁）を見ても、この時期に朝鮮仏教・日本仏教の朝鮮人信徒数はほとんど増加しておらず、総督府から厳しい批判に晒されたキリスト教のみが信徒数を増やし続けたのである。

日中戦争下での皇民化施策と宗教対策

日中戦争とその下での皇民化施策が推進されるようになると、朝鮮宗教界の状況にも一層の変化があらわれはじめた。一九三七年七月に起こった盧溝橋事件を契機に日中戦争が始まると、日本国内では戦意高揚と国民に耐乏生活を強いるため国民精神総動員運動が展開された。朝鮮でも同年一〇月一三日から一週間を「国民精神総動員強調週間」と定められ、総督府主導による大規模な教化活動が展開され、その初日に南は次のように訓示した。

> 万邦無比の精神は万邦無比の国体に萌し、国民は万世一系の天皇の下に一国一家の生を営む、此の国体の精華に依て我が国民は団結するの本然性を有す、現下の時局に当つて行はんとする国民精神の総動員は即ち此の精神を益々確保し益々振起するに外ならず[51]

ここに至って、心田開発運動の際に安龍伯が問題にしたような朝鮮人の伝統的な精神文化への配慮は、もはや議論の余地のないものとして斥けられ、一方的に国体観念の浸透が強要されることになったのである。

そもそも、心田開発運動は、総督府が直接的に介入・指導した教化活動という点において、それまでの民間誘導の方策と大きく性質を異にするものであった。総督府としては満州事変に際会し、民間誘導の教化運動が大きな成果を上げないことへの焦りがあったかもしれない。しかし、総督府側が直接的に介入したことで、諸宗教への姿勢も強権的なものとなり、前述の吉川萍水の指摘にもあるように、諸宗教の総督府への対応も表層的迎合的なものとなっていった。そして、この傾向は国民精神総動員運動以降に一層顕著になり、翌三八年七月には日中戦争の長期化に対処するため、国民精神を総動員して堅忍持久をもって国家的大使命に邁進すべく「国民精神総動員朝鮮連盟」が結成された。連盟では、総督府の行政機構と一体となった各地方連盟が組織され、十戸程度を単位とする「愛国班」という末端組織の結成が奨励されて、国民生活にまで立ち入った戦争協力体制の構築が目指されたのである。[52]なお、三九年九月にドイツ軍がポーランドへ侵攻して第二次世界大戦が始まると、翌四〇年一〇月に国民精神総動員朝鮮連盟は、国防国家の完成と東亜新秩序の建設を目的に掲げ「国民総力朝鮮連盟」に改組された[53]。

その一方で南総督は、日中戦争下に志願兵の強制徴募、日本語の強要と民族語の使用禁止、創氏改名など、朝鮮人に皇民化を強いる政策を次々に推進し、朝鮮宗教界に対しても強硬な姿勢で、総督府への従属を要求するようになっていった。キリスト教への神社参拝の強要だけでなく、朝鮮固有の「類似宗教」や朝鮮仏教に対しても高圧的姿勢を強めていったようである。前述の吉川の評論によれば、南総督は三十一本山住持会議の席上で、朝鮮仏教の「積弊一掃」を強く迫ったという。その要求は、朝鮮仏教への社会的活動への積極的参画を求めたものであったが、その内実とは戦時体制への積極的な貢献を意図していたと考えられる。もちろん、吉川萍水が「坊さん達が之を何ンと聴いたか知らないが俗人の南総督に此ンなお説教をされたのでは面目あるまい」[54]と述べたように、朝鮮仏教の側からの心底からの協力は望むべくもなかった。

しかし、この段階では、もはや本心からの恭順の実現を期待するような施策は問題とされず、内部に蓄積した不満が表面化することを阻止するためにも、強権的な圧力が加えつづけられたと考えられる。そうした状況下で、総督府にとって、日本仏教は皇民化政策の推進に向けた強力なパートナーであり、何より総督府の意向に沿って活動する大谷派との協調路線を強化していったと考えられる。そして、総督府の皇民化運動の抑圧に耐えかねた朝鮮側は、その保護を求めて日本仏教・大谷派の傘下に入ることを求める現象が生じていったのである。

弥陀教の集団帰属

国民精神総動員朝鮮連盟が結成された翌年の一九三九年以降、日本仏教の朝鮮人信徒は大きく増加に転じた。図

表9（232頁）・図表10（235頁）に見るように、一九三九年の信徒数は、前年の約一万五千人に対し、三万七千人を超えている。なかでも大谷派は、約二千人であった信徒数が一万一千人を超えるまで急増した。

この大谷派の信徒数増加の大半は、一九三七年一月に弥陀教の教祖の李象龍が、信者約五千人を率いて大谷派への集団帰属を申し出たことによるものであった。弥陀教は、元は水雲教といい、村山智順編の『朝鮮の類似宗教』によると、東学党系の「類似宗教」に分類されている。[55]教祖の李象龍は当時九四歳で、慶尚北道慶州に生れ、一一歳で父母に死別して頼る所なく、健康も優れなかったため慶州佛國寺で出家し、梁山通度寺・金剛山楡帖寺など各地の名刹を行脚して修行した。その後、忠清南道礼山郡で有志数名と協力し、仏教を基として儒教・仙教を加味した宗教を創立することとなり、東学の創始者で仏の後身とされる崔済愚を教祖とし、教名を水雲教とした。水雲教は儒教・仏教・仙教三合の无量大道を娑婆世界に宣布する教宗であり、「事人如天」を主義として永世の幸楽を求め、「布徳天下・広済蒼生・輔国安民」の実現を目的とした。

入教者の増加にともなって一九二三年に水雲教本館を京城に設立し、当時天道教の内部対立により、天道教や侍天教からの転入が相次ぎ教勢を伸張した。しかし、教祖を水雲（崔済愚の別名）の再生なりとする風評に端を発した天道教との確執から、後に本館を忠清南道大田郡に移した。その後、天壇と称する根本道場を建設し、三三年に天壇内に金剛塔・阿弥陀塔・無量寿の三塔を建立して儒・仏・仙三合の教体としたが、この頃より仏教への傾斜を強め、三五年に弥陀教と改名した。[56]

大谷派側は、弥陀教が集団帰属した契機を、一九三六年夏に弥陀教の教徒四名が新都内布教所で開かれた仏教講習会を見学したことによると説明している。その後、同年一二月に阿弥陀教本部で仏教講習会を開くこととなり、大谷派大田布教所から布教使を招聘して仏教講演を聴聞し、その結果、教主をはじめとする信徒が日本仏教の深遠なる教義に感動して、集団帰属が決定したとしている。[57] 翌三七年一月二四日、大田布教所で上野興仁開教監督（富山勝傅寺）と李象龍とが会見し、李より帰属願が提出された。上野はこの旨を早速本山に送達し、本山側は舘義順を現地に派遣し調査の上、上野を本山に招致して協議し、二月一九日に帰属願の受理を決定した。三月一六日には、李象龍以下弥陀教の幹部九名は上京し、朝鮮僧侶養成所の修了生八名とともに得度式を受式した。[58]

弥陀教の大谷派への集団帰属に対して、その行く末を心配する意見もあった。例えば、『京城日報』主筆の池田林儀は次のように述べている。

若しこれが指導を誤り、弥陀教を惨めな運命に陥入らしむることがあつては、他の類似宗教に種々なる口実を与へることになるといふことも考へなければならぬ。之が指導法については、東本願寺においても、阿弥陀教自体においても、極めて慎重なるを要する。[59]

しかし、大谷派朝鮮仏教団の機関誌『覚醒』が、日本人識者に感想・意見を求めたところ、概ね集団帰属を快挙として歓迎し、その成果を期待するというものであった。[60]

『朝鮮の類似宗教』刊行とその影響

弥陀教の集団帰属には、どのような背景があったのであろうか。弥陀教の教徒の大谷派の仏教講習会を見学した前年の一九三五年九月に前述の『朝鮮の類似宗教』が刊行された。本書のはしがきに「既成宗教が民心の救済に無力なりと思惟せられた際、此等無力な在来既成宗教を綜合してその宗教的使命を復興せむとしたもの」と刊行意図

(図表11)「類似宗教」の朝鮮社会及び民衆に与えた影響

影響項目		普天教	天道教	上帝教	水雲教	総計
生活上への影響	×入教後生計に困窮するに至つたもの	37	15	12	7	83
	×教本部に移住を敢行し遂に破産したもの	5		1	4	10
	×入教を強制され、且つ強制的に金品を搾取されて困つたもの					4
	×入教したので生業に不自由を感じたもの					1
	×幹部が教徒の宅を訪問して宿泊饗飲を受け且つ致誠金を強要する弊あるもの	3				3
	×教の役員たらむとして金員を不正に空費する弊あるもの					5
	△教の附属事業に依り経済的利益をうけたもの		3			3
政治的なる影響	×騒擾事件を惹起し民衆を扇動したもの		27			27
	×妄語を流布して人心を惑乱したもの	14	3	1	2	25
	×官の施設に反対したもの	1	3			5
	×習慣を固持して新施設(振興運動)に背馳するもの	35	3	1	1	44
	×官の諒解あるが如く布教するので新施設に支障を来すもの	1	1			2
	×書堂を建てゝ新教育を排撃するもの					1
	×地方治安を害したもの					1
社会上の影響	×一般から異端者として取扱はれて居るもの	25	23	8	3	78
	×地元青年の排撃を受けて居るもの	5				5
	○社会的地位を獲得し得るので重視されるもの					2
	×医療を妨害したもの	1	1			2
	○啓蒙上好影響ありしもの		2			4
	×教徒なるが故に小作権を取上げられたもの		1			1
思想上の影響	×革命思想を鼓吹し、民族意識を濃厚ならしめた	3	41	2		51
	×迷信を植付けた	6		2	2	16
	×勤労の精神を阻害した	5	3	1	3	14
	×社会運動発生の基礎を作る		2			2
	×教徒の哀れな末路に鑑み一般に無宗教となつた					1
	○温厚、道徳観念に富み人道を重ずるやうになつた		1			3
	○勤労精神を養成し、実践に依つて一般に範を示す					1
上記中×を付した項目の合計		141	123	28	22	381
信徒数(1934年)		16,474	93,406	7,250	5,230	172,858

①村山智順『朝鮮の類似宗教(調査資料第四二輯)』(朝鮮総督府、一九三五年)により作成。
②調査は、一九三四年八月に朝鮮各地延べ七四四教区において実施されたものであり、数値は影響のあった教区数を示す(同書八三八頁)。
③総計は、「類似宗教」六七団体の合計を示す。個別団体に関しては、悪影響の数値の多い上位四団体のみを選んで記載したが、この四団体で「類似宗教」全信徒数の七割以上を占める。
④各影響項目の前に、総督府から見て、悪影響とみなされたであろう項目には×を、好影響とみなされたであろう項目には○を、どちらともいえない項目には△を付した。

が記されているが、そのために「類似宗教」が朝鮮民衆や朝鮮社会に与える影響が詳細に調査されている。その調査表の一部を掲出したのが、図表11である。

影響項目のなかには、好影響と見られるものがわずかにも含まれているが、そのほとんどが悪影響と考えられるものであり、朝鮮総督府が「類似宗教」の与える悪影響をいかに問題としていたのかが理解できる。宗教団体のなか特に問題とされたのは、「民族主義革命主義のリーダーを以て自任せし天道教」[61]であったろうが、悪影響を与えた件数が最も多いのが普天教であった。

ところで、一九三六年一月に『中外日報』は、この普天教が本門佛立講に集団入講を申し出たことを報じた。[62]この記事によれば、「旧韓国将校会代表従二品勲二等玄暎運」と記された名刺を所持した男が、大阪清風寺を訪ね、次いで京都北野下ノ森にある本門佛立講根本道場に総務局総理の梶本清純（日颯、後に講有）らを訪問し、全教徒七八万人の代表者を列記した書類を提出して次のように述べたという。

自分は普天教の者であるが総裁車仙氏（管長格）が左翼の嫌疑をうけて検挙されて以来副管長格者に属する自分らは信仰の帰趨を失ひ宇宙に迷つて居る、それで日本仏教の何れもに《ママ》よることとなり自分は白紙無条件でその所属（信仰決定）を一任されて来たが仏教中では一番細胞組織化して居る佛立講（本門法華宗佛立教会）が一番我々に適応し又生きてゐると思ふから入講さして貰ひたい。

玄暎運が朝鮮総督府の諒解を得ていると語ったため、本門佛立講では玄に入講を勧め、玄も入講証を受け取りひとまず朝鮮に帰ることとなった。しかし、その後に本門佛立講が府特高課に照会したところ、次のような返答を得た。

普天教は類似宗教で、総裁が前に検挙された事がある、彼等は日韓併合に先立ち日露支の間に暗躍したものの残党で今日でも革命系に属する、併しそれが佛立講に入つたといつても、佛立講自体を白眼視する訳ではない

『中外日報』の記事によれば、こうした特高課の意見にもかかわらず、本門佛立講では集団帰属に躊躇したという。七八万人にも及ぶ教徒の対応には、相当の困難が予想されたと考えられる。その後本門佛立講で朝鮮人信徒の大幅な増加（図表9では、本門佛立講の信徒数は日蓮宗に合算）がないことから実現はしなかったようである。このように『朝鮮の類似宗教』でその問題行動が公表されると、「類似宗教」の側は非常に厳しい状況に追い込まれていったと考えられる。

弥陀教集団帰属の背景

弥陀教（水雲教）の場合は、「類似宗教」のなかで四番目に悪影響の件数が多かったものの、普天教よりもはるかに件数が少なく、かつ教団規模も小さかった。朝鮮総督府としては、この弥陀教を自ら意向に沿って誘導することができれば、「類似宗教」全体を懐柔するためのモデルケースになると考えられたのであろう。そして、その受け皿として最も総督府に協力的な真宗大谷派に白羽の矢を立て、弥陀教に大谷派の傘下に入るように働きかけたようである。弥陀教の側も、自己保身のためにこれを受諾したものと考えられる。

弥陀教の大谷派への集団帰属が総督府・道当局の介入により実現したことは、当時の報道からも明らかである。大谷派の機関誌『真宗』は、水雲教の仏教化について「道当局に於いても相当之が善導に努める所があつた」[63]と記している。『中外日報』に至っては、「偶々当局よりも熱心に内地仏教帰属をすすめられ」[64]と報じ、集団帰属に総督府・

道当局の強い意向があったことを明かしている。

さらに大谷派朝鮮開教団機関誌『覚醒』一九三七年二月号も、「類似宗教」に対する当局の弾圧が、日本仏教への集団帰属を促した事実を次のように述べている。

昨年春以来邪教撲滅の当局の鋭いメスによつて深く反省する所あつた各新興並に類似宗教団体は稍々その帰趨を失つてゐたかの様であるが、最近やうやく其の非を悟り其の盲を覚醒してその信者は続々真宗、禅宗に転宗といふより、入門し真剣に求道生活に入り来つた。（中略）朝鮮に於ても当局の弾圧によつて全て是等邪教はその影をひそめ、類似団体は全て内地仏教に転派の傾向を著しく顕はして来た。(65)

弥陀教の集団帰属には、大谷派に対しても総督府・道当局からの強い要請があったと考えられるが、教義内容も相違し、必ずしも純粋な信仰心によるものでない集団帰属への対応には困難も伴ったようである。弥陀教の集団帰属の直後には、円覚玄元教からの集団帰属の願出もあったようである。円覚玄元教は、京城に本拠を置き信徒は約三千人であり、兜率往生思想を中心とする仏教系の「類似宗教」であった。(66) しかし、直ちに帰属を了承せず、上野興仁開教監督は次のように語った。

まだ之はどこにも発表して居ないが、実は元玄教から帰属願が出てゐるのだが目下のところでは許さぬ方針だ、で先づ毎週彼等を集め正信偈を会得せしめ真宗教義を聴聞せしめ見込みがついたら帰属させることにならう、彼等は非常にまじめであり、拝天思想と共に兜率往生思想を抱いてゐるなど極めて注目するに足ると思ふ、云々。[67]

弥陀教に関しても、集団帰属と同時に幹部九名を得度させたが、当然のことながら真宗教義に通じていたわけでなく、一九四〇年に至って一年間の再教育が行われた。[68]しかし、大谷派への帰属が総督府の強権的姿勢から逃れるためのカモフラージュとしての色彩の強いものである以上、[69]大きな成果があったとは考えにくい。

おわりに

一九三〇年代に入り、真宗大谷派は再び積極的なアジア・朝鮮布教への取り組みをはじめた。その活動は、法王の失脚などで失った教団威信の回復を期したものであり、国家の海外戦略に便乗していこうとする方向性を有するものであった。その意味で、第一章で指摘したような教団のあり方に大きな変化があったわけではなかった。そして、総督府により皇民化政策が強権的に推進されると、その抑圧に耐えかねた朝鮮民衆や朝鮮「類似宗教」の受け皿として教勢の拡大を目指すとともに、改めて皇民化に誘導することに存在意義を見出していったのである。

一九三七年に弥陀教を傘下に収めた後も大谷派は、都市細民「土幕民」の集団的移住と教化・教育活動の実施、[70]全開教使への医療習得講習会を施しての医療補助活動、[71]釜山看護婦養成所の設置[72]などの事業を次々に展開し、朝鮮人信徒を増やしていった。しかし、それが真に朝鮮民衆に受容されたものでなかったことはもはや言をまたないであろう。

[注]

（1）本書第四章を参照されたい。

（2）藤波大圓「振はない各宗派の事業と超宗派的団体の活躍（朝鮮地方視察記五）」（『真宗』三一一号、一九二七年九月）。

（3）真宗教学研究所編『近代大谷派年表』一四二頁（東本願寺出版部、一九七七年）、「文部大臣の諭示によって光暢いよく隠退」（一九二五年九月一九日付『中外日報』）。なおこの引退を、光暢は文部省の強要によるものだと主張したが、文部省の側は監督権限の範囲内で行われたものと反論している（一九二五年九月二五・二七日付『中外日報』）。

（4）守屋孝蔵「大谷家相続問題に就て」（『真宗』二九〇号、一九二五年一二月）。

（5）法主引退の際の新聞発表では、天津付近の綿花栽培への投機が負債の原因にあげられている（一九二五年九月一九日付『東京日日新聞』朝刊、同月二二日付『中外日報』）。前掲『近代大谷派年表』では、この他に朝鮮とカナダでの投資事業をあげているが、朝鮮への山林経営への投資は、一九二三年頃から行われていたようである（「之も大谷派の新事業として朝鮮の山林経営」、一九二三年一二月一九日付『中外日報』）。

（6）「愛鮮運動、向上会館の新運動」（一九二五年九月一九日付『中外日報』）。

（7）諸点淑「植民地朝鮮における日本仏教の社会事業に関する一考察――真宗大谷派の「向上会館」を事例として――」（『立命館史学』二八号、二〇〇七年）。

（8）「大谷派開教鳥瞰図、伸び行く海外教勢」（一九三一年一月一五日付『中外日報』）、西田明「向上会館の現況」（『覚醒』一三巻五号、一九三二年五月）。この資料は、中西直樹編『仏教植民地布教史資料集成』（朝鮮編）第五巻（三人社、二〇一三年、以下『資料集成』と略記）に収録されている。

（9）「大谷派朝鮮開教五十年法要と記念の諸事業」（一九二七年九月二四日付『中外日報』）、大谷派本願寺朝鮮開教監督部編・発行『朝鮮開教五十年誌』（一九二七年、『資料集成』第五巻に収録）。

（10）前掲「振はない各宗派の事業と超宗派的団体の活躍（朝鮮地方視察記五）」。

（11）「京城女学校の経営」（『教海一瀾』七一三号、一九二五年一二月二三日）、「龍谷女学校設立」（『教海一瀾』七一七号、一九二六年四月三〇日）。

(12)「内鮮融和の実現に進む、京城龍谷女校」(一九二七年四月一〇日付『中外日報』)、末永隆定「内鮮融和を眼目とする女学校」(『朝鮮社会事業』五巻四号、一九二七年四月)。
(13)「法主台下並に御裏方朝鮮御巡化」(『真宗』三五二号、一九二九年一〇月)。
(14)「光暢法主の朝鮮巡教は予想以上の収穫」(一九二九年九月二二日付『中外日報』)。
(15)竹中慧照「朝鮮開教私見」(一九二九年一〇月六・八・九・一〇日付『中外日報』)。
(16)「開教使は永住せよ、光暢法主の朝鮮巡教所感」(一九二九年九月二一日付『中外日報』)。
(17)本書第三章の四を参照されたい。
(18)「大派の朝鮮開教資源と寺院制度の採用」(一九二八年一〇月三一日付『中外日報』)。
(19)「二鮮人の得度受式」(『真宗』三三八号、一九二九年一二月)。
(20)「朝鮮開教監督部の布教進出計画」(『真宗』三四一号、一九三〇年三月)。
(21)「僧侶も信者も悉く鮮人の大派教団成立す」(一九三〇年九月一四日付『中外日報』)、「海外布教所新設認可」(『真宗』三四八号、一九三〇年一〇月)。
(22)「朝鮮通信・鮮人教化の現状」(『真宗』三五二、一九三一年二月)。
(23)「大谷派朝鮮開教団が鮮人布教進出を決議」(一九三二年五月一一日付『中外日報』)。
(24)「大派朝鮮開教団の答申内容」(一九三二年五月一五日付『中外日報』)、「監督部報」(『覚醒』一三巻六号、一九三二年六月)。
(25)「大谷派が開拓する朝鮮布教」(一九三一年三月一六日付『中外日報』)、真宗大谷派宗務所組織部編『宗門開教年表』九七頁(一九六九年)。
(26)「鮮人開教上画期的な朝鮮人僧俗大会」(一九三四年七月八日付『中外日報』)、金貞黙「朝鮮の人々を真宗僧侶に導く」(『覚醒』一六巻五号、一九三五年五月)。
(27)「朝鮮同胞開教の基礎成る大派鮮人僧侶養成所」(一九三四年八月二一日付『中外日報』)、「朝鮮僧侶養成所規程」(『真宗』三九五号、一九三四年九月)。

(28)「民心作興運動に関する施設」(『朝鮮』二二〇号、一九三二年一一月)。

(29) 京城日報社・毎日申報社編の『朝鮮年鑑』(昭和十二年版、五三五～五三六頁)によれば、実際の活動として、一九三二年から学識経験ある朝鮮人名士を各道に二名嘱託して道内全域を巡回講演・指導せしめ、同年下半期には五種類三万五千部のパンフレットを刊行頒布している。また模範部落・社会教化劇の映写フィルムの貸出などが行われたようである。

(30) 一九三二年四月八日に京城仏教徒懇談会が総督府に提出した「教化振興に関する建言」のなかに、「昭和七年度ニ於テ朝鮮総督府ハ、新ニ教化振作ノタメ大ニ企図スルトコロアリト聞キ」と記されているが、同年に宗教団体を巻き込んだ教化振興策を総督府が実施した事実は確認できなかった。ただし、この建言を掲載した『覚醒』一三巻四号(同年七月)には、総督府学務局長であった林茂樹の「教化の要諦」という論説も掲載されており、総督府内部で教化振興策は策定されつつあったと考えられる。

(31) この当時のキリスト教に対する神社崇敬の強要と抵抗については、『日本の朝鮮支配と宗教政策』(未來社、一九八八年)、総督府の神社政策に関しては、山口公一「植民地朝鮮における神社政策――一九三〇年代を中心に――」(『歴史評論』六三〇号、二〇〇二年一〇月)を参照。

(32) 心田開発運動に関する先行研究として、川瀬貴也「植民地期朝鮮における〝心田開発運動〟政策」(『韓国朝鮮の文化と社会』第一号、二〇〇二年〉、後に同著『植民地朝鮮の宗教と学知――帝国日本の眼差しの構築――』〈青弓社、二〇〇九年〉に収録)。

(33) 中村健太郎著『朝鮮生活五十年』九四頁(青潮社、一九六九年)。

(34) 本書第四章の三を参照されたい。

(35)「彙報・道参与官会議」(『朝鮮』二三七号、一九三五年二月、『資料集成』第四巻に収録)。

(36)「彙報・本府の心田開発運動」(『朝鮮』二三九号、一九三五年四月、『資料集成』第四巻に収録)。

(37) 渡邊豊日子「信仰心の啓培に就いて」(『朝鮮』二三九号、一九三五年四月、『資料集成』第四巻に収録)。

(38)「彙報・心田開発委員会」(『朝鮮』二四九号、一九三六年二月、『資料集成』第四巻に収録)。

(39) 朝鮮総督府中枢院編『心田開発に関する講演集』(一九三六年)を見れば、諸宗教関係者がこの運動のために動員されていたことが知れよう（『資料集成』第四巻に収録）。
(40) 京城日報社・毎日申報社編『朝鮮年鑑』（昭和十四年版）八七六頁。
(41) このパンフレットは、『韓国近現代仏教資料全集64（近代仏教其他資料(2)）』（韓国・民族社、一九九六年）に復刻・収録されているほか、梁村奇智城編『国民精神総動員運動と心田開発』（朝鮮研究社、一九三九年、『資料集成』第四巻に収録）にも全文が掲載されている。
(42) 阿知和安彦「神社と信仰」『朝鮮』二五〇号、一九三六年三月）。
(43) 安龍伯「心田開発指導原理の再吟味」（『朝鮮』二五三・二五四号、一九三六年六・七月）。
(44) 吉川萍水「朝鮮仏教の僧侶に望む」。この評論が掲載された『躍進時代』は未見であるが、前掲『国民精神総動員運動と心田開発』に再録されている。吉川萍水は、一九二一年に京城森書店から『朝鮮の宗教』を刊行した吉川文太郎と同一人物と考えられる。同書掲載の半井清（初代総督府宗教課長）の序によると、吉川は北陸のメゾヂスト教会の牧師などを経て、三・一独立運動の後に朝鮮に渡り、総督府宗教事務の嘱託となり、朝鮮の宗教事情の調査研究に従事していたようである。
(45) 栗田恵成「吾等の二大綱領——昭和九年度精神耕作——」（『覚醒』一五巻一号、一九三四年一月）。
(46) 「精神耕作第一年「克己」運動を顧みる」（『覚醒』一五巻一二号、一九三四年一二月）。
(47) 「大谷派の朝鮮の新開教線」（一九三五年二月一七日付『中外日報』）、「監督部報」（『覚醒』一六巻四号、一九三五年四月）。「教場巡礼（一）——平北の新義州・江界・中江鎮——」（『覚醒』一八巻一号、一九三七年一月）によれば、江界布教所は一九三五年三月に稲浦修により創設され、当時の門信徒は百戸超、朝鮮人対象の青年会も結成され、月四回の定期集会を開催していた。
(48) 「大谷派朝鮮開教監督部、全鮮に心田開発運動」（一九三五年四月二〇日付『中外日報』）、注（47）掲出「監督部報」。
(49) 「第十四回朝鮮開教団総会開催」（『覚醒』一六巻五号、一九三五年五月）。
(50) 「第二回朝鮮僧侶竝信徒大会」（『覚醒』一六巻六号、一九三五年六月）。
(51) 「彙報・国民精神運動週間に於ける訓示」（『朝鮮』二七〇号、一九三七年一一月）。
(52) 京城日報社・毎日申報社編『朝鮮年鑑（昭和十五年版）』五九二頁、『朝鮮年鑑（昭和十六年版）』五七二～五七三頁。

(53) 京城日報社・毎日申報社編『朝鮮年鑑(昭和十七年版)』五六九〜五七四頁、『朝鮮年鑑(昭和十六年版)』五七二〜五七三頁。

(54) 注(44)を参照。

(55) 村山智順編『朝鮮の類似宗教(調査資料第四二輯)』(朝鮮総督府、一九三五年)。

(56) 前掲『朝鮮の類似宗教(調査資料第四二輯)』、「五千の教徒挙げて、忠南の水雲教、東本願寺に帰依す」(『覚醒』一八巻二号、一九三七年二月、『資料集成』第五巻に収録)、「帰属した朝鮮の弥陀教、幹部等本山で得度」(『真宗』四二七号、一九三七年四月)。

(57) 前掲「帰属した朝鮮の弥陀教、幹部等本山で得度」、池田儀(京城日報主筆)「東本願寺に帰属した弥陀教」(『覚醒』一八巻三号、一九三七年三月)、金貞黙「朝鮮仏教の現状と吾が真宗伝道の苦心」(『覚醒』一八巻三号、一九三七年三月)。『覚醒』の記事については、『資料集成』第五巻に収録。

(58) 「帰属問題愈よ実現、朝鮮水雲教々主ら最高幹部の得度式」(一九三七年三月一二日付『中外日報』)、「見出度くも李象龍氏以下幹部は得度する、夏期学校修了生と一緒に」(『覚醒』一八巻三号、一九三七年三月)。

(59) 前掲「東本願寺に帰属した弥陀教」。

(60) 「弥陀教が吾が東本願寺に帰属したに際し御感想と御意見を承る」(『覚醒』一八巻三号、一九三七年三月、『資料集成』第五巻に収録)。

(61) 前掲『朝鮮の類似宗教(調査資料第四二輯)』八四六頁。

(62) 「朝鮮普天教徒代表が佛本講へ入講申込」(一九三六年一月二四日付『中外日報』)。

(63) 前掲「帰属した朝鮮の弥陀教、幹部等本山で得度」。

(64) 「五千の信徒を率ゐ水雲教、大派に帰属」(一九三七年二月二日『中外日報』)。

(65) 「新興宗教続々転派」(『覚醒』一八巻二号、一九三七年二月、『資料集成』第五巻に収録)。

(66) 前掲『朝鮮の類似宗教(調査資料第四二輯)』四三二〜四三三頁。

(67) 「朝鮮元玄教の転向」(一九三七年二月一九日付『中外日報』)。

(68)「旧水雲教鮮人僧を一ヶ年間再教育」(一九四〇年一〇月二五日付『中外日報』)、「旧弥陀教本部で鮮人僧侶養成講習所」(一九四〇年一〇月二八日付『中外日報』)。

(69) 日野華夫「水雲教の帰属と我等の容易(2)」(『覚醒』一八巻四号、一九三七年四月、『資料集成』第五巻に収録)は、弥陀教の集団帰属について、「水雲教が東本願寺に帰属したに就いて他の教徒に嘲り笑ふものがあるとの事である。即ち水雲教は官憲の圧迫に耐えかねて、もぐつたのである。」と見る見解もあると記している。

(70)「半島に於ける〝土幕民〟の集団的移住整理を終える」(一九三七年八月二〇日付『中外日報』)。

(71)「大派の朝鮮全開教使、けふから医療を習得」(一九四〇年四月一八日付『中外日報』)。

(72)「釜山東別院に看護婦養成所」(一九四一年七月一七日付『中外日報』)。

第六章　巖常圓と大聖教会

はじめに

朝鮮総督府の嘱託として朝鮮の民間信仰を調査した村山智順は、『昭和六年仏教年鑑』のなかで、日本仏教の朝鮮布教を次のように評している。

内地仏教の大部分は内地宗務当局、又は本山から、殖民地開教の名の下に幾分の補助を受け、布教師を任命して朝鮮人間に内地仏教の法雨を沢ほす制度となつて居るが、殖民地開教の重要事項たる朝鮮人の宗教信仰意識を研究して之に臨むの用意を忘れて居つたので、堂々たる寺院は軒を並べ壮大な布教所は各地に在つても、それは只在住内地人のお参り場、お葬式、法事の式場に止まり、時々説教講話が催されても朝鮮人の対告衆は暁の星よりも少ない状態である。(中略)内鮮仏教の提携は屢々企画され、時に協同して布教其の他の事業に手を染めんとする場合もあるが、いつも有名無実、竜頭蛇尾の憾をのこすのみである。これは内鮮とも昔から同じく仏教国であり、仏教徒であつたから、仏教を以てすれば内鮮融合が速成される、など云ふ一部の謬論者に依つて繰返へされる錯誤であつて、如何に仏教に依つて彩られた人々であつても、内鮮各その民俗性を異にする故に、その彩り方に於て非常の差異あることを気づかざるの失敗である。(1)

この指摘が日本仏教の朝鮮布教の問題の一端を的確にとらえたものであることは、本書でこれまでに取り上げてきた日本仏教のあり方を見れば明らかであろう。しかし、日蓮宗僧侶でもあった村山智順は、(2)「朝鮮人の宗教信仰意識」に対応して、いかなる布教活動がなされるべきであったかについて言及していない。総督府側の立場から、朝鮮人を取り込むことができない日本仏教の不甲斐なさを嘆いているに過ぎないのである。

そもそも普遍宗教である仏教の布教が、単にその国や地域の宗教的意識に配慮して信者を獲得すれば、それで完結するというものでもあるまい。もちろん、日本仏教の優位性を自認する立場から、朝鮮人の精神的文化を考慮しないあり方は問題外である。しかし、朝鮮人の固有の精神的文化を尊重しつつも、そのことを通じて日本仏教の個別性や問題点への認識も深め、さらに日本と朝鮮の差異を超えた仏教的普遍性の獲得を目指していくことこそが、本来志向すべき布教の方向性であったと考えられる。

その方向性を見失うことなく布教活動を実践していくことが、非常に困難であったことは察するに余りあるが、日本仏教の朝鮮布教にあっても、そうした努力を続けた仏教者が皆無であったわけではない。本章では、浄土真宗本願寺派の僧侶であった巖常圓と彼を中心とする大聖教会の活動を通じて、そうした布教活動の一端を明らかにしていきたい。

一　巖常圓の経歴と朝鮮渡航の経緯

巖常圓の修学状況

巖常圓は、一八七四（明治七年）年に豊後国北海部郡津組村大字津久見（現・大分県津久見市）の浄土真宗本願寺派西教寺の第一三世巖慶哉の長男として生まれた。朝鮮に渡るまでの常圓の経歴は、『大分県西教寺史』に次のように記されている。

巖常圓は明治七年十月四日西教寺にて出生。東京共立学校（現開成高校）卒・京都同志社大卒・東京早稲田大校外生となり政治経済科を修了。つづいて明治二十九年京都龍谷大学に学ぶ。明治三十三年より姫路崇徳女学校教員、翌年私立東京中学校教員に就職。同三十五年より三十七年まで一時西教寺住職として僧侶生活(3)

この記述は、西教寺の保存されていた常圓自身の履歴書などが元となっていると考えられるが、この他に、「京大　竹朗生」なる人物が一九一三年一一月『中外日報』に寄せた投書にも、常圓の経歴が記されている。竹朗生は同年夏に満州・朝鮮を旅行し、さまざまな人と出会い、そのなかで最も感銘を受けた常圓の人となりと朝鮮での事績とを『中外日報』に報告しているが、修学状況については次のように書き残している。

氏は始め京都で、某西洋人の家より同志社に通学して神学科を卒へたが、其以前より基督教に疑惑を懐き当時、中学校長をして居た清澤満之先生の帰途をつけて、悶々の情を述べ、種々指導を受けた、同志社を卒業してから、真宗大学に入って明治三十五年に卒業[4]

このうち、大谷派の真宗大学卒業のことは、『大分県西教史』には記されておらず、また当該年度の真宗大学の本科と選科の卒業生のなかに常圓の名前は見当たらない[5]。『大分西教寺史』には「明治二九年京都龍谷大学に学ぶ」とあるが、龍谷大学保存の教務資料によると、常圓は一八九六年九月から翌九七年六月まで本願寺派大学林に在学し、その後休学し同年九月に退学している。さらに『大分西教寺史』によれば、一九〇〇年から姫路崇徳女学校に教員として勤務しているが、同校は大谷派連枝の大谷勝珍（東本願寺二一世大谷光勝の子）が自坊の姫路本徳寺に開設した学校であった[6]。常圓は、大学林を中退してから姫路崇徳女学校に勤務するまでの約二年半の間に、清澤満之ら大谷派僧侶との交流をもったと推察され、真宗大学にも何らかの形で籍を置いていた可能性も考えられる。

いずれにせよ、常圓は本願寺派の寺院出身・僧侶でありながら、同志社で学び[7]、大谷派僧侶とも交流するなど、宗教の別や宗派の枠を超え自由な学びを追求していたようである。その後自坊に帰り住職を継いだ常圓であったが、この自坊での生活は耐え難いものであったようであり、竹朗生は、「鬱勃たる英気は、因襲に囚はれて全く沈滞せる我国の宗教界にては到底満足出来ず」と記している。当時の仏教界は、維新期以降に活発となった地方の講社活動が完全に沈静化し、仏教改革に向けた風潮も衰退していた。封建期以来の寺檀制度の残滓のもとで教団勢力の維持を図る傾向が強くなり[8]、キリスト教に対する脅威も薄れるなかで、新たな布教伝道への志向性も後退していた。もちろん、海外布教は隆盛に向かいつつあったが、それは新たな布教伝道というよりも、日本人の海外進出に同行し、その拠点を築くことで国権伸張に寄与しようとする傾向の強いものであった。

常圓と同郷の南豊三眠なる人物が、一九〇〇年発行の本願寺派大学林同窓会『会報』に投稿した「地方伝道上の所感」では、南豊地方の宗教的状況とその問題点を指摘した上で次のように述べている。

法事葬式等読経の為に時日を消費すること多く伝道に力を用るの時少し是皆習慣に任ずるの弊より来るものなれば一大改革を行はんとすれば必ずや一大衝突を来し種々の非難の為反て失敗を来さんことを恐る(9)

常圓は、こうした仏教のあり方に強い不満を抱いたものと考えられる。竹朗生によれば、常圓は海外での布教に新たな活路を求め、当初は中国布教を志したようであるが、たまたま呉港で、ある朝鮮人から現地のことを聞き、朝鮮布教への志が大きく膨らんでいったようである。そして、一九〇四年に本願寺派執行であった武田篤初に朝鮮布教のことを相談した。武田篤初は、一八九六年四月に開教局副長に就任して本願寺派海外布教を推進する要職に就いており(10)、文学寮や大学林を度々講演のため訪れていることから、常圓とは旧知の間柄であったと考えられる。

武田篤初の朝鮮布教計画

巖常圓が朝鮮布教を志した当時、本願寺派の朝鮮布教は、他宗派に大きく後れを取っていた。早くから朝鮮に進出した真宗大谷派は、財政難に苦しみながらも、一九〇三年の時点ですでに釜山・京城・仁川・元山の四別院を設置し、本浦・光州・鎮南浦・群山などにも布教拠点を築いていた(11)。次いで朝鮮布教に着手した日蓮宗も妙覚寺（釜山）・頂妙寺（元山）・妙覚寺（仁川）・護圀寺（京城）の四カ寺を有し(12)、一八九七年以降に急速に朝鮮教勢の拡大を図った浄土宗は、京城の浄土宗開教院を中心に、釜山・仁川・平壌・馬山に教会所を設置していた(13)。

一方、本願寺派は日清戦争時に積極的な朝鮮布教を画策したが、すでに第三章で詳述したように、戦後の反日義兵運動の高まりのなかで撤退を余儀なくされていた。一八九八年に至ってようやく釜山に布教場を設け、一九〇二年には別院建設の計画が浮上したが、その矢先の同年一一月の日本人居留地からの出火により布教場が全焼した。有力な日本人信徒も罹災し、別院建設計画も頓挫していった(14)。

日露戦争がはじまると、本願寺派は戦後の朝鮮経営を見越して、朝鮮布教への本格的な参入を企図したが、その中心的人物が武田篤初執行であった。本願寺派法主の命を受けた武田は、一九〇四年六月一八日に上原芳太郎と木村省吾を伴い朝鮮に向けて出発し、まず釜山に渡って大邱に至り、再び釜山に引き返して、木浦・郡山・仁川を経て京城へと向かい、さらに鎮南浦・平壌・龍巌浦・安東県・義州などを視察して、九月二二日に帰国した(15)。約二カ月に及ぶ朝鮮視察を終えた武田は、『中外日報』の記者に対し、朝鮮布教の展望を次のように語っている。

京城、釜山、仁川、木浦、元山、鎮南浦、平壌等の枢要の地には既に今日までに大谷派を初め浄土、真言等の各宗派が陣取つて夫れ〲布教線を敷いて居る、併し此等は居留民の葬式と法要を目的とするものにして多少教育に手を着くるものなきにあらざるも真に申訳的の児戯に過ぎぬ、が西本願寺も韓国布教に着手する以上は矢張根拠地は京城に置かねばならぬ。朝鮮にて今日邦人の持囃やさるゝのは心から服したのではなく只武力と権利のみによつて持てるのである、今後に於ける宗教家の任務は今日の権とサーベルの光りとに依つて持てるものを翻して宗教と教育との力を以つて愛慕敬服させるのは吾々日本宗教家の責務である(16)。

このように武田篤初は、京城を中心とする朝鮮人対象に重点を置く布教構想を抱いていたが、それは戦後の朝鮮経営を見越して植民地支配に貢献しようとする意図が根底にあった。また他宗派がすでに在留邦人を信徒として組織化している段階で、朝鮮布教に本格参入するためには、朝鮮人を布教対象とせざるを得ない事情もあったと考えられる。そして、その具体的方策について、次のように語っている。

韓人に向つて最初より念仏を称へさせヨー抔とは甚しき間違いで、彼等を指導するには先づ彼等の眼には新しい影象を印するもの、又は最も必要なる学校とか病院とか云ふものを造つて、貧民の患者は病院に入れて施療して遣る無教育者は学校に入れて教育して遣る等、斯の如く慈善的事業を起して身を犠牲に供して、彼等を指導啓発して韓人自ら此日本人は慈悲な人である親切な人であると中心より人格を信せさすことか最も必要である而して其主裁者が坊さんであり、念仏を称ふる、阿弥陀さんを拝むと云へは御法義を喜べ、念仏せよと殊更らに強いずとも自然的に仏教に感化されて仕舞ふのぢや。(17)

武田は、布教の前段階として教育・社会事業の実施を重要視するのであり、そのために莫大な経費を必要とすることは勿論であるが、ただ漫然と事業を行うだけでは所期の目的を達成することはできない。事業を通じて朝鮮の人々からの信用を得ることのできるような人間性と能力を具えた布教者が必要不可欠であった。この点について武田篤初は次のように述べている。

愈々実行するまでには最ふ一度渡韓して諸種の方面に就きて細かに調査せねばならぬが、茲に到りて困難の生するは適任の人物の欠乏である、資金はなければ末寺より募集して充つるとしても人間ばかり一時に造る訳

にも往かず甚だ困つたものである[18]

朝鮮渡航とその後の常圓

本願寺派では、武田篤初の視察に先行して、西行徳量・細馬卓雄・千葉良辨の三名を先発隊として朝鮮布教のために派遣したが、細馬が門信徒からの哀願により派遣を断念するなど[19]、永続的に朝鮮に留まり布教にあたる人物を見つけることは容易なことでなかった。身の安全や成功も保証されない朝鮮布教を志願するものは少なく、日清戦争後に本願寺派が設立した清韓語学研究所も入所希望者が少なかったため一年足らずで廃止されていた[20]。

こうした状況で、常圓から朝鮮布教の志望を告げられた武田は、さまざまな支援を申し出たようだが、常圓はこれを断った。竹朗生は、このときの模様を次のように記している。

明治三十七年、時の本派本願寺執行武田篤初氏に謀りしに、氏は其挙を賛し後援を諾したれども巖氏は、唯身体の保護を求めしに止め資金の補助などは全然拒絶し、其代り布教については何等本願寺の指揮制肘を受けないといふ事にして、同年七月出発、釜山に上陸せられた[21]

日本仏教のあり様に批判的認識をもつ常圓は、戦時下での身体の保護を求めただけで、教団からの制約を受けることのない自由な活動を望んだ。そして、徒手で朝鮮社会に飛び込み、まず現地の習俗・文化を直に体験し理解することに努めた。この間の事情についても、前述の竹朗生の投書が最も詳しいため、まずこれにもとづいて朝鮮渡航以降の常圓の活動を概説しよう。

一九〇四年七月、武田範初が朝鮮視察に旅立った直後に釜山に上陸した常圓は、まず釜山郊外の梵魚寺に至り、ここに十カ月滞在して朝鮮語の習得に努めた。その後、雲水や薬と菓子の行商をしながら朝鮮南部・西中部を行脚して、さまざまな人々と交流して現地の生活実態に接したようである。再び釜山に帰った常圓は、通訳や船の積荷の警護などで資金を積み立てた後、領事の周旋により文禄・慶長の役に加藤清正が上陸したといわれる温泉地に日韓語学校を設置することとした。しかし、加藤清正の侵略を受けた地であるため反日感情が強く、猜疑心から現地の人々はなかなか打ち解けようとしなかった。そこで常圓は、姓名を朝鮮人風の「李容明」と名乗り、父が朝鮮人の漁夫であり、漁業中暴風雨に遭遇し日本に漂流して日本人の女との間に生まれたのが自分であるということにした。そうしたところ、親しく交流する人も増えて生徒も入学するようになった。また別途家を借り数人の生徒と生活をともにした[22]。

朝鮮に渡って二年後の一九〇六年六月、常圓は「李容明」名で「韓開教に就き」と題する一文を『中外日報』に寄稿している。そこでは、「韓開教の仏徒ありと雖も吾輩は彼の教会の如きに対し開教の名を附するの勇気なきなり、在韓の日本人布教の如きに韓開教の名を附する勇気なきなり」といい、それまでの日本仏教の朝鮮布教のあり様を批判した上で、次のように記している。

我は韓の衣食住にして全く韓人同様になしつつあり、長き煙管を口にして終日天を見る的に彼等と別なく全く同化しゝあり此は或はミイラ取がミイラとなるに似たりと雖親むは感化の第一義にして同化は親むの根本的なるを思へばミイラにならされはミイラは取れざるべし、日本人的行動にては韓人教育は形式に終るべし。然れば今開教に着手せんとして執るべき第一着手は何ぞ、開教師たるべき人に韓語及韓人気質韓風俗を学ばしむ

るにあり。次は韓の食住に慣れしむるにあり(23)

常圓には、生活者として同じ目線に立つことなく、ほんとうに朝鮮人に受け入れられるような布教活動が行えるはずがないという確信があったと考えられる。そのため、布教活動を行う前に朝鮮での一般的な生活を自活して営みつつ、朝鮮人と交流し朝鮮社会の習俗に親しもうとしたのであるが、日本仏教の布教者のなかで、こうした活動をした人物は他に例をみない。

二　大聖教会の設立とその布教活動

巖常圓の慶尚南北道での事業

朝鮮での生活に馴染んだ常圓は、その後、慶尚南北道で朝鮮人布教にも着手したが、なかなか思うような成果をあげることができなかったようである。竹朗生によれば、蔚山より慶州に至る地域を四度にわたって巡歴したが、交渉しても布教のために場所を貸す寺院はなく、街頭で説法しても聴者が集まってくることはなかったという。失望しかけたこともあったが、粘り強く布教活動を続け、四度目に慶州に行った際に泊まった宿の主人に、この地に念仏信者はいないかと尋ねた。すると、宿の主人の兄が念仏信者であり、その人物の仲介により同地の仏国寺を借りることができ、はじめて説教らしい説教をすることができたようである(24)。

常圓は前述の「韓開教に就き」のなかで、朝鮮での布教が困難であることの理由の一つに、現地で僧侶の社会的地位が低く、その説法を聴聞しようとする意識が朝鮮人にないことをあげて次のように述べている。

韓人は僧侶の口より出るものは信ずるに足らずとなし日本僧侶と雖も教壇に立ちて説教せんか之に耳を傾くる者は極て少く、勿論比較的日本僧侶はエラキ者と断されつゝあれども、僧侶の教ゆる者をば絶対的に無視しつゝあればなり(25)

そのため、僧侶の説法を主体として寺院の建立を目指す日本式の布教のあり方では、真の効果が期待できないとして、次のように述べている。

此故に市人に教育を施しつゝ漸次に信仰に導き此者をして教を布かしむるに亦教育を先鋒とすべし、韓開教の為に教会を建立するは愚なり、まづ学校を設立せよ。学校教師をして漸次宗教の人世に必要なるを説かしめよ、花々しく説教儀式を用ゆれば万事此に終を告ぐるなり、坐談浮世話のなかに開教する外に開教の手段なきなり、教堂の開放、説教所及び僧侶によれる開教にては韓開教は成効せざるべし、斯の如くして一方には亦僧侶教育を施し其の品位を高かめ漸次に市人をして此に服するまでに至らしめよ(26)

ここでは、日本仏教のあり方を形式的に移植しようとする布教方法が厳しく批判されている。また、こうした考えから常圓は、教育事業に従事しつつ布教活動を行ったようであり、この時期の常圓の活動を記したものに次のものがある。

○『大分県西教寺史』

三十七年後半からは韓国の慶尚南道機張郡にわたり、朝鮮語・朝鮮文を学び、同三十九年四月より九月まで慶尚南道通度寺明新学校設立事務を托され、四十年九月まで普明学校の教育に従事する(27)

○青柳南冥著『朝鮮宗教史』

明治三十五六年頃本願寺の僧、巖常圓草鞋竹杖飄然として釜山に渡航し慶尚南道梁山郡なる通度寺に入りて鮮僧と伍し語学を研究し風俗を探り馬山方面に於ては幾多の辛酸を甞め後慶尚北道大邱龍淵寺に入りて苦業し鮮僧と共に十三道を脚行して名刹を訪ね普ねく鮮僧と交はり以て将来に於ける本派の鮮人布教に就て研究調査する所あり、後慶尚南道機張郡に下りて機張学堂を創設し鮮人子弟を教育して漸く布教の根底を築かんとせり(28)

○福崎毅一『京仁通覧』

明治三十五六年頃巖常圓師慶尚南道萊郡なる梵魚寺に入り鮮僧と伍して語学を研究し風俗習慣を探り支那より律を伝へたる朝鮮戒律の中典萬下和尚に二百五十戒を承け師に従つて鮮僧を装ひ平安、咸鏡南北の四道を除く九道を行脚し具さに辛酸を甞め名刹を訪ひ鮮僧と交はり鮮人布教に就て研究する所あり後ち慶尚南道機張郡に来りて日語学堂を起し鮮人子弟の教育に従事し傍ら東萊、彦陽、梁山等の各郡に布教を開始し更に梁山郡通度寺に学校を設け鮮僧教育に努めたるも時到らずして中止し機張学堂を普明学校（現今公立普明通学校となれり）と改め専心教育と附近の伝道とに努めつゝありし(29)

これらの記述によると、常圓が創設した日本語学校は慶尚南道機張郡にあり、校名を「機張学堂」と称したようである。その後、一九〇六年四月からは通度寺の明進（新）学校の設立事務にも関わったようである。明進学校は浄土宗と朝鮮仏教とが提携して設立した学校であり、浄土宗と朝鮮仏教の調整役として常圓に協力要請があったものと推察される。しかし、朝鮮寺院を支配下に置こうとする浄土宗側の目論みが表面化したことで、浄土宗との提携に対する反対運動が起き、後に明進学校も廃校となった。[30]常圓も、わずか半年で明進学校の設立事業から手を引いたのも、そうした事情があったと考えられる。

その後の常圓は機張学堂を普明学校と改め、その事業に尽力するかたわら、附近の布教活動に努めていたが、一九〇七年九月に本願寺派布教使に任命されて京城に移り、[31]普明学校は公立学校に移管されたようである。

本願寺派の朝鮮進出

一九〇五年三月、本願寺派の朝鮮布教推進の中心人物として、馬山・大邱への出張所設置に尽力してきた武田篤初が病により急逝した。しかし、その後も本願寺派は急速に朝鮮での教勢を拡大していった。同年一二月には「開教地総監規程」が発布され、第一条に「清国、韓国、樺太ニ開教総監ヲ置ク」ことが規定され、朝鮮全域の開教使を監督・指揮して同派の朝鮮布教全般を統括する「韓国開教総監」には大谷尊寶執行長（兼務）が、総監の下で諸般の計画立案を担当する賛事に木村省吾が任命された。[32]翌〇六年五月頃に現地に赴任した木村らは京城別院の建設予定地を取得し、[33]同年六月には懸案であった釜山布教場も新築落成した。[34]さらに一一月に京城での布教拠点となる龍山出張所が落成して総監部が設置され、大谷尊寶が常駐することとなった。[35]同月一七日には、統監府・韓国政府・軍司令部などから約二百名の来賓を招いて開所式が挙行され、来賓を代表して祝辞を述べた伊藤博文統監は、次のように本願寺派の布教活動に対する期待を表明した。

韓国各大臣以下諸君、本日は本願寺の開所式を挙行せらるゝに付き招待を蒙りたるは感謝の至なり、西本願寺を始め、韓国の布教を図るは今日各宗の現状なるか、宗教の本義を韓国民に宣布し、以て誘導の実を挙けんとする至極結構の事なり、何れの宗派を問はず教義宣布衆生済度を図るの外日本　皇帝陛下の韓国誘導の聖慮を服膺し、布教上に於ても韓国民をして怨嗟の声なからしめ、　聖旨を貫徹することに努められんことを望み、且つまた日韓両国民をして益々融和し、親密ならしめんことに努め、極めて公平の思想にて愛情なきよう尽力せられんことを望む斯くて一面には韓国の発展を導き、一面には　陛下の恩沢を韓国に光被せしむるの効果を収められんこと希望の至なり、これ統監の位置として、切に一般布教者に対して望まざるを得ざる所なり、希くば各布教者、この主旨を体して益布教の発展を計られたし云云[36]

開所式の後、一一月二〇日に大谷開教総監は伊藤統監に伴われて韓国皇帝に接見し、参政大臣、宮内大臣らの韓国政府高官とも会見した[37]。こうして布教活動に対する統監府の支援、韓国政府からの合意を取り付けた本願寺派は、翌〇七年以降に急速に布教活動を展開していった。図表12に掲出したのは、一一年一月末時点での朝鮮総督府の調査による日本仏教の布教設備の概況である。抜け落ちたものもあるようだが、この表をみれば、本願寺派が〇七年以降に急速に教勢を伸張していったことを理解できよう。同時に、日露戦争以前に朝鮮に進出した真宗大谷派・日蓮宗が在留邦人を布教対象としていたのに対し、遅れて参入した本願寺派と浄土宗とが朝鮮人信徒を獲得することにも重点を置いていたことも把握できる。

（図表 12）日本仏教の布教設備の概況

宗派	道別	名称	位置	設立年月	信徒数		
					日本人	朝鮮人	計
浄土真宗本願寺派	京畿	仁川出張所	仁川寺町	明治41年4月	200	—	200
		永登浦出張所	始興郡永登浦	明治40年5月	58	—	58
		大聖教会分教所	驪州郡川四洞	明治42年12月	—	132	132
		大聖教会分教会	利川郡邑内	明治42年12月	—	253	253
		大聖教会分教会	竹山郡白岩里	明治43年11月	—	35	35
		大聖教会分教会	楊州郡獨川里見聖庵	明治43年11月	—	4	4
		大聖教会分教会	同郡月禮面月谷里	明治43年11月	—	4	4
		大聖教会分教会	高陽郡舊把撥里	明治41年6月	—	192	192
		大聖教会分教会	同郡紙停里	明治41年9月	—	120	120
		大聖教会	果州郡外飛山	明治41年7月	—	36	36
	全南	羅州出張所	羅州郡邑内	明治43年9月	40	—	40
		光州出張所	光州北門内	明治43年2月	60	—	60
	慶南	大邱別院	大邱	明治37年5月	450	—	450
		金泉布教所	金山郡金泉	明治42年2月	400	—	400
		釜山布教所	釜山四町	明治30年7月	550	—	550
		馬山布教所	馬山濱町	明治37年5月	600	—	600
		統営布教所	統営	明治41年11月	256	—	256
		長和浦布教所	巨濟郡長和浦	明治42年4月	20	—	20
	黄海	兼二浦出張所	黄州郡兼二浦	明治43年3月	75	—	75
	平南	平壌布教所	平壌南門通	明治40年2月	1,160	120	1,280
		安州布教所	安州	明治43年3月	35	—	35
	平北	定州出張所	定州	明治42年8月	100	—	100
	浄土真宗本願寺派		合計（22カ所）		4,004	896	4,900
真宗大谷派			合計（23カ所）		4,864	150	5,014
浄　土　宗			合計（25カ所）		5,447	1,691	7,138
真　言　宗			合計（11カ所）		3,823	0	3,823
曹　洞　宗			合計（ 6カ所）		780	30	810
日　蓮　宗			合計（ 9カ所）		1,610	0	1,610

鮮総督府編『第二版最近朝鮮事情要覧』（一九一二年三月発行）所載の「内地人経営ニ係ル布教設備概況（一九一一年一月末日調）」をもとに作成。なお、この資料は、中西直樹編『仏教植民地布教史資料集成』（朝鮮編）第二巻（三人社、二〇一三年、以下『資料集成』と略記）に収録されている。

大聖教会の設立とその活動

一九〇七年に入ると、本願寺派は朝鮮人を対象とした布教の準備にも着手し、同年九月には京城西署長谷川町大観亭区域内に仮教会場を設置するとともに、その責任者として巖常圓が招聘された[38]。翌〇八年にこの教会を「大聖教会」と名づけたのも常圓であり、竹朗生の質問に対し、常圓はその意図を次のように語っている。

また大聖教会とは、耶蘇教の教会の様ですが、何か意味があるんですかと尋ねしに、始め布教の時、本願寺などいひても鮮人には未だ知られず、已に外国宣教師により教会とか、聖とかいふ字は、多少宗教的革新的意義のある文字として印象され居る故用ひたと云ふのであつた[39]。

おそらく常圓に、日本仏教のあり方の優越性に対する意識やそれを強要しようとする意図はまったくなかったと考えられる。現地の実情に即した新たな宗教団体を模索するなかで、会を「大聖教会」と命名したのであろう。また教団からの制約を嫌う常圓は、本願寺派の朝鮮人布教を引き受けるに当って、自由な教会運営を条件として提示したと考えられる。実際に大聖教会は、前掲の表からも分かるように、在留邦人中心の布教所から独立した朝鮮人信徒主体の別組織であり、その点では一寺院・一教会所に在留邦人と朝鮮人とが同時に所属する浄土宗とは相違していた。

一九〇八年四月に『中外日報』は、発足間もない大聖教会の活動をかなり詳しく報じている。記事の末尾には「京城見聞生記」と記されており、実際に大聖教会の様子を取材したものの報告のようである。記事のなかで、「教会の法式等は韓国の風習に従ひ且つ現今の社会に適当したる組織になつてをる」[40]と述べられているように、大聖教会の法要の様子は、日本のそれとは大きく相違するものであった。法要には特別教会と定期教会の二種があり、特別教会日は日本と朝鮮の大祭日・釈尊の降誕会・涅槃会・真宗開祖降誕会・開祖忌・追吊会などがあった。一方、定期教会は月二回開催され、男子部と女子部に分かれていた。記事では、定期教会の式次第を掲載した上で、次のように述べている。

殊に此の法式中従来の真宗の式次とは大に違つているが、日韓人の最も称讃してをる点は、僧侶も信者も共に勤式をする事と、勤式の間に説教日程論告等があると云ふ点である、従来の様に長ひ勤式がありて又後に長ひ説教があると云ふ内地の式では今日の人間は中々退屈して大切な説教が耳に入らぬ様である、此点は日本でも改良ありて然るべき事と感ずる、又其の教会日の鐘も二度打つ、第一回で家を出で第二回で丁度集合する様になつてをる、随分細密なる点迄注意してある様だ、其他入会式、結婚式、改悔式、初詣式、葬式と云ふものがある(41)

僧侶主導の勤行・法話が中心となる日本式の法要に対して、信者がより積極的かつ主体的に参加できる方式が採用されていたようであり、こうした点は教会の構成員の組織の上でも工夫が施されていた。会員は、同年二月の調査の時点で男子部四二二名、女子部八二名あり、その後も増加傾向にあったが、その構成は次のようなものであった。

職員　韓人中より綱長、教友長、伝道員の三種である、伝道員と云ふは専ら会員の取締又は世話係で、又誘導及信仰行動等に注意する役である、信者五十人以上を担当してをる者を教友長、百人以上を綱長と云ふて何

れも篤実なる信仰者で、学問も位地も比較的優れてをるもの丶内より選抜するので、特別の待遇法が設けてある。(42)

この他にも、青年会が設置され、毎月一日と日曜日に日朝の名士による演説が行われていた。朝鮮語による演説が中心で、朝鮮語のできない講師の場合は通訳が付いたようである。婦人会は設置計画中であり、日本語・英語・歴史などを教授する教育機関も付設し、男子四十名ほどの学生が在学していた。女子は極めて少数であったが、他に女子のための学校がないため男装して通うものもいたようであり、女性の社会進出を図るためにも婦人会・女学校の設立は重要課題と考えられていた。また朝鮮語の讃仏集も編纂中であると報じられている。

大聖教会の発展

一九〇八年二月に五百名ほどであった大聖教会の会員数は次第に増加し、総監部の活動内容も充実していったようである。同年六月末の「総監部彙報」によれば、大聖教会の会員数は一、四三九名（男会員九七六名、女会員四六三名）であった。また総監部では、四月に開設された永登浦監獄の教誨にも着手し、教育部には、日本語高等科二名、日本語学科九五名、英語学科一五名、中国語学科二名、朝鮮語学科二〇名の学生が在籍していた。この内、日本語高等科と朝鮮語学科とは常圓が担当していた。(43)

同年八月発行の『中外日報』によると、大聖教会の会員数は二、二〇〇名まで増加しており、その内女性会員が七〇〇名であった。さらに続けて同紙は、大聖教会のことを次のように報じている。

会員の中には韓国宮内省の官吏抔もありて京城に於ける有数の韓人は悉く網羅せり、今日までに日本僧侶に依つて韓人教誨に手を出したるもの少からざれども多くは其発行したる門徒章を他人に買付て利を貪り、夫が終には一個や二個に止らず、巧に僧侶を欺き門徒章を多く買取り夫を田舎に持ち行て多額に売付ける請負屋の如きものさへ出来し、悪く利用せられたる歴史あれば本願寺は予め之に備へんがために、布教としては只韓人等と懇親を結ぶと云ふ程度に止めて、如何なる名義に於ても金品を受けず、会員章も門徒章も無料にて与へ、殊に其門徒章には売買を禁ずるの文字を記し、其弊害を未然に防ぐ道を講ぜり、而して一方に就いては熱心なる会員にして真宗の経文を読まんことを請ふものには、予て製しある讃仏集（正信偈、和讃、阿弥陀経、代価四五銭のもの）を与ふることゝ成り居るもこれは真の原価だけを徴して居るなりと[44]

日露戦争直後、特に浄土宗で朝鮮人信徒が急増したが、その多くが日本仏教の権威をかりて政治的・経済的利益を図ろうとするものであったことを第三章で指摘した。大聖教会ではそうした問題に対する配慮もなされており、記事では、最後に次のように記されている。

　是が監督主任は豊後の巖常見（ママ）氏なるが、其熱心度を過ぎ却つて他人の疑を招いて不利益を招くを被むる程なるを以て之を制肘するに就いては開教監督部も苦心しつゝありと、されど四月以来に熱心に其教化に勉めたる結果は意外に効を奏し、韓人中に正信偈、和讃、阿弥陀経を読むものゝ多く出来たるのみならず、進では真宗の教義を平易に聞き度しと要求するものある由にて近日開始せらるゝ由[45]

常圓の熱心な対応により、真の意味での朝鮮人信徒もあらわれはじめていたようである。教団の利害や体面を度外視した常圓の姿勢は、一九〇九年六月の『中外日報』に掲載された投書からも見て取れる。この投書では、大谷派京城別院の本堂が立派な建物であるのに対し、本願寺派布教所を「あはれな家だ」と評している。しかし、「道を求むる日韓人は東本願寺以上だと云ふ」ともいい、次のように述べている。

説教のときにまいつたら一向平民的な岩尾《(ママ)》某と云ふ男がいた、韓語も出来るとのことで気永に構へて信者が出来たら本堂も出来ると云ふているそうな(46)

何よりも常圓が、朝鮮人信徒に真宗の教えを伝えることを優先して活動していたことがうかがえ、こうした常圓の真摯な立場は、朝鮮人からの信用を次第に獲得していったと考えられる。同年七月に大谷尊由執行長が朝鮮視察に訪れた際には、大聖教会は七千名の会員を擁し、一五日に南大門外の道路両側に会員五百余名が整列して出迎え、翌一六日の歓迎会では会員一千六百余名が参列した。またこの時、常圓とともに養心女学校の教職員八名、生徒四二名も参列しており、この段階までに女学校も付設されていたようである(47)。

三　韓国併合後の状況の変化と巖常圓の対応

巖常圓の引退と韓国併合の影響

一九一〇(明治四三)年に入ると、さらに大聖教会は拡充・発展を遂げていった。同年一〇月『中外日報』の記事によると、この時点で会員数は七千数百名に達し、麻浦、高陽、利川、驪州、安養に分教場があり、平壌、定州、果川、統営、光州、龍山にも分教場設置の準備を進めていた。また大聖教会で教育中の学生四十余名を基礎として簡易な仏教中学を設立して朝鮮人布教者を養成する計画も立てていた。[48]

この学校設立計画は一九一〇年一〇月に仏教高等学院・啓成学校として実現され、常圓は学校運営を直接統括して運営にあたる学監に就任した。[49] 仏教高等学院は普通学校卒業者程度を対象とし、日本国内の仏教中学に準じた教育が施され、開校当初から三十名から六十名程度の朝鮮人学生が在学していたようである。また啓成学校では、公立の普通学校と同一の学科を教授し、男子部と女子部があった。教員スタッフは、常圓以下日本人教師が五名、女性教員三名、朝鮮人教師三名のほか、日本国内の仏教大学からの留学生数名も加わり熱心な教育が行われたようである。[50] この年に大聖教会本部は新橋通に移転されており、一九一二年頃には支部が四一カ所、会員数が二万人に達している。また大聖教会で真宗の教義を学び、伝道補助をなす朝鮮人も三十数名いたようである。[51]

ところが、一九一二年に常圓は本願寺派開教使を辞して同時に大聖教会の指導的立場からも退いたようであり、翌年に京城監獄の教誨師・教務所長に就任している。[52] 同年一一月に竹朗生が『中外日報』に寄せた投書にも次のように記されている。

> 其後西本願寺の京城の説教所を置くや其所の布教に従事し、傍ら本願寺よりの留学生を指導せられたが、今は本願寺の方は後進に譲られて、自らは韓人監獄の教誨師として鮮人間に布教し居らるゝとの事である[53]

大聖教会の教勢が朝鮮全土に及びつつあった時期に、なぜ常圓は、その指導的立場を退いたのであろうか。常圓自身がその理由を直接語った資料を見出すことはできないが、一九一〇年八月の韓国併合後とその後の朝鮮の状況が大きく関わっていたと考えられる。

韓国併合は、大聖教会のあり方にも暗い影を落としたようである。同年一〇月『教海一瀾』掲載の記事によると、韓国併合後に大聖教会は総監部の経理院という組織の下に移管されたようである。経理院がいかなる組織であるかは不明であるが、大聖教会の自由な布教活動が制限されて、朝鮮総監部の統率下に置かれる傾向が強くなったものと推察される。この記事には次のように記されている。

其上大聖教会と京城の日本人教会を分離して、前にも申しました通り大聖教会を経理院に移し、且目下同会員を日韓併合趣旨を布演せしむるため、臨時伝道といふ名で、各地に派遣して居ります(54)

朝鮮総監部にとって、大聖教会の三十余の朝鮮人伝道補助員は、総督府の意向にそって韓国併合の正当性を鼓吹する運動のために都合のよい存在であったに違いない。しかし、現地の精神文化を重んじ朝鮮の人々との信用を築くなかで布教活動を展開してきた常圓が、大聖教会を朝鮮植民地化政策の一環として利用することに本心から同意していたとは考えにくい。また、大聖教会員のなかにも、こうした本願寺派の姿勢を批判的に見るものも存在したであろう。この頃から常圓は、本願寺派の朝鮮布教の方針に違和感を抱きはじめたのではないかと想像される。

本願寺派の方針転換と大聖教会の衰退

韓国併合を契機に日本仏教各宗派の朝鮮仏教侵略の動向が加速していったことも、常圓に宗門人として朝鮮布教に関わることへの疑問を抱かせたのかもしれない。この時期の日本仏教の朝鮮でのあり方を『中外日報』は次のように報じている。

> それで日本の坊主が朝鮮に行つて、第一に着眼するのは古刹や寺の財団等で、堂々たる古刹に座つて大方丈を気取らうとか、寺の財産を略奪して自分の懐ろを肥やさうといふやうな考へを起しいろ〱の悪手段を弄したもので、之は各宗各派の坊主が悉く為さゝるはなしといふ有様だ。そして其の悪手段の下に、物の分らぬ朝鮮の坊主に、うまい物を与へたりなどして頗る無法の契約をなし掠奪をなした処もあり、或は之が為め訴訟を起した者もあつて、実に宗教家として話しもされぬような醜悪な事を為して居る。それで朝鮮人は帰依する所か、却つて恐ろしいもの、悪人だといふ考へを有つて居るのである、だから坊主と云えば「一向宗」、悪人のことは「本願寺」といふやうなことになつたのである。(55)

こうした傾向は、すでに第三章でも述べたように、本願寺派の場合も顕著なものがあった。本願寺派では、一九〇七年四月に統営龍華寺より保護の出願があったのを手始めに、一一年の段階で末寺台帳に登録された寺院は百カ寺に達し、そのなかには奉先寺・麻谷寺・威鳳寺・普賢寺・龍珠寺・松廣寺等の有力寺院も含まれていたといわれる(56)。同年四月、本願寺派に帰依した寺院は一六八カ寺に上り、親鸞の六五〇回遠忌法要に際して、五二名の訪問団が常圓に引率され西本願寺を参詣した。この訪問団のなかには、金萬愚（東鶴寺）、李民雨（通度寺）、朴下萬（龍圓寺）ら僧侶のほか、朴永黙（大聖教会幹事）ら大聖教会の幹部も含まれており、それぞれ得度式や帰敬式を受けて帰国した(57)。

ところで大谷派でも、同じ時期に二十数名の朝鮮僧侶と数名の在家信者が東本願寺を参詣したが(58)、朝鮮に帰国する際に本願寺派が待ち受け同派に引き入れようとする事件が起きている。この事件を報じた『中外日報』の記事には、その本願寺派側の首謀者が常圓であるとしている。[59]そのことの真偽はともかくとしても、朝鮮仏教界の主導権の掌握をめぐって日本仏教各派が種々画策し、本願寺派と大谷派との間でも教勢拡大に向けた激しい抗争を繰り広げたのは事実であり、そうしたなかで本願寺派開教使である常圓が宗派間の抗争に巻き込まれるような局面もあったに違いない。しかし、宗派の羈束を嫌い大谷派僧侶とも親交のあった常圓が進んで、そうした抗争に関わったとは考えにくい。常圓は、こうした朝鮮の人々を度外視した宗派利益の追求のあり方に失望し、これに関わることを避けるために、本願寺派朝鮮布教の最前線から身を引く決意をしたのかもしれない。

一九一二年一一月、本願寺派京城別院の仮本堂が落成して報恩講が執行された。仮本堂といっても、間口八間、奥行一一間、約百坪もあり、工費の約八千円は京城在住の在留邦人百余名の寄付で賄われたようである。[60]もともと朝鮮の在留邦人は国内で本願寺派の門徒であったものが多く、この頃になると、本願寺派の教勢は大谷派を圧倒しつつあった。[61]しかも一一年六月に寺刹令が翌月に寺刹令施行規則が発布され、日本仏教各宗派による朝鮮寺院支配を抑制する総督府の方針が明確化されると、本願寺派の朝鮮布教も急速に在留邦人中心へと転換していったと考えられる。[62]こうして本願寺派の朝鮮布教の中心は、短い間に、朝鮮人本位の布教から朝鮮寺院の末寺化運動へ、そして在留邦人布教へと転換されていった。同時にその過程のなかで、常圓の朝鮮布教に託した思いと本願寺派の方針との相違は決定的なものになっていたと考えられる。

一九一二年に常圓が大聖教会の指導者を退いた直後、翌一三年八月に『中外日報』は、大聖教会の状況を次のように報じた。

朝鮮各道に亘つて一万六千人の会員を有する大聖教会員は京城に本部を置き各道に八十三の分会を有せり、

（図表13）浄土真宗本願寺派の信徒数の推移（1917年～1925年）

	1917年	1918年	1919年	1920年	1921年	1922年	1923年	1924年	1925年
本願寺派（日本人信徒数）	40,913	43,287	50,322	54,012	55,717	58,941	61,397	61,363	62,604
本願寺派（朝鮮人信徒数）	6,045	1,001	5.942	2,269	2,432	2,508	1,178	3,442	3,154

『朝鮮ニ於ケル宗教及享祀一覧（大正一五年八月）』（『資料集成』第二巻に収録）により作成。

西本願寺より各会員に讃仏集を一冊づゝ寄贈しあり、これには正信偈、和讃、六首引、阿弥陀経を収むるものにして巻頭に朝鮮語に訳したる正信偈、和讃、阿弥陀経を載せあり、左れば教会員にして阿弥陀経、正信偈を読み得ざるものなし、宗教は成るべく習慣を利用したる方が効果多しとかにて毎週の教会日には朝鮮従来の習慣を取つて法華講に代ふるに正信偈を読み、説教にも其拝読したる正信偈の文を話し、四聖礼の念仏は依然として旧慣を崩さぬ様にしてある、これは既に七八年前より行はれ居るものなり、会員は漸次増加の傾向なり[63]

この記事から、常圓が去った後も、大聖教会の人々が熱心な活動を続けていた様子をうかがうことができる。しかしこれ以降、大聖教会は、本願寺派の支援を失い急速に衰退していったようである。五年後の一九一七年六月の『中外日報』の記事には、大聖教会教務主監徐鳳仁という人物の談話が掲載されている。徐鳳仁は得度式を受けるために西本願寺を参詣したようであるが、その談話によると、大聖教会の会員数は四千名であり、大きく会員数を減らしている[64]。翌一八年、本願寺派が大聖教会の拡張を図るべく計画中との報道もあったが[65]、その後も大聖教会の会員数が減少していったことは、上記の朝鮮総督府の調査データからも明らかである。

教誨師としての巖常圓

本願寺派朝鮮布教から身を引いた後の常圓のことを、『大分県西教寺史』は次のように記している。

> 大正二年からは京城監獄より教務所長を拝命、同十年からは朝鮮総督府より大邱監獄在勤を拝命、教務係主任を命ぜられ、その間事務格別勉励につき、六号俸（大正八年）、四号俸（大正十年）と破格の俸給を下賜され、大正十三年には宮内大臣より従六位に叙せられている。大正十三年十二月行政整理により、朝鮮を離れ津久見に帰寺して後は、大正十四年より本願寺布教使大分・別府駐在として、昭和八年七月より六年間徳島鴨島町「徳島駐在」として、本願寺より任命をうけて、国内での布教活動に専念している[66]

常圓が京城監獄の専従となったのは一九一三年からであるが、その三年ほど前の韓国併合の前後から嘱託の教誨師をしていたようである。一九一〇年一〇月の『中外日報』には、京城監獄の訪問記が掲載されているが、そこでは常圓が嘱託教誨師をしていたことが記されており、また佐々木皆恩教務所長から聞いた次のような話も掲載されている。

> 佐佐木教誨師は監外の小丘を指し、アレは囚人の墓地なりと示されたるが、幾十といへる程多くありたる故全体此死刑室にて執行を受けたる者は幾何ほどあるやと尋ねたるに、自分が本年四月此地に赴任以来凡そ五六名もありたりと、実に其多数なるには驚きたり、何れ政治上の罪人も多かりしが為めであらふ[67]

常圓は、韓国併合に際して日本の植民地支配に抵抗して政治犯とされた人々の苦悩に少しでも寄り添うため、専属の教誨師となったのかもしれない。常圓が教誨でどのようなことを説き、いかなる活動を行ったかを示す資料は見当たらない。ただ『中外日報』に、京城の教誨師時代の常圓のことにふれた次のような記事を見出すのみである。

▲監獄教誨師が　僧侶の手に委托してある、西本から出てゐる専任の監獄教誨師は目下九名ある、即ち京城に巖浄圓、三浦泰然あり、平壌に津村静、金州に流水最勝、大邱に轟鉄眼、桑原貫一、釜山に菅田了海、永登浦に佐々木鴻、清津に松木碩松あり、以上は専門の教誨師であるが、開教師にして教誨師を兼ねたるものもある、朝鮮の監獄で日本人のみを収容してゐるのは永登浦のが一つあるだけで他の監獄はいづれも鮮人と合宿の有様である、教誨師たるものは鮮語を解してゐなくては物の用に立たぬ、そこで本山は此点に十分の注意をしてゐる、囚人の割合は申すまでもなく鮮人が多い。

▲京城の巖教誨師の　鮮語に堪能なることは定評で鮮人でさへも鮮人ではないかと間違へるぐらゐだといふことだ、かうあつてこそ鮮囚の教誨が出来得るのだ、第二第三の巖をつくるべく毎月二十円の手当を施して光岡良雄、小笠原秀昱の二秀才が留学生の名義の下に京城に在り、孜々として鮮語の熟達に努めてゐる、光岡氏は佐賀龍谷中学の出身、小笠原氏は今春仏教大学を出た人である(68)

常圓は、朝鮮語に堪能な教誨師として貴重な存在であったようだが、三・一運動の翌年には、京城監獄教務所長から大邱監獄教務係主任に異動となった。左遷のようにも見える人事であるが、詳しい事情は不明である。しかし大邱は慶尚北道にあり、常圓にとって朝鮮での活動をはじめた地でもあった。京城から離れたことで再び布教活動に取り組む気持ちが生じたのかもしれない。一九二二年七月の『教海一瀾』には次のような記事が掲載されている。

○鮮人布教開始　釜山駐在の長尾布教使は赴任当時より鮮人布教の企図ありしが、適当なる担任講師の選定に就て荏苒今日に至りしも、幸に大邱監獄巖教務主任の快諾を得て、客月第三日曜の公休日をトし、釜山本昭寺に於て午前九時三十分より開会せり。長尾主任は参聴の鮮人一同を随へ会場に着席先づ勤行あり、次で巖講師は「真宗の宗教より流るゝ心の平和」と題して鮮語講演を試みしに鮮人一般は有益なる講演として傾聴せり。此日の参聴者約三百五十名、鮮人に対する講演は各宗間数年前より懸案なれば、宗派以外の人士も多大の感興と賛同を以て迎へ、釜山府庁及び警察に於ても直接に間接に援助あり千数百枚の宣伝ビラを配布し鮮人組長に其趣の旨を通達し、元空社（学塾）玉村社長は当日日本語に通ずる鮮人学生三十名を派遣して会場の整理に充て、信徒岩崎氏は鮮語蓄音器を余興に供する等多大なる援助を与へたり。今回は初めての試みなるに拘はらす予想以上の好成績を収めたりと、巖講師も監獄の劇務を割きて出張し爾後毎月第三日曜日を以て開催に決せりと(69)

ところが、この記事から二年後、常圓は大邱監獄教務係主任も辞めて故郷・津久見に帰国した。『大分県西教寺史』は、その理由を「行政整理により」と記しているが、朝鮮語に堪能な常圓に朝鮮での活動の場がなかったとは思えない。常圓が帰国した一九二四年一二月といえば、朝鮮仏教団が華々しい運動を展開しはじめた時期であり、その一環として大聖教会総務であった金益昇が朝鮮全土を講演のため行脚していた(70)。常圓さえ望めば、この朝鮮仏教団に活動の場が与えられたに違いない。しかし、朝鮮総督府と日本政財界の意を受けて日本の植民地支配のため、朝鮮仏教の復興を目指す朝鮮仏教団に常圓が手を貸すことはなかった。むしろ常圓は、そうした見せかけの朝鮮仏教復興運動と日本の植民地支配のあり方に、無力感と絶望そして自責の念を抱いて帰国したのかもしれない。

おわりに

常圓が帰国した三カ月後の一九二五（大正一四）年二月『中外日報』は、「朝鮮布教策は？　朝鮮人になり切つた巖氏」というインタビュー記事を掲載した。[71] この記事では、常圓は教誨に関する用務で一時帰国しているかのように書かれており、常圓自身も朝鮮布教の必要性を熱く語っている。常圓は、いずれ朝鮮に戻り布教活動を再開する意志を完全に捨てていなかったのかもしれない。

しかし、「内鮮融和」が叫ばれ、皇民化運動が推進される朝鮮に、常圓の思い描くような布教活動を行う余地のないことを、常圓自身が何よりも熟知していたに違いない。また、すでに末弟の義圓に西教寺の住職を譲っていた常圓に、[72]日本国内に腰をすえて活動するような場所はなかったのであろう。帰国後、布教使として大分県を中心に布教活動をしたかと思えば、別府の女学校の校長となり、後に徳島県で工場布教に従事して生活したようである。[73] 戦後、徳島から自坊の津久見西教寺に引き上げた常圓は、再び朝鮮の土を踏むことはなく、一九四八年七月三日に世を去った。享年七五歳であった。

巖常圓と大聖教会のことを記した資料は、『中外日報』や『教海一瀾』の記事などの断片的なものしか見出せず、巖常圓がいかなる真宗信仰を有し、大聖教会がどのような宗教活動を行ったかなどについて不明な点が多い。しかし、少なくとも常圓が朝鮮人本位の布教を志し、その教化を受け入れた朝鮮人信者が少なからず存在したことは確かのようである。そして、日本の植民地支配と本願寺派朝鮮布教のあり様がその志と絆とを引き裂いていったことも否定できないと考えられる。

［注］

（1）村山智順「朝鮮に於ける仏教の教線」（土屋詮教編『昭和六年仏教年鑑』仏教年鑑社、一九三〇年）。

（2）村山智順の経歴に関しては、朝倉敏夫「村山智順師の謎」（『民博通信』七九号、国立民族学博物館、一九九七年一二月）を参照。

（3）『大分西教寺史』九二～九三頁（二〇〇三年）。

（4）京大竹朗生（投）「朝鮮人布教に苦心せる巖常圓氏」（一九一三年一一月一五・一六日付『中外日報』）。

（5）『無盡燈』七巻七号と『精神界』二巻七号（ともに一九〇二年七月刊行）の彙報欄には、本科・教導習講習院の卒業生の全氏名が掲載されているが、そのなかに巖常圓の名前はない。

（6）中西直樹著『日本近代の仏教女子教育』七一～七二頁（法藏館、二〇〇〇年）。

（7）同志社校友会編『交友会報』一～一五号（一八九七～一九〇四年）に掲載されている卒業名簿のなかに巖常圓の名前は見当たらず、正式に卒業したのではなかったようである。

（8）明治中期に入り、本願寺の改革動向が鈍化していった経緯はこれまでも論じてきたが、ひとまず「近代西本願寺教団における在家信者の系譜――弘教講、顕道学校、そして小川宗――」（福嶋寛隆編『日本思想史における国家と宗教』上巻、永田文昌堂、一九九九年）、「明治前期西本願寺の教団改革動向」上・下（京都女子大学宗教・文化研究所『研究紀要』一八・一九号、二〇〇五年三月・二〇〇六年三月）を参照されたい。

（9）南豊三眠「地方伝道上の所感」（『会報』二号、大学林同窓会、一九〇〇年三月）。

（10）『本山録事』（一八九六年四月一七日発行）掲載「任免辞令」。開教事務局職制は、『本山録事』（一八九五年一〇月一日発行）掲載「達示」を参照。

（11）大谷派本願寺朝鮮開教監督部編・発行『朝鮮開教五十年誌』（一九二七年）、『宗門開教年表』（真宗大谷派宗務所組織部、

一九六九年）。なお『朝鮮開教五十年誌』は、中西直樹編『仏教植民地布教史資料集成』（朝鮮編）第五巻（三人社、二〇一三年、以下『資料集成』と略記）に収録されている。
（12）青柳南冥著『朝鮮宗教史』一四一～一四四頁（朝鮮研究会、一九一一年、『資料集成』第一巻に収録）。
（13）廣安真随著『浄土宗韓国開教誌』（浄土伝道会、一九〇三年、『資料集成』第七巻に収録）、柴田玄鳳著『浄土宗開教要覧』（浄土宗務所教学部、一九二七年、『資料集成』第七巻に収録）。
（14）本書第三章の二を参照されたい。
（15）「武田師の一行」（一九〇四年六月九日付『中外日報』）、「韓国に於ける武田師一行」（一九〇四年七月七日付『中外日報』）、「武田師一行の帰国と出発」（一九〇四年九月二七日付『中外日報』）、「武田師一行の視察行程」（一九〇四年一〇月八日付『中外日報』）。
（16）（17）（18）「武田師の韓国布教談」（一九〇四年一〇月一四・一五日付『中外日報』）。
（19）「西派の韓国布教開始」（一九〇四年五月一〇日付『中外日報』）。
（20）本書第三章の二を参照されたい。
（21）（22）前掲「朝鮮人布教に苦心せる巖常圓氏」。
（23）李容明「韓開教に就て」（一九〇六年六月一五日付『中外日報』）。
（24）前掲「朝鮮人布教に苦心せる巖常圓氏」。
（25）（26）前掲「韓開教に就て」。
（27）前掲『大分西教寺史』九三頁。
（28）前掲『朝鮮宗教史』一三〇～一三一頁。
（29）福崎毅一著『京仁通覧』一六二～一六三頁（一九一二年、『資料集成』第一巻に収録）。
（30）本書第三章の三を参照されたい。
（31）『海外開教要覧（海外寺院開教使名簿）』一〇五頁（浄土真宗本願寺派、一九七四年）。
（32）『本山録事』（一九〇五年一二月九日発行、同月一六日発行）掲載「教示」及び「教学記事」。

(33)「京城別院の敷地」（一九〇六年五月三〇日付『中外日報』）。
(34)「釜山布教場入仏式」（『教海一瀾』三三二号、一九〇六年七月二八日）。
(35)(36)「韓国龍山本願寺出張所開所式」（『教海一瀾』三四〇号、一九〇六年一二月八日）、「韓国開教式の光景」（一九〇六年一一月二五日付『中外日報』）。
(37)「韓国皇帝謁見」（『教海一瀾』三四〇号、一九〇六年一二月八日）。その後も、本願寺派は皇太子の嘉礼節祝賀に記念品を送り、歴代皇帝の命日に法要を執行するなどして、韓廷との親密な交渉をしている（「韓皇と西本願寺」〈一九〇七年一月二四日付『中外日報』〉、「韓皇と本派本願寺」〈一九〇七年四月二四日付『中外日報』〉）。
(38)「西本願寺韓人教会概況」（一九〇八年四月七・八日付『中外日報』）、前掲『京仁通覧』。
(39)前掲「朝鮮人布教に苦心せる巖常圓氏」。
(40)(41)(42)前掲「西本願寺韓人教会概況」。
(43)「外信・韓国教況」（『教海一瀾』四二二号、一九〇八年七月四日）。
(44)(45)「西本願寺韓国開教近況」（一九〇八年八月一八日付『中外日報』）。
(46)黒雨白風仙人（投）「京城仏教管見」（一九〇九年六月三日付『中外日報』）。
(47)随行員内田宏道「満韓教況巡視日記」（『龍谷週報』二一・二二・二五・二六号、一九〇九年七月一七日・七月二四日・八月一四日・八月二一日）。会員数を七千余名としているが、別の記事（「大聖教会の祝賀」、『龍谷週報』二九号、九月一一日）に、八月末の段階で、六、六二三名（男会員三、九七二名・女会員二、六五一名）と記されており、こちらの方が正確な数と考えられる。
(48)「韓人教会の活動」（一九一〇年八月一九日付『中外日報』）、「朝鮮人伝道学校」（一九一〇年九月五日付『中外日報』）。
(49)前掲『大分西教寺史』九三頁、「西本願寺朝鮮開教員一覧」（一九一二年七月一五日付『中外日報』）。なお、『大分西教寺史』では「啓成学校」ではなく「漢城普通学校」と記されているが、漢城普通学校は大谷派設立の学校であり、誤記と考えられる。
(50)前掲『京仁通覧』一六二～一六三頁、「仏教高等学院」（一九一二年四月六日付『中外日報』）、「西派に圧倒されつゝある大

谷派の朝鮮開教」（一九一二年七月四日付『中外日報』）。
(51)「朝鮮の各宗布教（上）」（一九一二年七月一六日付『中外日報』）、前掲『京仁通覧』一六二～一六三頁。
(52)前掲『大分西教寺史』九三頁。
(53)前掲「朝鮮人布教に苦心せる巖常圓氏」。
(54)茂野純一「朝鮮開教」（『教海一瀾』四七六号、一九一〇年一〇月一日）。
(55)某朝鮮通談「朝鮮布教の現状及び将来」（一九一一年七月二二・二三日付『中外日報』）。
(56)前掲『朝鮮宗教史』一三一～三二頁。江田俊雄「明治時代に於ける日本仏教の朝鮮開教」（『現代仏教』一〇周年記念特輯号　明治仏教の研究・回顧、一九三三年七月）。
(57)「朝鮮僧侶の得度」（一九一一年四月一一日付『中外日報』）、「朝鮮人得度式」（一九一一年四月一一日付『中外日報』）、「朝鮮団の入京」（『教海一瀾』四八九号、一九一一年五月一日）。
(58)「東本の朝鮮僧」（一九一一年四月一四日付『中外日報』）、「朝鮮人の帰敬式」（一九一一年四月一五日付『中外日報』）、「鮮僧の得度」（一九一一年四月二八日付『中外日報』）。
(59)「朝鮮僧の引張凧」（一九一一年四月二七日付『中外日報』）。
(60)「京城出張所の建築」（『教海一瀾』五二一号、一九一一年九月一日）、「朝鮮に於ける西派勢力」（一九一二年一〇月二四日付『中外日報』）。
(61)前掲「西派に圧倒されつゝある大谷派の朝鮮開教」。
(62)この点は、本書第三章の四で詳述した。
(63)「朝鮮の西派教勢」（一九一三年八月二八日付『中外日報』）。
(64)「侮辱された鮮僧　暗涙を呑んで語る」（一九一七年六月二三日付『中外日報』）。
(65)「満鮮開教決議」（一九一八年七月一四日付『中外日報』）。
(66)前掲『大分西教寺史』九三頁。
(67)哲魔「京城監獄を観る」（一九一〇年一〇月二二日付『中外日報』）。

(68) 「満鮮並支那布教　西本願寺は?・」(一九一八年七月四・五・六・七・九日付『中外日報』)。

(69) 「鮮人布教開始」(『教海一瀾』六七三号、一九二二年七月二〇日)。『教海一瀾』六七七号(一九二二年一一月二八日)にも常圓が朝鮮の人々に熱心に講演した記事が掲載されている。

(70) この点は、本書第四章で詳述した。

(71) 「朝鮮布教策は?　朝鮮人になり切つた巖氏」(一九二五年二月一七日付『中外日報』)。

(72) 一九二二年一二月発行の『本派本願寺寺院名簿』では、常圓が西教寺の住職であり義圓は副住職と記されているが、一九三二年一一月発行の『本派本願寺寺院名簿』では、義圓が西教寺の住職であり、常圓は副住職と記されている。しかし、実質上は早くから義圓が住職の役割を果たしていたと考えられる。

(73) 前掲『大分西教寺史』九三~九四頁。なお徳島では、鴨島町の筒井製糸会社の工場布教をしていたようである(巖常圓編『丁半の迷は晴れて』〈一九三四年〉のあとがきによる)。

あとがき

近代になって日本仏教が取り組んだ先進的事業には、ハワイ・北米での布教経験を有する元開教使(師)たちが数多く関わっていた。彼らは、現地での先進的文化にふれ、帰国後に教育事業や社会(福祉)事業、教化事業(仏教青年会・仏教婦人会・日曜学校・工場布教など)、文化事業(出版・文書伝道など)といった新たな事業展開に着手した。また教団改革論についても斬新な提言を行い実践したものも少なくない。外から日本仏教を見つめ直すことが、仏教本来の普遍性・多元性への再認識を促し、組織的に硬直化し社会的影響力を減退しつつあった日本仏教教団のあり方を変えていこうとする原動力ともなったのであろう。

彼ら開教使(師)たちは、現地で何を見て、いかなる思いを抱き、そしてどう行動したのであろうか――。この点を明らかにすることが、日本の近代仏教の抱える諸課題の一層の明確な把握に繋がるに違いない。日本近代仏教史を専攻する筆者が、海外布教史の研究に着手したのは、そうした問題意識からであった。

ところが、これに対してアジア方面の布教はどうであったか。序章でも述べたように、アジア方面の布教は、ほとんどの場合、日本仏教の優位性を過信する立場から、現地の人々と仏教のあり方を日本化することに使命を見出して活動してきたのであった。自らとその所属する国家・教団などの優越性を前提とし、一方的指導的立場から接する姿勢は、非我・縁起・中道などを説く仏教の原理的立場の対極にあると言わざるを得ない。仏教は何よりもそうした姿勢を厳しく戒めてきたのであって、その意味で日本仏教のアジア諸国に対峙する姿勢は、きわめて「非仏教」

的であったと言えるであろう。その布教事業は、二千数百年にも及ぶ平和的で寛容な仏教伝播の歴史のなかでも特異なものとさえ言えるかもしれない。

こうした日本仏教のアジア布教から学び取るべきものは少ないであろう。そのように考え、アジア方面の布教の研究はあまり気が進まず、海外布教の研究をハワイ・アメリカ方面で打ち切ることも考えていた。しかし、少し調査を進めてみると、そうした自分の認識が誤りであることに気づかされた。近代以降の日本仏教に関わる諸課題は、アジア布教のあり方に集約的に示されているといっても過言ではない。本書でも明らかにしたように、日本仏教のアジア進出は、国内における教団内の対立や矛盾を背景として着手され、その後の国家の海外侵略に歩調を合せて、その「非仏教的」あり方を増幅させつつ拡大されてきたのであった。

ところが、これまで、その布教活動の実態や背景についての全体的解明や検証はほとんどなされてこなかった。戦前の日本仏教のアジア布教を正面から検討した研究はいまだ少なく、あえて言及することを避ける傾向があるかと思えば、なかには戦前の活動を積極的に評価する論説さえ見られる。そうした状況では、日本仏教がアジア諸国の仏教勢力と対話や提携を図っていくことはもちろんのこと、日本仏教の再生の方向性を見出していくことも不可能であろう。

本書は、こうした点を踏まえて、『仏教植民地布教史資料集成』の第一弾である朝鮮編の編集作業を進めるのと並行して執筆したものである。その過程において、朝鮮布教に関わった日本人のなかにも、朝鮮の人々との真の提携を願い、そのための実践を企図した人物の存在を見出すことができた。第四章で取り上げた三浦参玄洞の言説、第六章で論じた巖常圓と大聖教会の活動などがそれである。残された資料も少なく、あるいは手放しで賞賛すべきものではなかったものかもしれない。しかし、あまりに「非仏教的」な言説や行動が多いなかで、真に朝鮮の人々と向き合おうとする姿勢に、わずかながらも光明を見出せたように思えた。筆者の研究が不十分であり、そうした試みが他にもあったに違いない。今後のさらなる研究の蓄積によって、日本仏教の朝鮮での布教実態の一層の解明が進められるとともに、そうした点も明らかになることを期待したい。まだ筆者には、台湾編・中国編・北方・南方編などの編集作業も残されている。微力ながら、これについても一層精進して取り組んでいきたい考えである。

本書には、すでに発表した論文を加筆訂正し、さらに数篇の論文を新たに執筆して加えた。参考までに初出の掲載誌等を以下に掲出する。

第一章　『龍谷大学論集』四八一号、二〇一三年三月発行
第二章　書き下ろし
第三章　『龍谷史壇』一三八号、二〇一三年三月発行
第四章　『龍谷大学論集』四八二号、二〇一三年一〇月発行
第五章　書き下ろし
第六章　書き下ろし

最後になったが、本書の出版は、『仏教植民地布教史資料集成』（朝鮮編）に引き続いて、三人社にお引き受けいただいた。三人社の越水治社長と、編集作業をお手伝いいただいた黒木実奈子氏・白井かおり氏には心よりお礼を申し述べたい。

また本書に関わる調査・研究は、科学研究費補助金「基盤研究（C）」（課題番号23520795）の補助を受けて行われ、刊行については、龍谷大学龍谷学会よりの助成金を得ることができた。記して感謝を申し上げる次第である。

る

類似宗教　246-253, 258

わ

脇田堯惇　77, 85, 87, 110
和光教園　180, 213, 214, 223
若生國榮　141
和田大圓　111, 112
渡邊海旭　203
渡邊豊日子　237, 256
渡邊日運　68, 69

258, 259
水野彰美 82
水野道秀 111
水野錬太郎 209
三隅田持門 127
見田政照 126
道重信教 163, 190, 203, 207, 208
美濃部俊吉 190
三村日修 73-75, 77
宮岡直記 183, 184, 214
宮尾舜治 190
閔妃（殺害事件） 11, 93, 120, 128, 139

む

陸奥宗光 92, 93, 105
村瀬乗信 195
村松良寛 139
村山智順 247, 249, 258, 261, 262, 290

め

明教新誌 18
明進（新）学校 135, 136, 161, 273

も

守本文静 85-87, 92, 104, 110

や

耶蘇教防御懸 29
八淵蟠龍 20
山縣有朋 39
山縣玄浄 112, 155
山口素臣 111
山田顕義 93

ゆ

弓波瑞明 173

よ

吉川萍水（文太郎） 241, 245, 246, 257
吉田久一 112, 113, 154, 155
吉田無堂 204, 218
吉野太左衛門 182

ら

洛淵義塾（平壌） 181

り

李王家（朝） 55, 133, 178, 202, 226
龍谷女学校 225, 254
臨時部（本願寺派） 118, 141
臨時報国義会 84, 104, 110, 154

平松理準 27
廣安真随 127-129, 131, 159, 291

ふ

黄　滋淵 229
布教規則 133, 146, 147, 149, 152, 164, 169, 211
福崎毅一 272, 291
福澤諭吉 92, 156
福田硯寿 125
福羽美静 39
釜山教社 51
藤島達朗 22, 58
藤島了穏 90, 117, 118, 156
藤波大圓 196, 217, 254
伏見宮 29, 59
藤原大選 42, 43
仏教協会 169, 204
仏教高等学院（本願寺派） 281, 292
仏教振興会 169
仏教総務院 170
仏教朝鮮協会 175, 176, 178, 212, 213
仏教擁護会 187
仏教連合会 175, 176, 188, 191, 199, 201, 202, 216, 218
普天教 249-251, 258
文化政治 12, 13, 56, 165, 166, 196, 197, 221, 223, 235, 236

へ

白　龍城 168

ほ

坊官 25-28, 42, 58, 72
堀尾貫務 128
堀　日温 91, 95, 121
本化日將 94, 97, 105

ま

毎日申報（大韓毎日申報） 182, 256-258
前田慧雲 136, 161
前田　昇 189, 194, 199, 200, 215-217
松本白華 29-31, 33, 35, 40, 59, 60, 61, 64
丸山重俊 182
圓山全提 202
丸山鶴吉 184, 185, 214

み

三浦参玄洞 196-198, 217, 297
水雲教（弥陀教） 247, 249, 251,

徳富蘇峰　182, 185, 190
床次竹二郎　209

な

内鮮融和　13, 178, 181, 183, 184-186, 189, 192, 196, 198, 203, 204, 206, 209, 217, 219, 221, 226, 227, 235, 255, 289
永井柳太郎　209
穠　含雄　244
中村健太郎　181, 183, 187, 189, 190, 200, 214, 215, 218, 235, 256
奈良本辰也　30, 58
成島柳北　30, 60

に

（日宗）海外宣教会　67, 77, 100, 106, 133
日朝修好条規　47, 49, 50

は

朴　琪淙　94
朴　昌奎　94, 98
朴　定陽　95
朴　下萬　283
朴　漢永　142
朴　泳孝　52, 92, 186, 189, 202
朴　永默　283
朴　蘭谷　98, 99
長谷川好道　165-167
服部みち子　24, 25, 57, 58, 63
花房義質　51
濱口雄幸　185
原圓応　111
原　敬　166, 210
万国宗教会議　19-21, 108, 153
韓　相龍　185
韓　晢曦　47, 52, 64, 161, 210, 211
韓　昌洙　189
反日義兵運動　11, 12, 68, 120, 121, 123, 124, 266
韓　龍雲　142, 168, 172

ひ

樋口龍温（香山院）　29, 32, 33
土方久元　111
百五人事件　146
玄　尚順　98, 99
玄　暎運　250
平野恵粋　17, 47, 49
平野履信　48
平松理英　55, 65, 111, 112, 163

中枢院　185, 202, 256
長　圓立　53
朝鮮銀行　190
朝鮮殖産銀行　185
朝鮮神宮　202, 204, 240
朝鮮僧侶養成所（大谷派）231, 248, 255
朝鮮仏教（雑誌）10-13, 48, 67, 82, 83, 87-91, 99, 100, 104, 106, 107, 109, 114, 129, 131, 133, 135-139, 141-145, 155, 163, 165-170, 172, 176, 179-181, 183, 185-196, 199, 200-202, 204-208, 210, 211, 213-219, 221-223, 226, 230, 231, 235, 237, 244, 246, 248, 257, 258, 273, 282, 284, 288
朝鮮仏教維新会　168, 169, 210
朝鮮仏教青年会　168, 210
朝鮮仏教大会（行事）166, 181, 185-193, 199-202, 204-207, 215-218, 221, 226
朝鮮仏教団（朝鮮仏教大会）13, 106, 165, 166, 181, 183, 188, 190, 192-196, 199-201, 204, 206-208, 215-218, 221, 223, 231, 235, 248, 288
朝鮮仏教普及会　206-208, 218, 219

て

寺内正毅　141, 167, 182
寺島宗則　45, 50
天道教　165, 168, 247, 249, 250
天祐俠　139

と

東亞仏教会　169
東亞仏教協和会　208, 209, 219
東亞仏教大会　199, 216, 218
東学党　122, 134, 139, 143, 247
同朋園　178
同朋教会　225, 228
同民会　183-187, 189, 214, 215, 235
東洋拓殖株式会社　190
土宜法龍　20
徳川家達　185, 186, 190, 208
徳重浅吉　23, 57, 59

白石暁海 127, 128
白川慈孝 28
清韓語学研究所 122, 156, 157, 268
神社寺院規則 146- 150, 152, 164
申　錫麒 184, 185
心田開発運動 13, 56, 221, 232, 234, 236-245, 256, 257
新都内普通学校（新成学校）228

す

鈴木慧淳 28, 53

せ

征韓論 36, 44
関　信三（猶龍） 29-34, 60, 61
鮮語学舎（釜山） 52
全朝鮮人僧俗大会 231

そ

曹洞宗海外布教会 138, 162
曹洞宗開教規程 139
僧　無二 52
草梁私立学院（釜山） 123
宋　秉畯 186

た

大院君 84, 86, 90, 93, 95, 105, 118
大教院 34, 36, 42, 43, 48, 61, 63
大聖教会 13, 132, 160, 173, 195, 261, 262, 270, 275, 276, 278-285, 288, 289, 292, 297
大同新報 182
大本営 94, 111, 155
台湾並朝鮮布教略則（日蓮宗） 99
高楠順次郎 203
高田栖岸 118, 123, 158
高橋　亨 203, 211
瀧田智融 120
武田篤初 265-269, 273
武田範之 139, 141, 162
竹中慧照 227, 255
谷　覚立 52
谷　了然 45, 53, 64
玉置慈圓 100
多聞速明 108, 153
弾正台 32, 60

ち

崔　済愚 247
車　仙 250
中央教務院 170, 172, 181, 200, 201, 211, 237

170, 183-185, 187, 188, 190, 194, 197, 202, 210, 214-217, 235
左　院　29, 39-41, 62
酒井至誠　195
祥雲晩成　202, 203
佐々木皆恩　286
佐佐木高行　39, 62
佐々木珍龍　111, 112
佐々木霊秀　111, 112
佐藤虎次郎　185
佐野前励　11, 67, 74, 75, 77, 89, 91-100, 105, 106, 121, 157
三・一運動　12, 56, 107, 108, 153, 165-168, 172-174, 179, 183, 210, 287
三十一本山　142, 200, 201, 203, 237, 246
三十本山（会議所）　142, 170, 171, 179, 183, 201, 211
三条実美　29, 58, 59
三条教則　34, 42, 61

し

椎尾弁匡　175, 176, 178, 204, 212, 218
寺刹令（施行規則）　12, 141, 142-144, 146, 163, 168-172, 210, 284
幣原喜重郎　139
侍天教　139, 247
篠原順明　28, 33, 45, 53, 60
柴田一能　208
柴田善三郎　170, 171
渋澤栄一　64, 185, 186, 189, 190, 214-216
渋谷文英　91, 95, 97, 98, 100, 104, 121, 125
島地黙雷　25, 30, 35, 36, 61
下岡忠治　189
下村寿一　190, 191
釈　雲照　99, 133
釈宗演　20, 183
釈　日禎　75, 102
集会（本願寺派）　85, 101, 119, 122, 124, 126, 157, 158, 201, 257
宗教ノ宣布ニ関スル規則　137
従軍布教（使師）　12, 19, 110, 111-113, 117, 122, 132, 154, 155, 160
上帝教　249
聖徳太子　192, 196, 243
浄土宗研学会　135, 161

金　允植　95
木村省吾　266, 273
木山定生　111, 155
教部省　29, 34, 35, 39-43, 61, 62, 72
教務研究会　174
清浦圭吾　189, 190, 208
清澤満之　264

く

釘本藤次郎　185, 187
久家慈光　180, 189, 205
国吉　栄　31, 32, 60
熊本県派遣朝鮮留学生　181
栗田恵成　231, 243, 244, 257
軍国機務処　86, 87
軍隊布教　94, 110, 154

け

京城各宗連合会　200
京城商工会議所　185
京城新報　182
京釜鉄道　181, 182

こ

高　義駿　184
公会（浄土宗）　120, 157, 244
江華島事件　49, 64, 92
光州事件　180, 213, 223- 226, 228, 254
光州学生事件　206, 225
向上会館　180, 213, 223-226, 228, 254
向上女子技芸学校　225
甲申政変　11, 54, 67, 107
皇民会　183, 184, 189, 214
国民精神総動員朝鮮連盟　13, 222, 245, 246
国民総力朝鮮連盟　222, 246
黒龍会　62, 104, 139
児玉秀雄　202
後藤象二郎　92
後藤瑞巌　167, 183, 189
近衛篤磨　123
小早川大船　28, 33, 53
小林源六　185, 186-190, 194, 195, 215, 217
小林日董　67, 91, 121
護法場　25, 27-29, 32, 33, 43, 58
近藤真鋤　50
近藤良瑞　120

さ

西園寺公望　118, 119
西郷隆盛　41, 62
斎藤　實　12, 13, 165, 166, 168,

奥村五百子　123, 157
奥村圓心　11, 17, 47, 49, 51, 52, 123, 157
小栗憲一　29, 33, 40, 58, 61, 64
小栗栖香頂 17, 26, 29, 40-42, 44, 45, 58, 62, 63, 155
小河一敏　39
長田観禅　139

か

海外布教規則（日蓮宗）　133
開教事務局（本願寺派）　122, 157, 290
開城学堂　128, 174
甲斐方策　87, 88, 104
香川葆晃　111
覚皇寺（覚皇教堂）　169, 170, 172, 201
梶本清純　250
華城学堂　128, 159
柏原祐泉　22, 24, 57-59, 63
月輪再明　81, 99, 106
加藤恵証　87, 104, 108-110, 114, 117, 153, 154
加藤清正　68, 79, 269
加藤高明　190
加藤咄堂　113, 114, 155
加藤文教　69, 77, 79-84, 87-90, 96-98, 100, 103-106, 114, 115, 125, 155, 156
金松空覚（闡彰院）　28, 29
河崎顕成　46
河崎顕了　226, 229
河村道器　204, 218
韓国実業学校（光州）　123
韓国併合（日韓併合）12, 13, 55, 144, 174, 182, 198, 280-282, 286, 287
漢城学院　123, 157
漢城銀行　185
漢城新報社　182
韓僧日語学校　135, 161
姜　大蓮　170, 202
姜　東鎮　169, 210

き

機張学堂　272, 273
北村孝仙　138
木戸孝允　30, 31, 39, 62, 108
木下吟龍　138
金　益昇　195, 288
金　玉均　11, 52, 54, 92, 93
金　々鶴（金々藕）　98
金　貞黙　228, 255, 258
金　弘集　86, 95, 121, 122
金　萬愚　283

李　晦光　141, 213
李　宝潭　141, 161
李　民雨　283
慰問使　104, 110, 111, 117, 154
李　容九　139, 141
李　容明（巖常圓）　269, 291
岩井智海　111, 127, 128
巖　常圓　13, 261-264, 265, 268-273, 276, 278, 280-294, 297
岩倉具視　30, 36, 38, 39, 53, 54, 60, 62
岩田照懸　126
李　完用　186, 187, 189

う

上野興仁　248, 252
上原芳太郎　118, 156, 266
宇垣一成　233, 236, 237
宇佐美勝夫　152, 164
内田良平　139, 185

え

慧　慈　196
江蘇教校　45
江藤新平　28-31, 34-37, 55, 61, 62
円覚玄元教　252
円　宗　139, 141, 142, 162

お

大久保利通　44, 45, 47, 49, 50, 108
大隈重信　61, 123
大倉喜八郎　49, 64
大迫尚敏　184
大迫尚道　209
大洲鐵然　90, 118, 119, 123, 156
大洲鐵也　118
大谷光瑩（現如）17, 26, 29-31, 33, 35, 41, 42
大谷光演（彰如）　29, 145, 224
大谷光勝（厳如）30, 45, 49, 59, 264
大谷光尊（明如）　30, 33, 111, 117, 119
大谷光暢（闡如）　226-228
大谷勝珍　264
大谷尊寶　132, 273
大谷尊由　280
大照圓朗　111, 112
大西良慶　187, 191, 194, 195, 202, 235
大原重徳　39
岡田良平　190, 239
岡本柳之助　91-94, 104, 105, 122
荻原雲臺　111

索引

あ

愛鮮運動 225, 254
青森徳英 224
青柳南冥 158, 272, 291
赤松連城 25
旭　恢恩 118
旭　日苗 68-71, 75, 77-79, 82-84, 86, 100, 102, 103, 106, 138
蘆津實全 20
安達謙蔵 185
渥美契縁 28, 48, 53, 64, 109
阿部充家（無仏） 183
阿部慧行 28, 33, 65
新井石禅 139, 140
新居日薩 92
有賀光豊 185
安　錫淵 196, 217
安藤正純（鐵腸） 113
安藤又三郎 186
安藤劉太郎（関信三）29, 32, 34
安　龍伯 240, 241, 245, 257

い

李　元錫187, 188, 189, 190, 192, 206, 208, 209, 215-217
池田是教 82
池田林儀 248
李　象龍 247, 248, 258
石井教道 204
李　載克 185
李　載冕 94
石川舜台 28-30, 32, 33, 35, 44, 48, 53, 59, 60, 63, 64, 125
李　智光 228
為宗会 76, 77, 102, 103
李　峻鎔 118
伊地知正治 40, 41, 55
一進会 135, 139
伊藤博文（伊藤統監） 105, 132, 146, 165, 182, 273, 274
李　東仁 52
井波潜彰 133
李　允用 189, 194, 206, 209
犬養　毅 185
井上　馨 53, 54, 65, 90, 93, 105, 118, 119

著者紹介

中西直樹（なかにし　なおき）

1961年生まれ。龍谷大学文学部教授、歴史学科仏教史学専攻。

主要著作および編著

『日本近代の仏教女子教育』（法藏館、2001年）
『仏教と医療・福祉の近代史』（法藏館、2004年）
『仏教海外開教史の研究』（不二出版、2012年）
『仏教植民地布教史資料集成〈朝鮮編〉』（三人社、2013年）

龍谷叢書31　**植民地朝鮮と日本仏教**

2013年10月25日　初版第1刷発行
定価（本体4,800円＋税）

著　者――――中西直樹
発行者――――越水　治
発行所――――三人社
〒606-8316
京都市左京区吉田二本松町4　白亜荘
電話075-762-0368 振替00960-1-282564
組　版――――ぢゃむ
装　幀――――杉本昭生
印刷所――――三進社
製本所――――青木製本

© Naoki Nakanishi, 2013　　Printed in Japan
ISBN 978-4-906943-40-1　C3015